汽车车身电气设备检修

主　编　栗　盈
副主编　劳俊元
参　编　王东升　苏梁德

北京理工大学出版社
BEIJING INSTITUTE OF TECHNOLOGY PRESS

内 容 简 介

本书筛选典型的工作任务，取材最贴近生产实际的案例设计课程内容，让学生在做中掌握解决问题的方法和技能，是汽车检测与维修专业理实一体化项目课程教材。

本教材以汽车车身电气设备检修为内容，主要包括：汽车电路图识读、电源系统检修、起动系统检修、照明系统检修、信号系统检修、辅助电气设备检修共6个典型任务。

本教材主要供高等院校汽车检测与维修等专业教学使用，也可以作为汽车维修人员和汽车技术爱好者的自学用书。

图书在版编目（CIP）数据

汽车车身电气设备检修/粟盈主编. —北京：北京理工大学出版社，2017.6

ISBN 978-7-5682-4208-0

Ⅰ. ①汽… Ⅱ. ①粟… Ⅲ. ①汽车-电气设备-车辆修理-高等学校-教材 Ⅳ. ①U472.41

中国版本图书馆 CIP 数据核字（2017）第 144209 号

出版发行 / 北京理工大学出版社
社　　址 / 北京市海淀区中关村南大街 5 号
邮　　编 / 100081
电　　话 / (010)68914775(办公室)　68944990(批销中心)　68911084(读者服务部)
网　　址 / http:// www.bitpress.com.cn
经　　销 / 全国各地新华书店
印　　刷 / 三河市天利华印刷装订有限公司
开　　本 / 787 毫米×1092 毫米　1/16
印　　张 / 13.5　　　　责任编辑 / 孟雯雯
字　　数 / 330 千字　　　　文案编辑 / 多海鹏
版　　次 / 2017 年 6 月第 1 版　2017 年 6 月第 1 次印刷　　　　责任校对 / 周瑞红
定　　价 / 49.00 元　　　　责任印制 / 李志强

序　言

PREFACE

本教材既是汽车各专业必修的核心课程教材之一，也是系列课程教材之一。

本系列课程教材与项目课程教学软件的设计和编制同步进行，是任务课程教学软件的配套教材。

本书的主要特色有：

1. 课程强调以实践为主、理论为辅。

2. 以能力为本位，以就业为导向，面向最贴近生产实际的教学任务。

3. 体现做中学的教学理念。

4. 目的在于教会学生对汽车故障现象的判断能力，表现为会做；掌握为什么这样做。

5. 以市场覆盖面较广的丰田卡罗拉车型教具为范例，以车间典型工作任务为教学内容，教会学生完成任务所需的知识与技能，其他车型车系可举一反三。

6. 课程设计采用文字、图像、动画、视频、虚拟仿真等多媒体教学形式，形成纸质教材、教学 PPT、教学资源包、虚拟仿真软件相互配套的课程包。

本教材主编为粟盈，副主编为劳俊元，王东升和苏梁德参与了编写工作。粟盈编写项目二、项目三，劳俊元编写项目一、项目四，王东升编写项目五，苏梁德编写项目六。

编　者

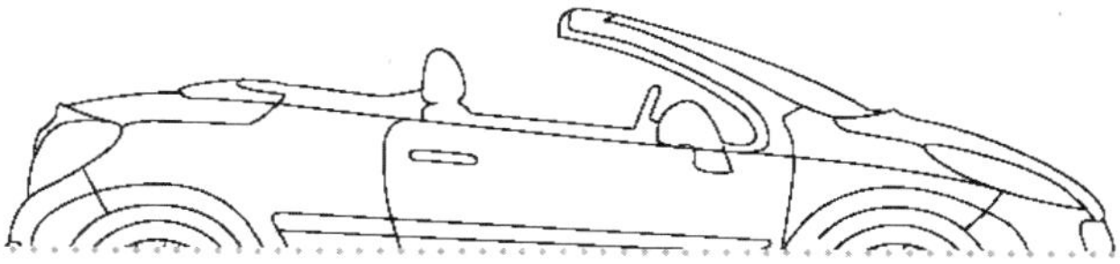

目录

CONTENTS

项目一 汽车电路图识读

项目二 电源系统检修

项目三 起动系统检修

项目四 照明系统检修

项目五 信号系统检修

项目六 辅助电气设备检修

项目一

汽车电路图识读

项目导入 Project introduction

任何电源要向外供电，任何用电设备要使用电能，都必须用导线将电源与用电设备合理地连接起来，让电流形成回路，才能使用电设备工作，这就是电路。汽车新技术不断更新，特别是电子化程度不断提高，以及各种新车型不断涌入，每一款车型电气设备的数量不等，其安装位置、接线方法、电路的设计特点等也各有差异。

本项目将带你认识汽车电路，学习汽车整车电路图的识读方法。

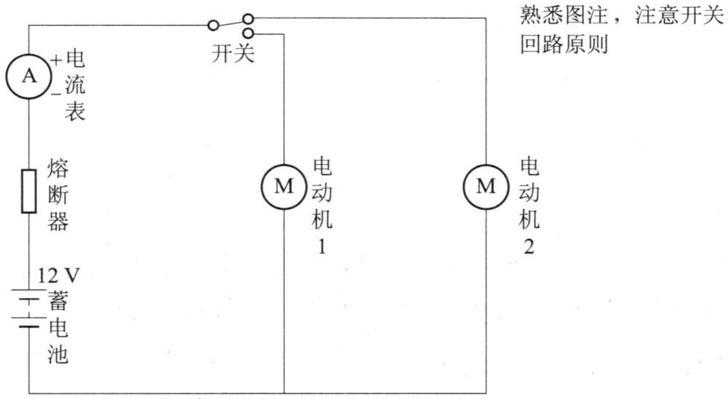

学习目标 Learning target

素养目标：

1. 了解安全操作要求，养成安全文明操作的习惯。
2. 养成组员之间互相协作的习惯。
3. 实施操作结束后，清洁工具，并将工具设备归位，清洁场地。

技能目标：

能够识读汽车相关技术文件中的电路图，并且能够在实车上结合电路图分析电气设备故障。

知识目标：

1. 能够描述各种电路基础元件的功能。

2. 掌握汽车整车电路的识读方法。

学习任务 Learning tasks

学习任务1

- 汽车电路基础元件的认知

学习任务2

- 识读整车电路图

学习任务1　汽车电路基础元件的认知

任务目标和学习重点

任务目标

1. 了解汽车电路的组成及特点。
2. 能够描述各类电路基础元件的功能。

学习重点

怠速控制系统的控制原理。

知识准备

1. 汽车电路组成

汽车各电路是按照各自的工作特性和彼此间的内在联系，通过中央接线盒、继电器、保险装置、电线束、插接器、保护装置以及其他开关装置等连接起来的综合网络。

汽车电路主要由电源、电路保护装置、控制元件、用电设备及导线等组成。汽车电器的基础元件主要有熔断器、插接器、各种开关、继电器和导线等，它们是汽车电路的基本组成部分。

2. 汽车电路特点

（1）低压与直流。

汽车电压有6 V、12 V、24 V三种额定电压，目前轿车一般采用12 V额定电压；汽车采用直流电，因为需要用蓄电池作为发动机电力起动的电源。

（2）并联与单线制。

汽车上的各种用电设备都采用并联方式与电源连接，每个用电设备都由各自串联在其支路中的专用开关控制，互不产生干扰。

汽车上所有的用电设备都是并联的，汽车发动机、底盘等金属机体作为各种电器的公用电路，由用电器到电源只需一条导线。

（3）负极搭铁。

蓄电池的负极与车体连接。

（4）装有保护设置。

为了防止电路或元件因搭铁或短路而烧坏电线束和用电设备，各种类型的汽车上均安装有保险装置。这些保险装置有的串接在元器件（或零部件）回路中，也有的串接在支路中。

（5）大电流开关通常加中间继电器。

汽车中大电流的用电器如起动机、电喇叭等工作时的电流很大（例如通过起动机的电流一般为100～200 A），如果直接用开关控制它们的工作状态，往往会使控制开关早期损坏。因此，控制大电流用电设备的开关常采用加中间继电器的方法。

（6）具有充放电指示。

汽车上蓄电池的充电、放电情况一般由仪表盘上的充电指示灯指示。发动机未起动或低速运转时点亮，一旦发动机运转带动发电机达到一定转速时，充电指示灯熄灭，以示处于充电状态。

（7）汽车电路上有颜色和编号特征。

随着汽车用电设备的增加，导线数目也在不断增多，为便于识别和检修汽车电器设备，汽车电路中的低压线通常由不同的颜色组成，并在汽车电器线路图上用不同颜色的字母代号标注出来。

（8）汽车电器线路由单元电路组合而成。

汽车电器线路尽管复杂，但都是由完成不同功能、相对独立的单元电路组成的。

3. 汽车电路控制元件

1）开关

开关一般分为单开关和组合开关两种。

点火开关和多功能组合开关是多挡组合开关，也是汽车电路中最重要的开关。

点火开关：点火开关是一个多挡开关，需用相应的钥匙才能对其进行操纵。点火开关通常用于控制点火电路、仪表电路、发电机励磁电路、起动电路及一些辅助电器电路等。其主要功能：锁住转向盘转轴（Lock），接通点火仪表指示灯（ON或IG）、起动（ST或Start）挡、Acc挡（Acc主要是收放机等电器设备专用），如果用于柴油车，则增加H（Heat）挡。其中起动、预热挡因为工作电流很大，开关不宜接通过久，所以这两挡在操作时必须用手克服弹簧力，扳住钥匙，否则一松手就会弹回点火挡，不能自行定位，其他挡均可自行定位。点火开关的功用如图1-1所示。

灯光开关：通常是两挡式开关，按操纵的形式主要有推拉式、旋转式两种。灯光开关一挡接通示廓灯、尾灯、仪表照明灯等；二挡接通前照灯、尾灯和仪表照明灯等。

组合开关：由两种及两种以上的开关集装在一起，可使操纵更加方便。将照明开关（前照灯开关、边关开关）、信号（转向、危险警告、超车）开关、刮水器/清洗器开关等组合为一体，安装在便于驾驶员操纵的转向柱上。

2）继电器

继电器是利用电磁或机电原理或其他方法（如热电或电子），实现自动接通或切断一对或多对触点，以完成用小电流控制大电流以减少控制开关触点的电流负荷的装置。

继电器的分类如下：

（1）按用途分类可分为：功能型和控制型继电器两种。例如闪光继电器、刮水器继电器等就属于功能型继电器，而普通的单纯起电路通断与转换作用的继电器都属于控制型继电器。

(2) 按触点状态分为：常开型、常闭型和混合型三种，如图 1－2 所示。

图 1－1　点火开关的功用

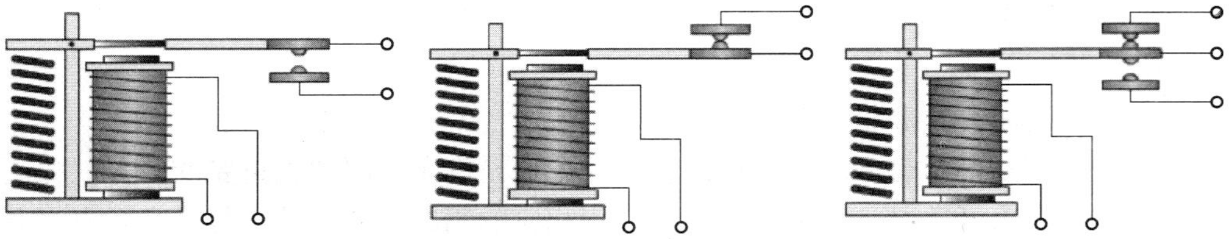

图 1－2　继电器的类型（按触点状态分类）

(a) 常开型继电器；(b) 常闭型继电器；(c) 混合型继电器

(3) 按控制方式分为：电流型和电压型。

电流型控制继电器是按一定电流值而动作的继电器，它和其他元件组成实用电路，如汽车上的闪光继电器，电流越大，闪光频率越高。

电压型继电器是按一定电压值动作的继电器，当被控制的电路电压大于或小于一定值时，继电器就会接通或断开被控制的电路，如灯光继电器、喇叭继电器等。电压继电器主要用来控制大电流消耗电路。

(4) 按连接方式分为：接线柱式和插接式。

(5) 按保护方式分为：电阻保护式和二极管保护式。

4. 汽车电路保护元件

1) 熔断器

熔断器的保护元件是熔丝，串联在其所保护的电路中。熔断器为一次性器件，使用时须注意以下几点：

(1) 熔断器熔断后，必须先查找故障原因并彻底排除。

(2) 更换熔断器时，一定要与原规格相同，要特别注意不能使用比规定容量大的熔断器，否则将失去保护作用。

(3) 熔断器支架与熔断器接触不良会产生电压降和发热现象。因此，要特别注意检查有无氧化现象和脏污。若有脏污和氧化物，须用细砂纸打磨光，使其接触良好。

2) 易熔线

易熔线用于保护总体线路或重要电路，是截面积小于被保护电导线的、可长时间通过额定电流的铜线或铝合金导线，长度一般为 50 ~ 200 mm，通常安装在电路的起始端（蓄电池正极附近）。当线路中有超过额定电流数倍的电流时，易熔线首先熔断（熔断过程较长）。

易熔线的绝缘外皮要耐热，且不能捆绑于线束内部。易熔线熔断时，一定是主电路和大电流电路发生故障，必须先找到短路的原因，排除故障。不能随意更换比规定容量大的易熔线或用粗导线代替。

3) 电路断路保护器

电路断路保护器用于正常工作时容易过载的电路中，其原理是利用双金属片受热变形使触点分离。

(1) 自恢复式熔断器：过载变形自动切断，冷却后自动复位，如此往复直到电路不过载。

(2) 按压恢复式断路器：排除故障后，须按下按钮手动复位。

4) 中央控制盒

为便于诊断故障、规范布线，现代汽车将熔断器、断路保护器、继电器等电路易损件集中布置在一块或几块配电板上，这种配电板及其盖子就组成了中央控制盒，如图 1－3 所示。

图 1－3　中央控制盒

配电板正面装有继电器和熔断器的插头，背面是接线插座。为了便于线路检查和故障诊断，中央控制盒或安装板上标有器件名称或其缩写字母。

5. 汽车电路连接器件

电路连接件主要为导线和线束连接器。

1) 导线

导线将汽车上各种电气装置连接起来构成电路。此外，汽车上通常用车体代替部分从用电器返回电源的导线。汽车上使用的导线有低压线（多芯软线）、屏蔽线和高压点火线三种，如图 1－4 所示。

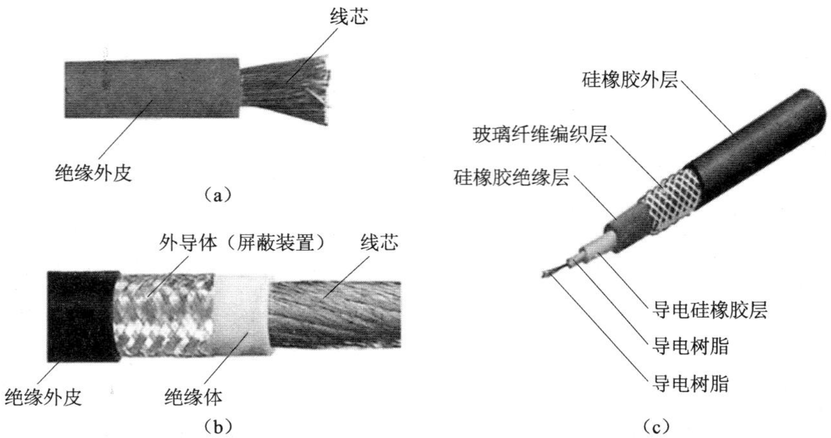

图 1－4　导线的类型

(a) 低压线；(b) 屏蔽线；(c) 高压点火线

(1) 低压线。

低压线按用途不同可分为普通低压线、起动电缆线及蓄电池搭铁线三类。

随着汽车电器增多，导线数量也在不断增加。为了便于维修，低压导线常以不同颜色来区分。其中，横截面积在 4 mm^2 以上的采用单色线，而 4 mm^2 以下的采用双色线，搭铁均用黑色线。汽车用低压导线的颜色与代码如表 1－1 所示，汽车各电气系统线束的主色和颜色代码如表 1－2 所示。

表 1－1　汽车用低压导线的颜色与代码

导线颜色	黑	白	红	绿	黄	棕	蓝	灰	橙
代码	B	W	R	G	Y	Br	Cr	V	O

表 1－2　汽车各电气系统线束的主色和颜色代码

序号	系统或部件名称	主色	颜色代码
1	电源系统	红	R
2	起动、点火系统	白	W
3	雾灯	蓝	Bi
4	灯光、信号系统	绿	G
5	防空灯及车身内部照明系统	黄	Y
6	仪表、报警系统、喇叭系统	棕	Br
7	收音机、石英钟、点烟器等辅助电气系统	紫	V
8	各种辅助电动机及操纵系统	灰	Gr
9	搭铁线	黑	B

起动电缆线也属铜质多芯软线，用于连接蓄电池与起动机电磁开关的主接线柱。该导线截面积较大，常用的截面积有 25 mm^2、35 mm^2、50 mm^2、70 mm^2 等多种规格，允许电流达 500～1 000 A。

蓄电池的搭铁线一般采用铜丝编织成的扁形软导线，不带绝缘层。

（2）高压点火线。

高压点火线简称高压线，用于发动机点火线圈至火花塞之间的高压电路。由于承受的工作电压高达 10 ~ 20 kV，电流强度却很小，因此高压线的绝缘层很厚、耐压性能好，但线芯截面积却很小。

目前车辆上多为点火线圈总成直接与火花塞连接，逐渐取代了高压点火线。

（3）屏蔽线。

屏蔽线也称铠装电缆或同轴射频电缆，用作各种传感器和电子控制装置的信号线以及汽车收音机的天线馈线等。这种导线内只有电压很低的微弱信号电流通过，为了不受外界的电磁感应干扰（如火花塞点火时发电机励磁绕组磁场的变化、电器开关开闭时产生的干扰），在其线芯外不仅有一层绝缘材料，还覆有一层屏蔽用的导体，最外层为保护用外皮。

导线截面积受通过电路的电压降的制约，整车电路的电压降最大允许值为 0.8 V。当发电机以额定负载工作时，电源线的电压降最大允许值为 0.3 V。当起动机通过起动电流时，电压降的最大允许值为 0.5 V。这是因为导线横截面积小时，其电阻将增大，温度将升高，电阻增大会使电压降增大，可能导致用电设备供电电压不足而无法正常工作。温度升高会加速导线老化，缩短其使用寿命，温度过高还有可能导致火灾。

2）线束

为使全车线路规整、安装方便及保护导线的绝缘层，汽车上的全车线路除高压线、蓄电池电缆和起动机电缆外，一般将走向相近的、同区域的、不同规格的导线用棉纱或薄聚氯乙烯带缠绕包扎成束，称为线束，如图 1 – 5 所示。

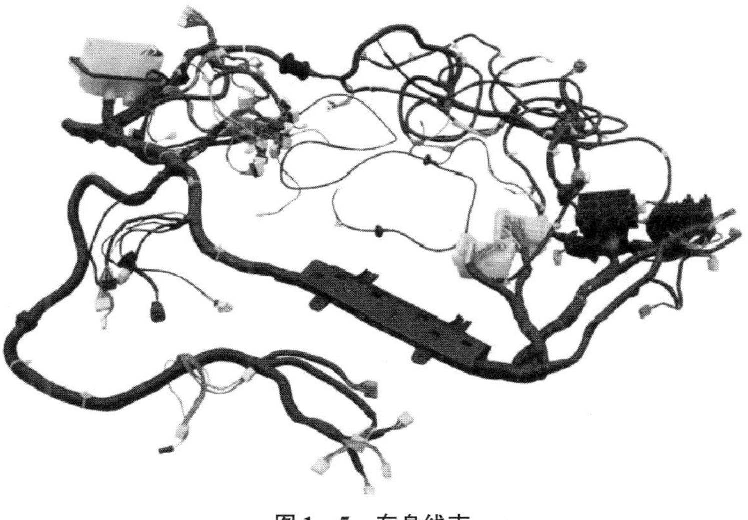

图 1 – 5　车身线束

3）线束连接器

为了便于接线、布线和查找，汽车线束中各导线端头均焊有接线片，并在导线与接线片的连接处套上绝缘管。汽车上普遍采用插接器进行导线的连接。插接器由插头和插座两部分组成，根据电路连接的需要其针脚数目不等。插接器内的针脚有片状和针状（圆柱状）两种，如图 1 – 6 所示。

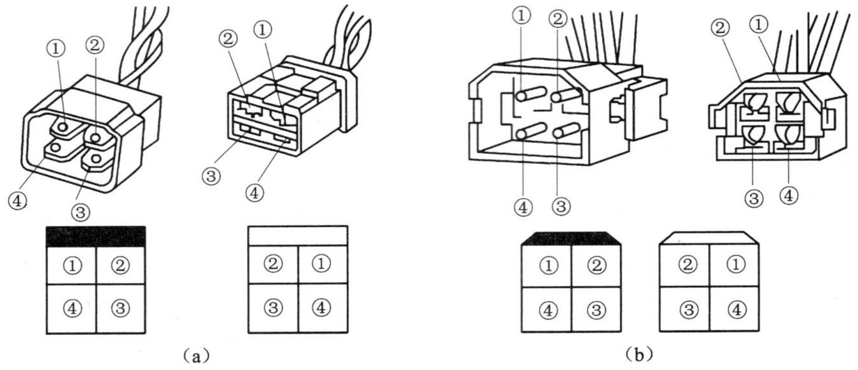

图 1-6　插接器

(a) 片状插接器；(b) 针状插接器

为了防止汽车行驶中因颠簸、振动而造成插接器脱开，插接器还设计有闭锁装置，如图 1-7 所示。拆卸插接器时，压下闭锁，稍用力往外拉出即可。须注意的是：在未完全压下闭锁时，不可用力过猛，不然会造成闭锁装置或导线损坏。

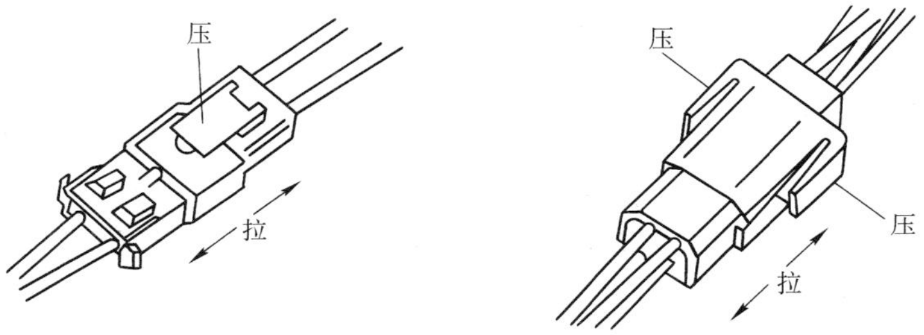

图 1-7　插接器闭锁装置

任务实施

（一）实施方案

1. 质量要求

参照厂家的质量标准要求。

2. 组织方式

每四位同学一组，查看 2007 款卡罗拉 1.6L/AT 轿车上的各类电路控制元件、保护元件和连接器件。

每组作业时间为 20 分钟。

3. 作业准备

(1) 技术要求与标准。

① 进入实训场地前根据工作安全操作手册的要求穿戴好防护用品。

② 工具及拆下的零部件等都应整齐地放置在工具车及零件盘中。

(2) 设备器材：常用工具（一套）、手电筒，如图 1-8 所示。

(3) 场地设施：带消防设施的场地。

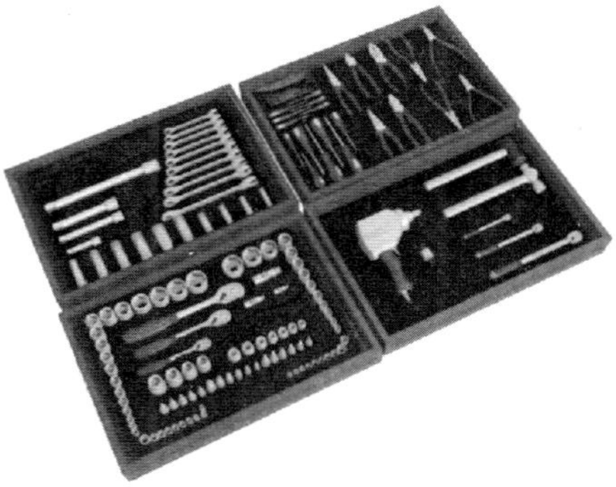

(a)

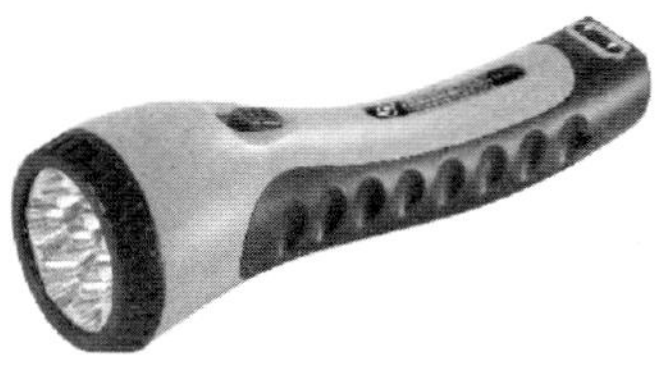

(b)

图 1-8　设备器材

(a) 常用工具（一套）；(b) 手电筒

(4) 设备设施：2007 款卡罗拉 1.6L/AT 轿车、工具车、零件车和垃圾桶。

(5) 耗材：干净抹布。

（二）操作步骤

(1) 打开车门，罩好“三件套”，确定挡位置于 P 挡，发动机熄火，拉动发动机舱盖手柄。

(2) 打开发动机舱盖，放置翼子板护垫及前格栅垫。

(3) 查看点火开关，观察其各挡的控制情况。

(4) 在发动机舱找到中央控制盒，打开盒盖，对照盒盖上的说明查看各种熔断器、断路保护器和继电器等。

(5) 查看起动电缆线、蓄电池搭铁线，观察发动机舱的线束排布。

(6) 断开发动机舱内的某一线束插接器。断开插接器时，压下闭锁，再向外拉出。

(7) 整理工位，将车辆恢复原样。

任务小结

1. 汽车电路组成

汽车电路主要由电源、电路保护装置、控制元件、用电设备及导线等组成。

2. 汽车电路特点

(1) 低压与直流；

(2) 并联与单线制；

(3) 负极搭铁；

(4) 装有保护装置；

(5) 大电流开关通常加中间继电器；

(6) 具有充放电指示；

(7) 汽车电路上有颜色和编号特征；

(8) 汽车电器线路由单元电路组合而成。

3. 汽车电路控制元件

1）开关

开关一般分为单开关和组合开关两种。

点火开关主要功能：锁住转向盘转轴（Lock），接通点火仪表指示灯（ON 或 IG）、起动（ST 或 Start）挡、Acc 挡（Acc 主要是收放机等电器设备专用），如果用于柴油车则增加 H（Heat）挡。

组合开关：将照明开关、信号开关、刮水器/清洗器开关等组合为一体，安装在便于驾驶员操纵的转向柱上。

2）继电器

继电器是利用电磁或机电原理或其他方法（如热电或电子），实现自动接通或切断一对或多对触点，完成用小电流控制大电流，以减少控制开关触点的电流负荷的装置。

4. 电路保护元件

（1）熔断器；

（2）易熔线；

（3）电路断路保护器；

（4）中央控制盒：将熔断器、断路保护器、继电器等电路易损件集中布置在一块或几块配电板上，这种配电板及其盖子就组成了中央控制盒。

5. 汽车电路连接器件

（1）导线：汽车上使用的导线有低压线（多芯软线）、屏蔽线和高压点火线三种。

（2）线束：相近的、同区域的、不同规格的导线包扎成束，方便规整。

（3）线束连接器：便于接线、布线和查找的连接器，一般为插接器。

任务评价

（一）课堂练习

1. 判断题

（1）汽车上所有的用电设备都是串联的，汽车发动机、底盘等金属机体，作为各种电器的公用电路，由用电器到电源只需一条导线。（ ）

（2）汽车电路所用的电线绝缘层颜色一般为双色，由主色和辅色组成。（ ）

（3）当汽车点火开关置于 Acc 挡时，可以使用空调。（ ）

（4）为了尽量减少汽车整车电路的电压降，导线的选择应越粗越好。（ ）

（5）熔断器熔断后，一定要与原规格相同，如果只有替代品，也要使用比规定容量大的熔断器，否则将失去保护作用。（ ）

2. 单选题

（1）下列不属于汽车电路特点的是（ ）。

A. 低压交流　B. 并联与单线制　C. 装有保护装置　D. 负极搭铁

（2）下列不属于继电器作用的是（ ）。

A. 安全保护　B. 小电流控制大电流

C. 自动调节　D. 改变电压

(3) 下列说法中正确的是（　　）。

A. 发动机未起动或低速运转时，发电机发电量少，充电指示灯不亮

B. 熔断器的熔丝熔断后，可以使用粗一点的其他导线代替

C. 点火开关是多挡组合开关

D. 线束连接器是便于接线、布线的装置，拆卸时用力拉出即可

（二）技能评价

技能评价见表 1 –3。

表 1 –3　技能评价

序号	内容	分值	得分
1	安装“三件套”，放置翼子板护垫、前格栅垫	10	
2	观察点火开关各挡控制情况	20	
3	观察中央控制盒	20	
4	查看起动电缆线、蓄电池搭铁线，观察发动机舱的线束排布	20	
5	断开及连接线束连接器	20	
6	整理工位	10	
总分		100	

（注：操作规范即得分，操作错误或未进行操作即 0 分）

学习任务 2　识读整车电路图

任务目标和学习重点

任务目标

1. 了解整车电路包括哪些子电路。
2. 掌握汽车电路的表达方式。
3. 掌握汽车电路图的识读方法。

学习重点

汽车电路图的识读方法。

知识准备

1. 汽车整车电路

汽车整车电路通常由电源电路、起动电路、点火电路、照明与灯光信号装置电路、仪表

信息系统电路、辅助装置电路和电子控制系统电路组成。

1）电源电路

电源电路也称充电电路，是由蓄电池、发电机、调节器及充电指示装置等组成的电路，电能分配（配电）及电路保护器件也可归入这一电路。

2）起动电路

起动电路是由起动机、起动继电器、起动开关及起动保护电路组成的电路，也可将低温条件下，起动预热的装置及其控制电路列入这一电路内。

3）点火电路

点火电路是汽油发动机汽车的特有电路，由点火线圈、分电器、电子点火控制器、火花塞及开关组成。

4）照明与灯光信号装置电路

照明与灯光信号装置电路是由前照灯、雾灯、示廓灯、转向灯、制动灯、倒车灯、车内照明灯及有关控制继电器和开关组成的电路。

5）仪表信息系统电路

仪表信息系统电路是由仪表及其传感器、各种报警指示灯及控制器组成的电路。

6）辅助装置电路

辅助装置电路是为提高车辆的安全性、舒适性等而设置的由各种辅助电器装置组成的电路。

辅助电器装置的种类随车型不同而有所差异，汽车档次越高，辅助电器装置越完善。一般包括风窗刮水及清洗装置、风窗除霜（防雾）装置、空调装置、音响装置、车窗电动升降装置、电控门锁等。较高级车型上还装有电动座椅调节装置、电动遥控后视镜装置等。电子控制安全气囊归入电子控制系统。

7）电子控制系统电路

电子控制系统电路主要由发动机控制系统（包括燃油喷射、点火、排放等控制）、自动变速器及恒速行驶控制系统、制动防抱死系统、安全气囊控制系统等组成。

2. 汽车电路图

汽车电路图是一种将汽车电器与电子设备用图形符号和代表导线的线条连接在一起的关系图，可分为电路原理图、线路图及线束图。

1）汽车电路原理图

汽车电路原理图是用标准电气符号按照汽车电气系统的工作特性及相互的内在联系，通过导线合理地连接起来的电路图，能够简明、清晰地反映电气系统各部件的连接关系。其优点是图面清晰、简单明了、通俗易懂，便于分析和查找电路故障。

汽车电路原理图中各局部电路（或称子系统）相互并联且关系清楚，发电机与蓄电池间、各个子系统之间的连接点都尽量保持原位，熔断器、开关及仪表等的接法基本上与原图吻合。

图1－9所示为汽车的局部电路原理图，图中负极（－）接地（俗称搭铁），电位最低，正极（＋）电位最高。电流的方向基本都是由上而下，路径是：电源正极（＋）→控制元件（开关或继电器）→用电器→搭铁→电源负极（－）。

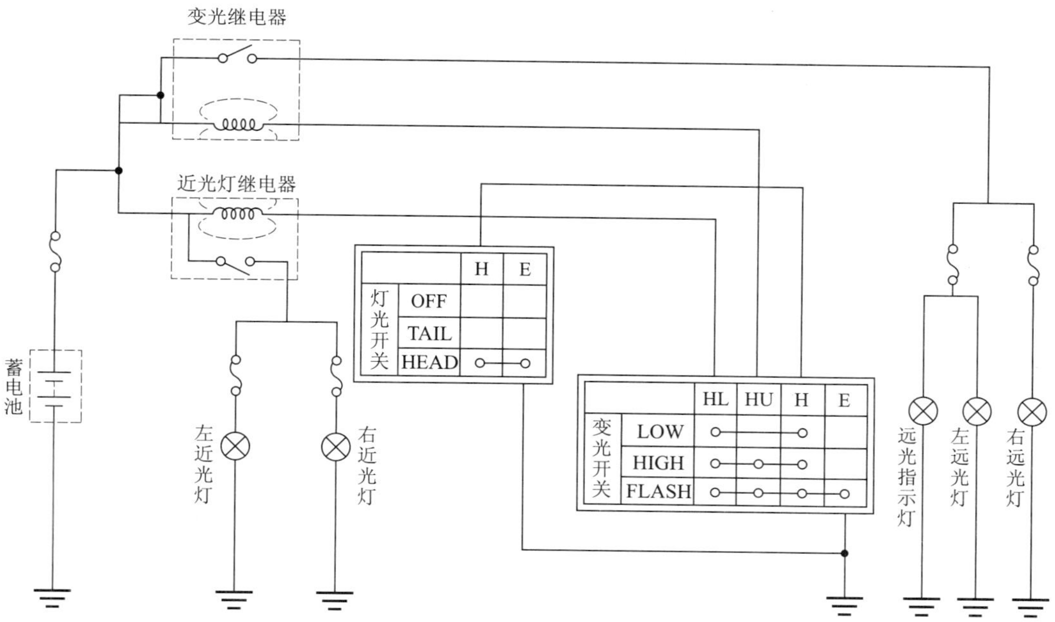

图 1－9　前照灯电路原理

2）汽车电路线路图

线路图是传统的汽车电路表达方法，是将汽车电器在汽车上的实际位置用线段从电源到开关再到搭铁一一连接起来构成的，如图 1－10 所示。它能较完整地反映汽车电器和电子设备的相对位置，从中可以看出导线的走向、分支、节点（插接件连接）等情况。但线路图中线束密集、纵横交错，使得识读、查找和分析故障不便。

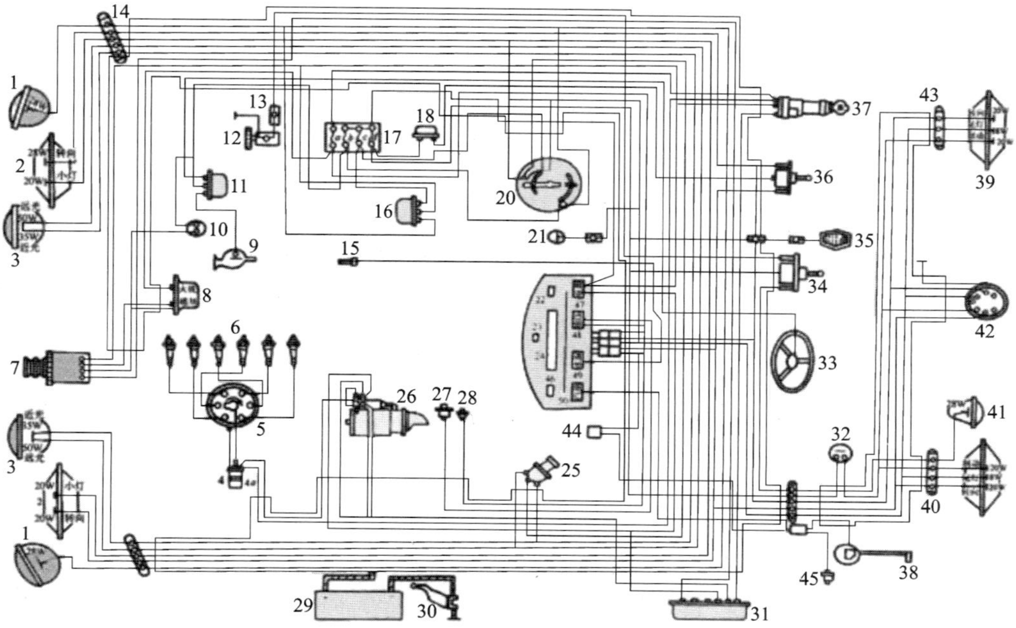

图 1－10　汽车线路

3）汽车电路线束图

线束图是用于制作、安装线束的生产用图，是将有关电器的导线汇合在一起，并包扎起来而形成的，如图1－11所示。线束图主要表明电路线束各用电器的连接部位、接线柱的标记、线头、插接器（连接器）的形状及位置等，它是在汽车上能够实际接触到的汽车电路图。这种图一般不去详细描绘线束内部的电线走向，只将露在线束外面的线头与插接器详细编号或用字母标记。它是一种突出装配记号的电路表现形式，非常便于安装、配线、检测与维修。

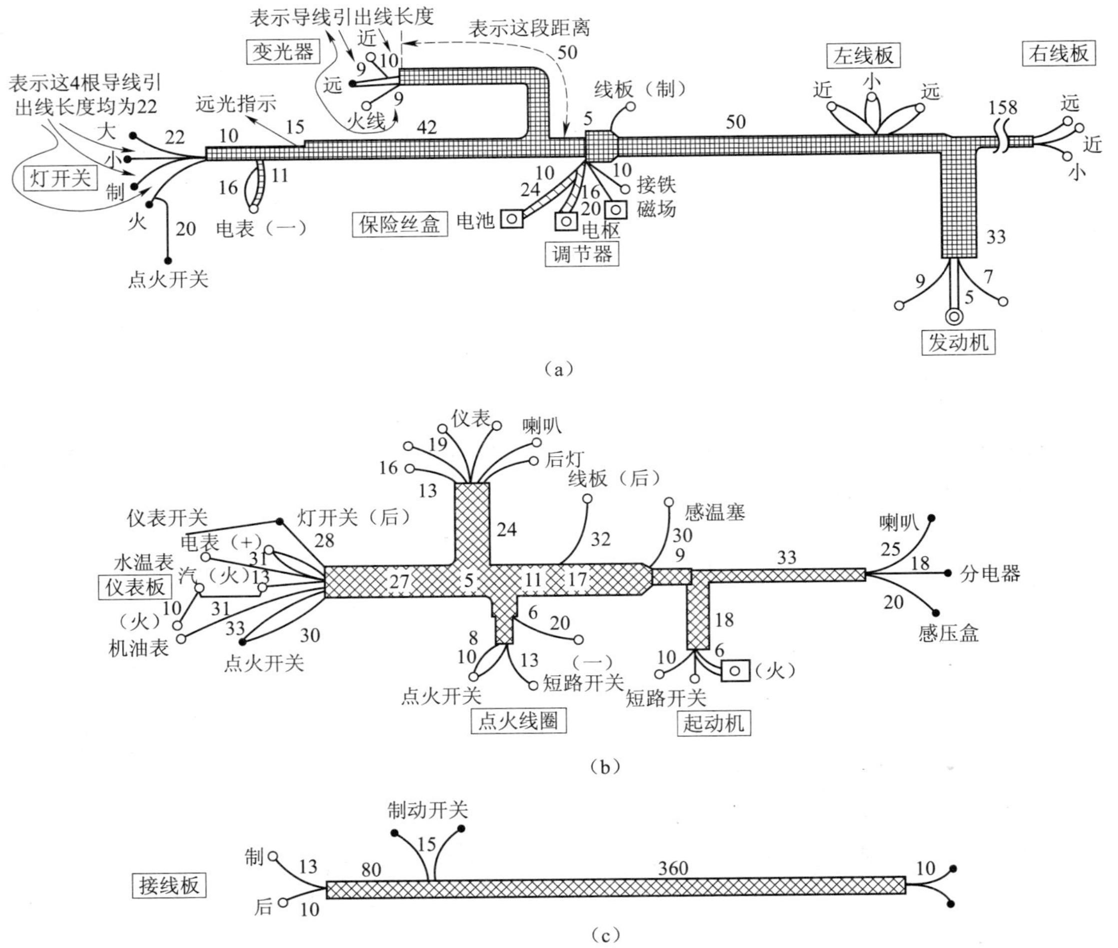

图1－11　汽车线束图

分析汽车电路要坚持以线路图为基础，以电路原理图为准则，以线束图为指导方法，将这三种方法有机地结合在一起，全方位地应用电路图。

3. 汽车电路图的识读方法

（1）掌握电气组件结构原理和电气组件图形标识符号的意义。

（2）对照图注和图形符号，熟悉有关元器件名称及其在图中的位置、数量和接线情况。

（3）掌握汽车电路元器件的识别代号。部分电路元器件的识别代号见表1－4。

表 1-4　部分电路元器件的识别代号

识别代号	元器件	部件名称（部分电器件）
E	灯	大灯，雾灯
F	保护器	保险丝
G	电源供给	交流发电机，蓄电池
H	转换器	喇叭，转向信号灯
K	继电器	继电器
L	传感器	点火线圈
M	电动机	雨刷电动机，玻璃升降器电动机
D	仪表	转速表，电压表
R	电阻器	鼓风机电阻
S	开关	雨刷开关，除霜开关
X	连接器	线束之间的连接器
Y	电子驱动器	电磁阀

（4）分析电路的结构特点。

① 电源供给和接地分布；

② 电路图的结构是以接线盒为中心还是以 ECU 为中心展开的；

③ 主要元器件的线路走向。

（5）纵观“全车”，眼盯“局部”，由“集中”到“分散”。

全车电路一般都是由各个局部电路所构成的，它表达了各个局部电路之间的连接和控制关系。要把局部电路从全车总图中分割出来，就必须掌握各个单元电路的基本情况和接线规律。

一开始，必须认真地读几遍图注，对照线路图查看电器在车上的大概位置、数量及其用途，是否有新的、独特的用电设备，如有，应加倍注意。

（6）抓住“开关”的作用——所控制的“对象”。

开关是控制电路通断的关键，要特别注意继电器不但是控制开关也是被控制对象。

（7）根据“回路原则”分析电路。

任何一个电路都应是一个完整的电气回路，其中包括电源、开关（或熔断器）、用电器（或电子线路）、导线和连接器等，并从电源正极经导线、开关（或熔断器）至用电器后搭铁，回到同一电源的负极。

一定要从电路组成的“三要素”——电源、中间环节、负载的分析入手，准确分析任何一条（或一个系统）电路中这三要素之间的内在联系和组成，以实现电路原理图、线路图和线束图三者之间的相互转化，为检修电路提供方便。

（8）注意电路中开关或继电器的状态。

大多数电气或电子设备都是通过开关（包括电子开关）或继电器的不同状态而形成回路或改变回路而实现不同的功能的，要仔细分析其控制条件和控制回路。

(9) 要善于利用汽车电路的特点，把整车电路化整为零。

汽车电路具有单线制、各电路负载相互并联、两个电源也相互并联以及线路有颜色和编号加以区分等特点，为把整车电路化整为零进行读图提供了方便。整车电路可以按组成汽车电气线路的各个分电路逐一进行分析；对于各分电路同样可以采取各个击破的办法进行识读。

任务实施

(一) 实施方案

1. 质量要求

参照厂家的质量标准要求。

2. 组织方式

每四位同学一组，结合维修手册电路图，认识2007款丰田卡罗拉1.6AT轿车的前照灯电路，并能够画出前照灯电路原理图。

每组作业时间为30分钟。

3. 作业准备

(1) 技术要求与标准。

① 进入实训场地前根据工作安全操作手册的要求穿戴好防护用品。

② 工具及拆下的零部件等都应整齐地放置在工具车及零件盘中。

(2) 设备器材：常用工具（一套）、手电筒，如图1-12所示。

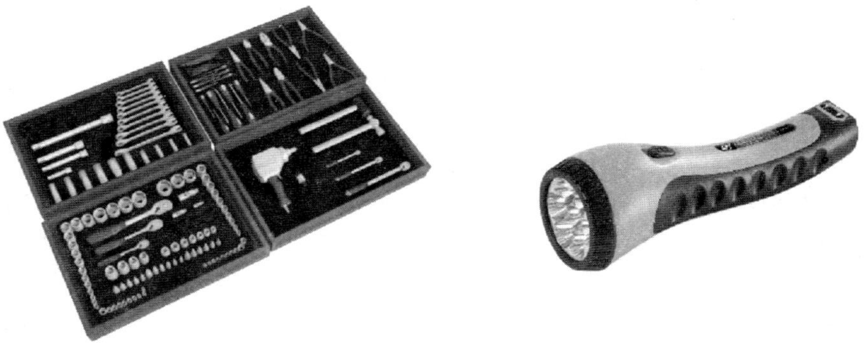

(a) (b)

图1-12 设备器材

(a) 常用工具（一套）；(b) 手电

(3) 场地设施：带消防设施的场地。

(4) 设备设施：2007款卡罗拉1.6L/AT轿车、工具车、零件车、垃圾桶。

(5) 耗材：干净抹布。

(二) 操作步骤

(1) 打开车门，罩好“三件套”。

(2) 操作灯光组合开关，观察前照灯的工作情况。

（3）查阅卡罗拉维修手册中前照灯的电路图。

（4）在电路图上找出蓄电池、灯光组合开关、组合仪表、左右两侧近光灯的保险丝、近光灯的位置，并用文字标注。

（5）画出前照灯电路原理图，并描述灯光组合开关在各挡时的电流流向。

（6）整理工位，将车辆恢复原样。

任务小结

1．汽车整车电路

（1）电源电路；

（2）起动电路；

（3）点火电路；

（4）照明与灯光信号装置电路；

（5）仪表信息系统电路；

（6）辅助装置电路；

（7）电子控制系统电路。

2．汽车电路图

1）汽车电路原理图

汽车电路原理图是用标准电气符号按照汽车电气系统的工作特性及相互的内在联系，通过导线合理地连接起来的电路图。

2）汽车电路线路图

线路图是传统的汽车电路表达方法，是将汽车电器在汽车上的实际位置用线段从电源到开关再到搭铁一一连接起来构成的。

3）汽车电路线束图

线束图是将有关电器的导线汇合在一起，并包扎起来形成的，主要表明电路线束各用电器的连接部位、接线柱的标记、线头、插接器（连接器）的形状及位置等，它是汽车上能够实际接触到的汽车电路图。

3．汽车电路图的识读方法

（1）掌握电气组件的结构原理及其图形标识符号的意义；

（2）对照图注和图形符号，熟悉有关元器件名称及其在图中的位置、数量和接线情况；

（3）掌握汽车电路元器件的识别代号；

（4）分析电路的结构特点；

（5）纵观“全车”，眼盯“局部”，由“集中”到“分散”；

（6）抓住“开关”的作用——所控制的“对象”；

（7）根据“回路原则”分析电路；

（8）注意电路中开关或继电器的状态；

（9）要善于利用汽车电路特点，把整车电路化整为零。

任务评价

（一）课堂练习

1. 判断题

（1）汽车电路图是一种将汽车电气和电子设备用图形符号和代表导线的线条连接在一起的关系图，主要有三种表现形式：电路原理图、线路图及线束图。（　　）

（2）在识读汽车电路图时，要特别注意电路图中的图注，熟悉有关元器件名称及其在图中的位置、数量和接线情况。（　　）

（3）汽车电路线路图能够表明电路线束各用电器的连接部位、接线柱的标记、线头、插接器（连接器）的形状及位置。（　　）

（4）汽车电路线路图能较完整地反映汽车电气和电子设备的相对位置，从中可以看出导线的走向、分支、节点（插接件连接）等情况。（　　）

2. 单选题

（1）下列说法不正确的是（　　）。

A. 汽车电路原理图是用标准电气符号按照汽车电气系统的工作特性及相互的内在联系，通过导线合理地连接起来的电路图

B. 汽车线路图是将汽车电器在汽车上的实际位置用线段从电源到开关再到搭铁一一连接起来构成的

C. 汽车电路原理图主要表明电路线束各用电器的连接部位、接线柱的标记、线头、插接器（连接器）的形状及位置等，它是人们在汽车上能够实际接触到的汽车电路图

D. 线束图是用于制作、安装线束的生产用图，是将有关电器的导线汇合在一起，并包扎起来形成的

（2）下列属于汽车电路识图方法的要点的是（　　）。

A. 熟悉图注　　B. 注意开关　　C. 回路原则　　D. 以上三项都是

（二）技能评价

技能评价见表1－5。

表1－5　技能评价

序号	内容	分值	得分
1	装好“三件套”	10	
2	实车操作，观察前照灯工作情况	10	
3	查阅卡罗拉维修手册中前照灯的电路图，并标注元件名称	20	
4	画出前照灯电路原理图	30	
5	对照原理图讲述前照灯工作电流流向	20	
6	整理工位	10	
总分		100	

（注：操作规范即得分，操作错误或未进行操作即0分）

学习拓展 Learning development

1. 电气符号

在实际应用中常见的电路图是汽车电路原理图。在电路原理图中，各电器元件均采用图形符号表示。虽然不同车型的电路图不相同，但汽车电路图所采用的符号大体相同。想要识读电路图，必须了解各种图形的符号及其含义，如图 1－13 所示。

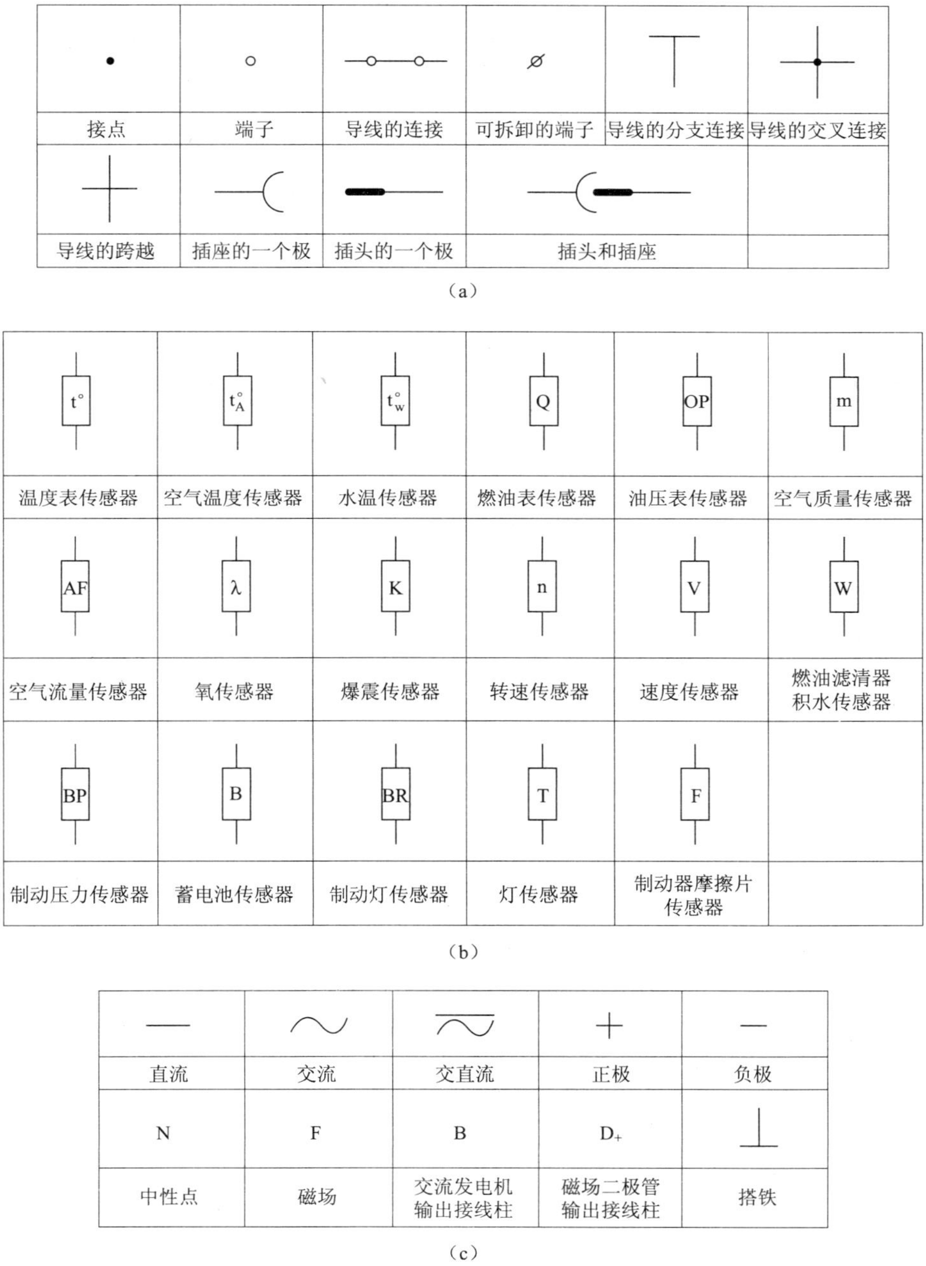

图 1－13 常见电气符号

(a) 端子和导线符号；(b) 传感器符号；(c) 限定符号

（d）

图 1－13　常见电气符号（续）

（d）电器元件符号

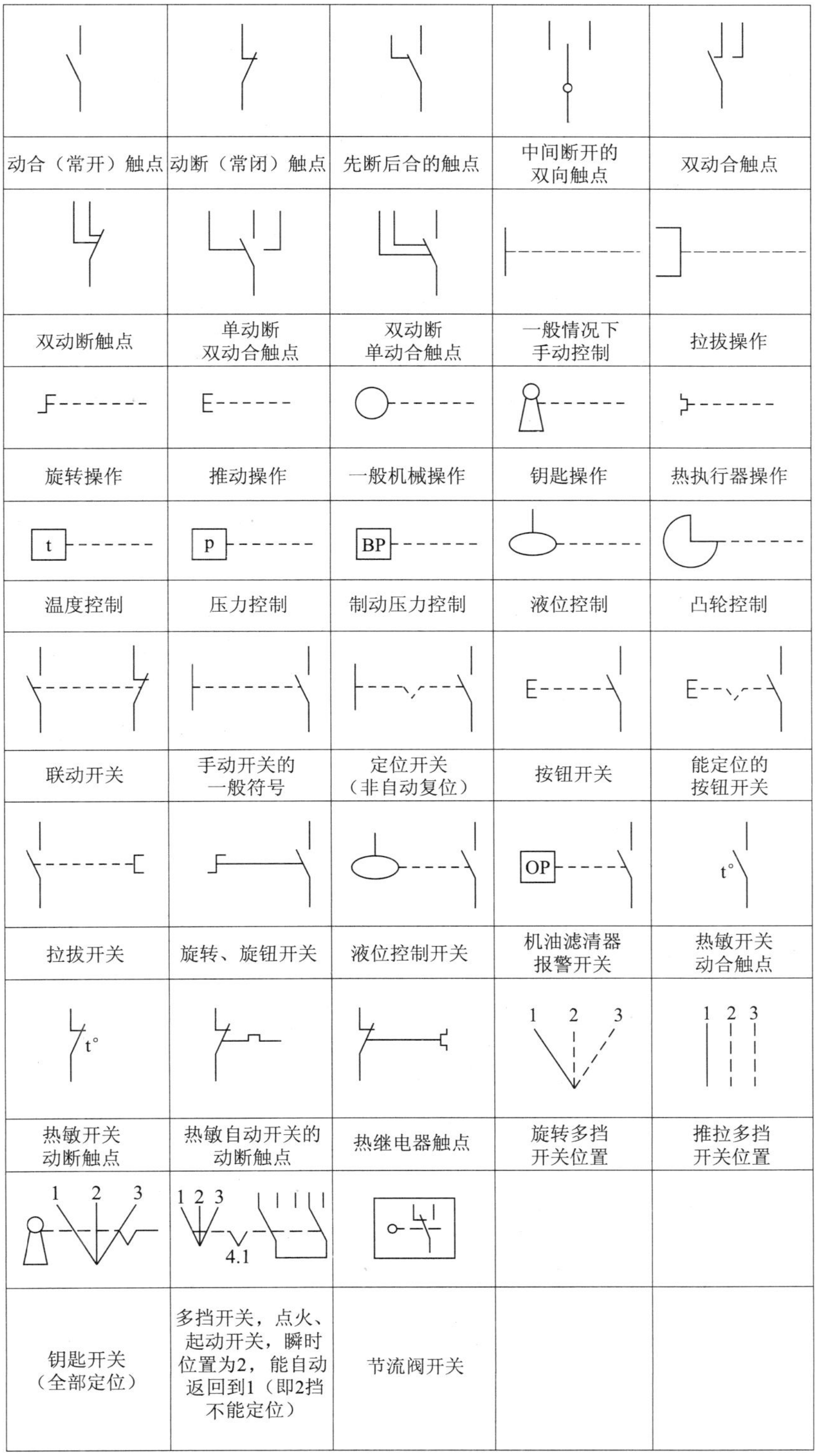

（e）

图 1－13　常见电气符号（续）

（e）触点与开关符号

图 1－13　常见电气符号（续）

（f）电气设备符号；（g）仪表符号

项目二

电源系统检修

项目导入 Project introduction

汽车电源系统向全车所有的用电设备供电。如果汽车缺少了电源系统，将无法起动，用电设备也将无法工作，比如夜间行驶没有照明、夏季车内无法使用空调制冷等，这都是我们无法接受的。无论是从安全还是从舒适度来考虑，电源系统都是至关重要、必不可少的。

本项目主要学习电源系统各部件的检查及维修方法，即电源系统的常见故障及其合理的处理措施。

学习目标 Learning target

素养目标：

1. 了解安全操作要求，养成安全文明操作的习惯。
2. 养成组员之间互相协作的习惯。
3. 实施操作结束后，清洁工具，并将工具设备归位，清洁场地。

技能目标：

规范地使用工具设备对电源系统进行基本的故障维修。

知识目标：

1. 能够描述电源系统在使用过程中的注意事项。
2. 掌握电源系统各电路的工作原理。
3. 能够描述蓄电池、发电机的基本检查流程。

学习任务 Learning tasks

学习任务1

- 蓄电池检修

学习任务2

- 发电机检修

学习任务3

- 电源系统电路检修

学习任务1 蓄电池检修

任务目标和学习重点

任务目标

1. 能够描述蓄电池的功用。
2. 能够描述蓄电池的结构和工作原理。
3. 掌握蓄电池的性能检测和常见故障。
4. 规范完成蓄电池检查、检测及充电工作。
5. 规范完成蓄电池的更换工作。

学习重点

1. 蓄电池的性能检测和常见故障。
2. 蓄电池检修的任务实施。

知识准备

汽车电气设备所使用的电源是直流电源，它来自蓄电池或发电机。

1. 蓄电池功能

蓄电池的作用是在发电机不发电时为发动机、点火系统和其他用电设备供电或在供电需求超过发电机供电能力时协助发电机供电，如图2－1所示。

当发电机正常工作时，蓄电池将发电机发出的多余电能存储起来，如图2－2所示。

蓄电池在整车电气系统中起到电压稳定器的作用，能缓和电气系统的冲击电压，保护汽车上的电子设备，如图2－3所示。

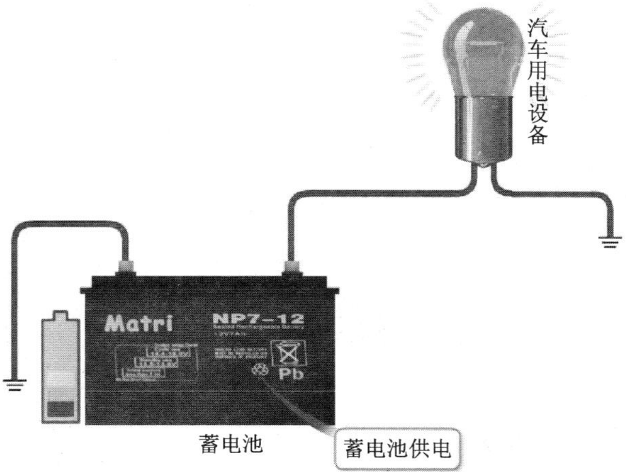

图 2－1　蓄电池供电功能

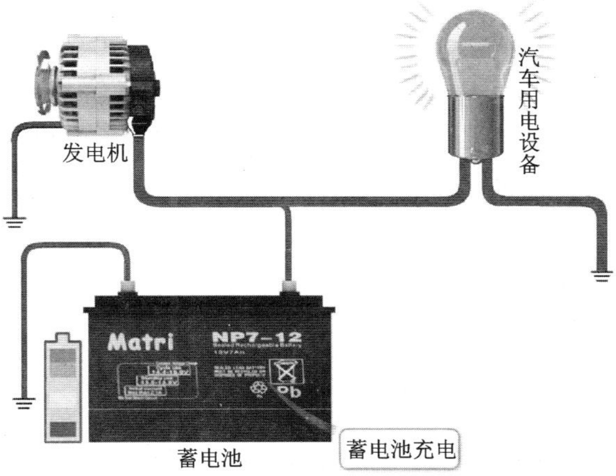

图 2－2　蓄电池储电功能

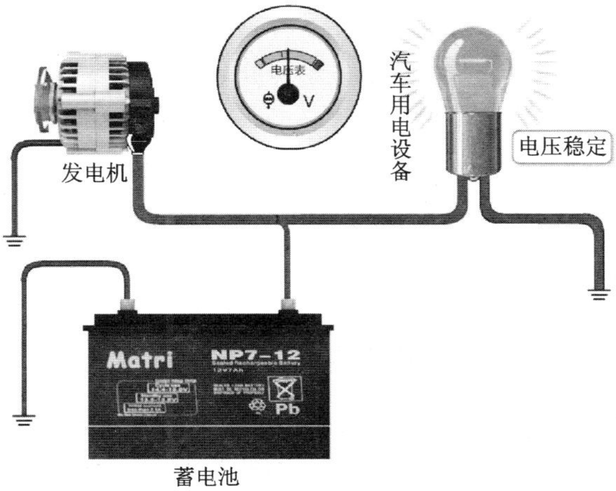

图 2－3　蓄电池稳压功能

2. 蓄电池结构

蓄电池是一种将电能以化学能的形式贮存并可将化学能转化为电能的装置。汽车上常用的蓄电池主要有普通蓄电池（见图2－4）、干荷蓄电池和免维护蓄电池（见图2－5）。

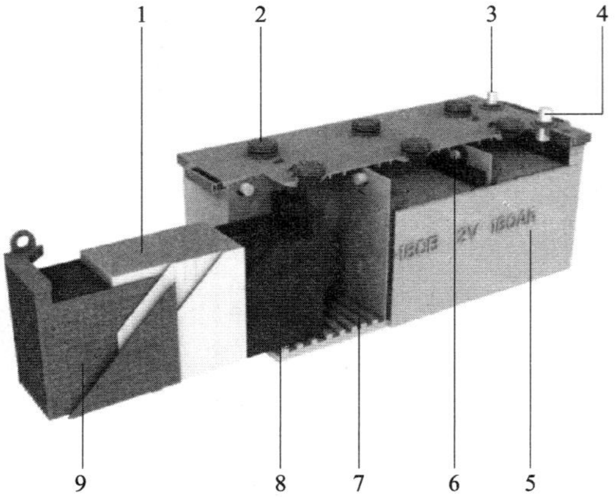

图2－4　普通蓄电池结构

1—隔板；2—加液孔；3—负极端子；
4—正极端子；5—壳体；6—联条；
7—凸筋；8—正极板；9—负极板

图2－5　免维护蓄电池结构

1—隔板；2—正极端子；3—密度计；
4—通气孔塞；5—负极端子；6—壳体；
7—正极板；8—负极板

3. 蓄电池工作原理

铅蓄电池的充放电过程是可逆的，是由极板上的活性物质与电解液的电化学反应来实现的。电池充满电时，正极板活性物质为二氧化铅（PbO_2），负极板活性物质为海绵状纯铅（Pb）；放电时，正、负极板的活性物质都逐渐变为硫酸铅（$PbSO_4$），消耗电解液中的硫酸而产生水。蓄电池充、放电的过程如图2－6和图2－7所示，其反应方程式为：

$$PbO_2 + 2H_2SO_4 + Pb \underset{\text{充电}}{\overset{\text{放电}}{\rightleftharpoons}} 2PbSO_4 + 2H_2O$$

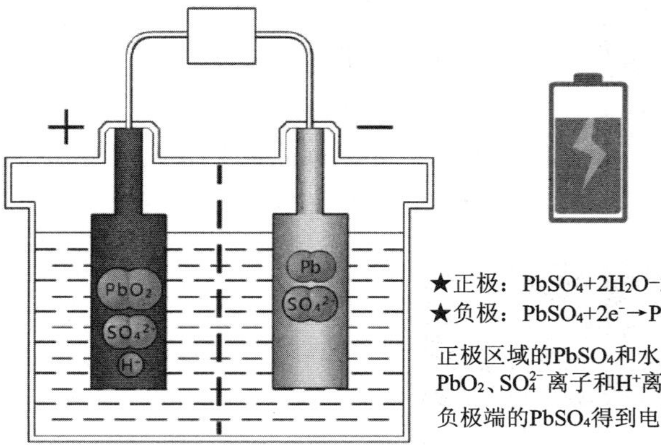

★正极：$PbSO_4+2H_2O-2e^- \rightarrow PbO_2+SO_4^{2-}+4H^+$

★负极：$PbSO_4+2e^- \rightarrow Pb+SO_4^{2-}$

正极区域的$PbSO_4$和水反应失去电子转变为PbO_2、SO_4^{2-}离子和H^+离子

负极端的$PbSO_4$得到电子，生成Pb和SO_4^{2-}离子

图2－6　蓄电池充电过程

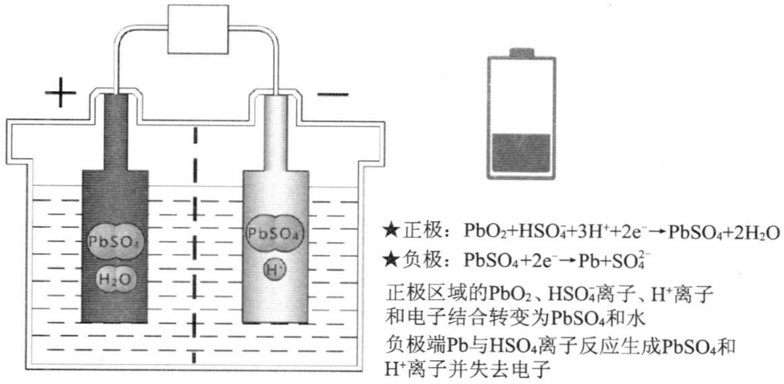

图 2－7　蓄电池放电过程

4. 蓄电池的性能检测

蓄电池的性能检测包括蓄电池外观检查、电解液液面高度检查、负荷试验检测、电解液密度测量及蓄电池放电程度检查等。

1）蓄电池的外观检查

通过直观检查可发现蓄电池的一些比较明显的问题，以缩短检修时间。通常应检查以下几个方面：

（1）检查蓄电池外壳有无断裂、破损及泄漏。

（2）检查蓄电池安装架是否夹紧、有无腐蚀，连接导线有无破损。

（3）检查蓄电池正负极柱是否氧化及腐蚀，电线夹头是否腐蚀，连接导线有无破损。

（4）检查蓄电池表面是否清洁，加液孔盖的通气孔是否通畅。

2）蓄电池电解液液面高度检查

蓄电池电解液液面高度检查可采用以下几种方法进行。

（1）玻璃管测量法：将一空心玻璃管插入到蓄电池电解液内极板的上平面处，用大拇指按紧玻璃管上端使管口密封，提起玻璃管，测量玻璃管内的液面高度，即为蓄电池电解液液面高出极板的高度，标准值为 10 ~ 15 mm。正常降低时应补充蒸馏水，使之达到标准值。

（2）液面高度指示线法：通过观察液面高度指示线可以检查电解液的液面高度，对使用透明工程塑料容器的蓄电池，为检查液面高度，常在容器壁上刻有两条高度指示线。正常液面高度介于两线之间，低于下线为液面过低，应加蒸馏水进行补充。

（3）加液孔观察判断法：在电解液加液孔内侧的标准液面位置处开有方视孔的蓄电池，可通过观察液面在方孔的位置来检视液面高度。当液面在方孔的下面时则液面过低；当液面正好与方孔齐平时液面高度为标准值；当液面超过方孔而充满加液口底部以上时为过多。

发现电解液液面高度低于标准值时，应及时补充蒸馏水。除确定液面降低是由电解液溅出所致外，不允许补充硫酸溶液。因为电解液液面正常降低是由电解液中的蒸馏水被电解和蒸发所致。

3）负荷试验检测

要求被测蓄电池存电 75% 以上。若电解液密度低于 1.22 g/cm^3，用万用表测得静止电动势低于 12.4 V，应先予以充电，再做测试。

（1）高率放电计检测。高率放电计的作用是模拟接入起动机的负荷，测量蓄电池在大电流（接近起动机起动电流）放电时的端电压，用以判断蓄电松弛的放电程度和起动能力。

① 单格高率放电计检测。测量时将高率放电计的两触针紧压在蓄电池单格的正、负极柱上，观察放电计的电压值并作好记录。分别测量各个单格电池在大电流放电情况下的端电压，然后进行比较判断。性能好、存电足的蓄电池各单格电池的端电压在1.5 V以上，并在5 s内电压基本稳定；如果各单格电池的电压低于1.5 V并在5 s内尚能稳定者，说明蓄电池性能尚可，但存电不足，应进行补充充电；单格电压低于1.5 V，并在5 s内电压迅速下降的，说明蓄电池有故障。若某单格电池电压指示过低甚至为零，则说明该单格电池内部有短路、断路或严重硫化等故障。

表2－1所示为负荷电压与放电程度的关系，表中的电压数值，上限适用于新的或容量较大的蓄电池，下限适用于一般蓄电池。

表2－1　高率放电计测得单格电池电压与放电程度的关系

单格电池电压/V	放电程度/% Qe	单格电池电压/V	放电程度/% Qe
1.7～1.8	0	1.5～1.6	50
1.6～1.7	25	1.4～1.5	75

② 整体电池高率放电计检测：测量时用力将放电计触针刺入蓄电池正负接线柱，保持15 s，若蓄电池电压能保持在9.6 V以上，说明电池性能良好；若电压稳定在10.6～11.6 V，说明蓄电池存电充足；若在测试过程中电压迅速下降，则表示蓄电池已损坏。

（2）起动测试。在起动系统正常的情况下，以起动机作为试验负荷。拔下电子燃油泵保险丝，将万用表置于电压挡，接在蓄电池正负极上，接通起动机3～5 s，读取电压表数值，对于12 V的蓄电池，应不低于9.6 V。

5. 蓄电池常见故障

1）蓄电池极板硫化

蓄电池极板硫化是指极板上的$PbSO_4$变成了粗晶粒，这种粗晶粒坚硬且不易溶解，因而在正常充电时不易被还原成活性物质，并阻碍电解液与极板活性物质接触，从而造成蓄电池的容量下降、内阻增大而使起动性能下降。极板硫化是导致蓄电池性能不良和使用寿命缩短的最主要原因。

（1）故障现象。

蓄电池极板硫化后，除了容量和起动性能明显下降外，在充、放电时还会看到异常现象：如放电时蓄电池端电压下降较快；充电时电压上升快，温度升高也快，电解液会过早地出现大量气泡（“沸腾”），且电解液的密度上升缓慢，达不到规定值。极板硫化严重时，可以通过加液孔看到极板上部有白色的霜状物。

（2）处理措施。

在蓄电池极板硫化还不严重时，可以通过去硫化充电法减弱或消除极板上的粗晶粒$PbSO_4$，如果极板硫化严重，则只能更换新的蓄电池。

2）蓄电池自放电

蓄电池每昼夜自行放电量大于2%额定容量的自放电属于故障性自放电。

（1）故障现象。

充足电的蓄电池停放几天或几小时后就存电不足。自放电严重的蓄电池，充电时其端电压和电解液密度上升缓慢，用高率放电计测单格电池压降时，其端电压会迅速下降。

（2）处理措施。

可将蓄电池全放电或过度放电后将电解液全部倾出，再用蒸馏水冲洗壳体内部，然后加注电解液，并将蓄电池充足电。

3）蓄电池极板活性物质早期脱落

活性物质早期脱落是指因使用不当而造成蓄电池极板上的活性物质有大量的脱落。

（1）故障现象。

蓄电池极板活性物质有大量脱落时，在充电过程中电解液会成为浑浊褐色溶液，充电电压也会上升过快，并且电解液会过早出现“沸腾”现象，而其密度达不到规定的最大值；放电时电压下降过快，也会与蓄电池极板硫化一样，导致容量明显不足。

（2）处理措施。

活性物质脱落较少时，倾出全部电解液，用蒸馏水冲洗后重新加注电解液，充足电后可继续使用。如果活性物质脱落过多，则需更换极板组或报废蓄电池。

任务实施

（一）实施方案

1. 质量要求

参照厂家的质量标准要求。

2. 组织方式

每四位同学一组，检修2007款卡罗拉1.6L/AT车上的蓄电池，按照企业岗位操作规范进行作业。

每组作业时间为90分钟。

3. 作业准备

（1）技术要求与标准。

① 拆卸蓄电池时，需拆卸蓄电池负极端子。

② 断开蓄电池负极电缆再重新连接端子后，要对驻车辅助监视系统进行初始化。

（2）设备器材：常用工具（一套）、万用表、密度计和充电机，如图2－8所示。

（a）　　（b）

图2－8　设备器材

（a）常用工具（一套）；（b）万用表

(c)

(d)

图 2-8　设备器材（续）

(c) 密度计；(d) 充电机

(3) 场地设施：理实一体化教室、废气排放装置、消防设施等。

(4) 设备设施：2007 款卡罗拉 1.6L/AT 轿车、工具车、零件车、垃圾桶等。

(5) 安全防护：车轮挡块、室内三件套等。

(6) 耗材：干净抹布。

(二) 操作步骤

1. 前期准备

关闭点火开关、灯光、空调等所有的用电设备，拉紧驻车制动手柄，换挡杆置于 P 挡，如图 2-9 所示。

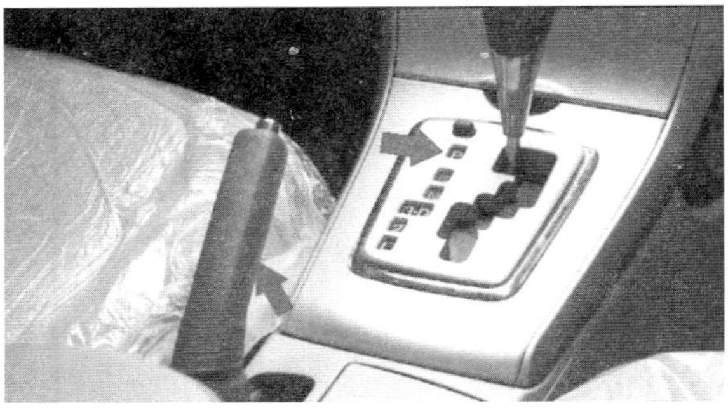

图 2-9　前期准备

注意事项

确保关闭所有的用电设备。

2. 检查蓄电池外观

(1) 检查蓄电池外壳是否破裂或发生电解液渗漏现象，如图 2-10 所示。如有，则更换蓄电池。

(2) 检查蓄电池是否有腐蚀物。如有，则用铜丝刷子清洁，直到裸露出金属。

(3) 检查蓄电池电缆接头与极柱和连接导线有无松动，如图 2-11 所示。如有，应紧固或更换电缆接头。

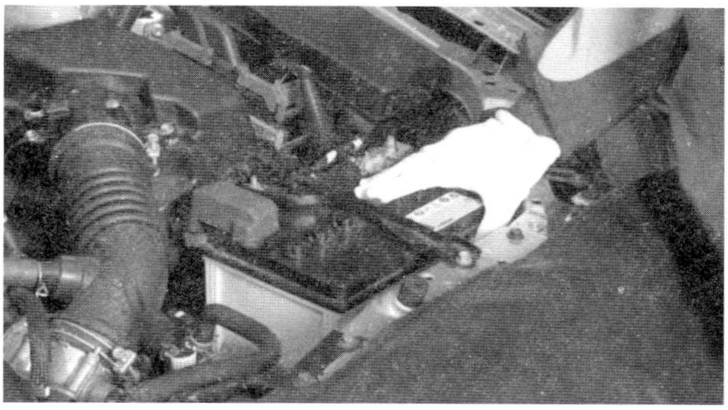

图 2－10　检查蓄电池外壳

图 2－11　检查蓄电池接线

（4）清洁时用蘸有清污剂的清洁布，注意清洁时戴橡胶手套，如图 2－12 所示。

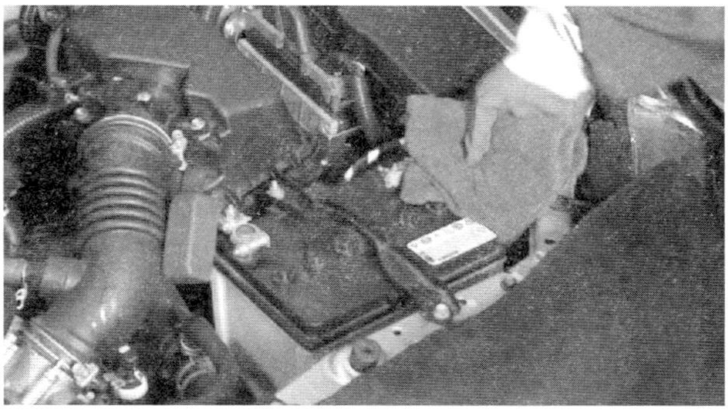

图 2－12　清洁蓄电池

3. 检查蓄电池电压。

（1）检查蓄电池静态电压。

① 打开万用表，选择直流电压 20 V 挡，如图 2－13 所示。

② 清洁正负极柱顶端及正负极电缆接头。

③ 将红、黑表笔与蓄电池正、负极柱顶端连接，观察并记录电压读数（蓄电池正常电压值为 12～12.6 V），如图 2－14 所示。

④ 将万用表开关置于“OFF”挡，并放回工具车上。

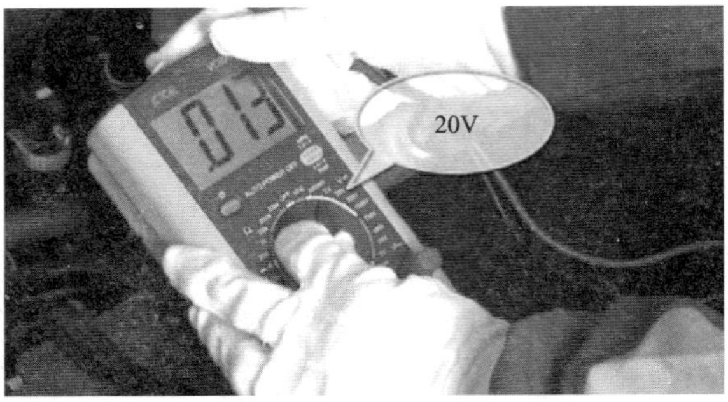

图 2－13　将万用表打至直流电压 20 V 挡

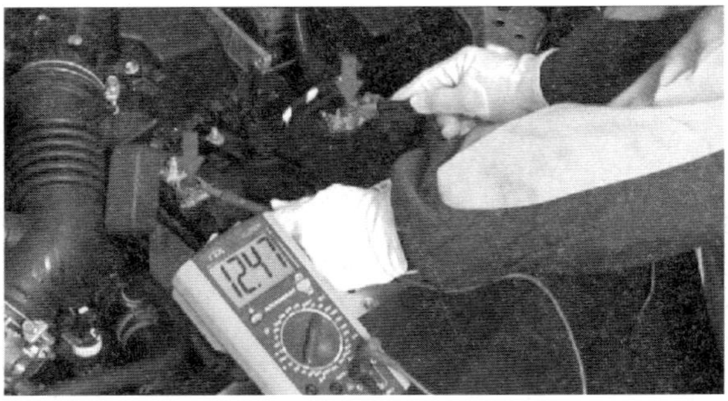

图 2－14　连接万用表后观察并记录电压读数

注意事项

测电压时，表笔要接触蓄电池的极柱上方，不能与正、负极电缆接头相连，并确保关闭所有的用电设备。

（2）检查蓄电池起动电压。

① 打开中央继电器盒盖，找到喷油器电源保险丝，使用保险丝拔取夹拔下喷油器电源保险丝，如图 2－15 所示。

图 2－15　拔掉喷油器电源保险丝

② 选用万用表，将其直流电压调至 20 V 挡，将万用表红、黑表笔分别与蓄电池正、负极柱顶端连接。将点火开关转至“START”位置，并保持 3～5 s，如图 2－16 所示。

③ 读取万用表最低电压显示值，正常时，蓄电池电压应大于或等于 9.6 V，否则应用高率放电计或蓄电池性能检测仪进一步检查，以确定是否需要充电或更换蓄电池。

图 2－16　选用万用表检查蓄电池起动电压

注意事项

起动时间不得超过 10 s，再次起动测试时要间隔 15 s 以上。

4. 检查蓄电池电解液

（1）检查电解液及液位。

① 用手拧下加液孔盖，检查外观有无损坏、通气孔是否畅通，如图 2－17 所示。检查完毕后，将加液孔盖放置于工具车上。

图 2－17　检查加液孔盖

② 观察电解液是否浑浊，如图 2－18 所示。如有，则需更换蓄电池。

图 2－18　观察电解液

③ 检查电解液液位，如图 2－19 所示。正常情况下，电解液液位应在上下刻度线之间；如果电解液液位低于下限，则适当加注蒸馏水（天气寒冷时，添加蒸馏水后应立即充电以防结冰）。

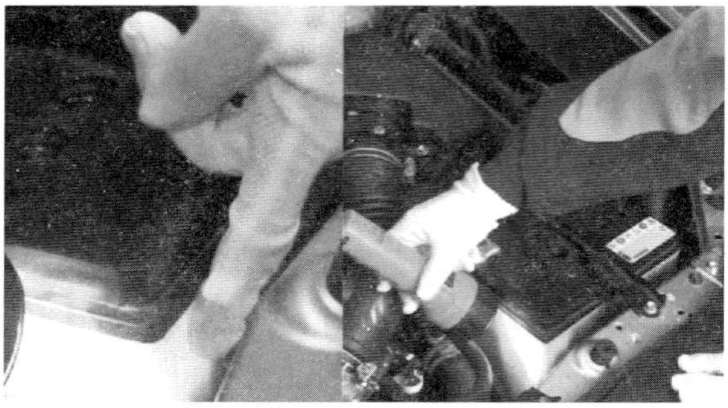

图 2－19　检查电解液液位

注意事项

测量外壳不透明的蓄电池电解液液位时，应用玻璃管吸取极板上方的电解液，观察液面高度，应为 10～15 mm。如果电解液液位低于下限，则应适当加注蒸馏水。

用玻璃管吸取电解液时，要防止电解液滴落。如有滴落，应立即用蘸有苏打水的清洁布清洁。

（2）检查电解液密度。

① 清洁密度计棱镜表面，如图 2－20 所示。

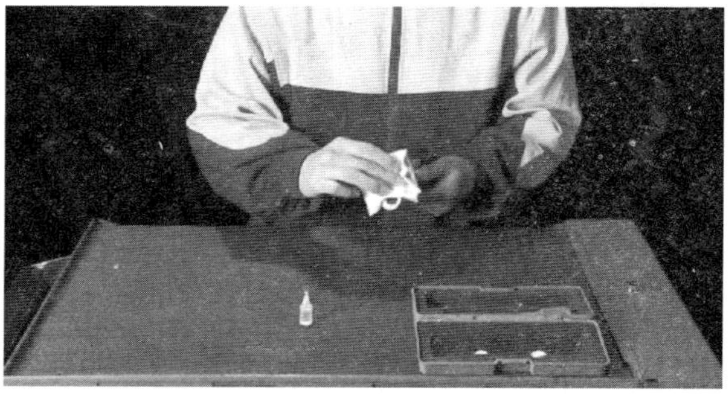

图 2－20　清洁密度计棱镜表面

② 在棱镜表面的中间位置滴一滴蒸馏水进行校零，如图 2－21 所示。

图 2－21　校零

③ 先用纸后用清洁布清洁密度计棱镜表面与盖板。用玻璃管从蓄电池一个单格中蘸少许电解液，滴在棱镜表面的中间位置，合上盖板轻轻按压，如图 2－22 所示。

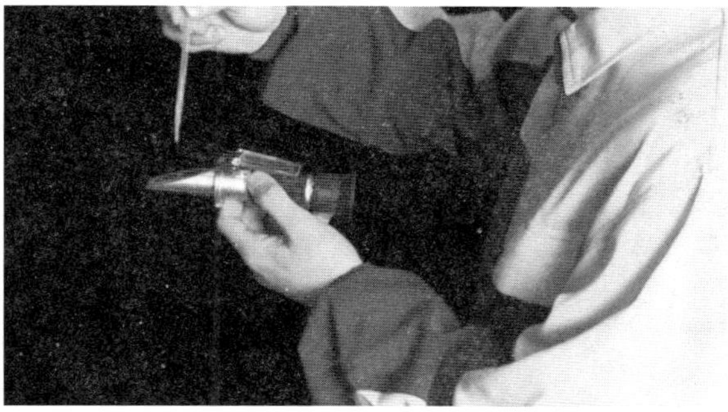

图 2－22　在棱镜表面中间滴一滴电解液

④ 将密度计对向明亮处，旋转目镜使视场内刻度线清晰，读出明暗分界线在标示板上相应标尺上的数值。读取数据并与标准数据进行对比，如图 2－23 和表 2－2 所示。

图 2－23　读取数据

表 2－2　电解液密度测量标准

检测内容	检测条件	标准数据
电解液密度	20℃	1.25～1.29 g/L

如果读数低于标准值，则电量不足，需要充电。

按照上述同样方法，测量其他单格的电解液密度。

注意事项

测量电解液密度时，应防止电解液沾在皮肤和眼睛上，以防烧伤。如果沾上，应立即用苏打水洗净。

⑤ 测试完毕，清洁棱镜表面与盖板（先用纸巾后用清洁布）。将仪器放还于包装盒内（见图 2－24），并放到工具车上，将通风孔塞装回到蓄电池上并旋紧。

（3）调整电解液密度。

① 根据所测电解液密度情况进行调整：

a. 若所有单格电解液密度值均低于标准值，则需添加电解液原液。

b. 若所有单格电解液密度值均高于标准值，则需添加蒸馏水稀释。

c. 若仅个别单格电解液密度不符合标准值，则视情况调节。

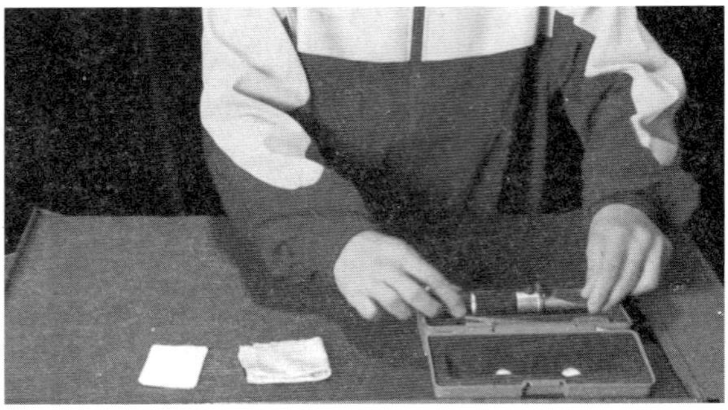

图 2-24　将密度计清洁后放回包装盒

② 调整所有单格电解液液面高度一致，使电解液液位在上下刻度线之间或高于极板 10～15 mm。

③ 调整完后，将加液孔盖安装到蓄电池上并旋紧。

5. 检查蓄电池性能

（1）将高率放电计的红色线夹夹持于蓄电池正接线柱上，将高率放电计的黑色线夹夹持于蓄电池负接线柱上，如图 2-25 所示。

（2）将按钮按下（时间不得超过 10 s，否则会烧坏高率放电计），待电压稳定，观察并记录读数，如图 2-26 所示。正常值应在 10 V 以上，否则蓄电池亏电或蓄电池已损坏。

（3）测试完毕后，将高率放电计线夹与蓄电池线柱分离。

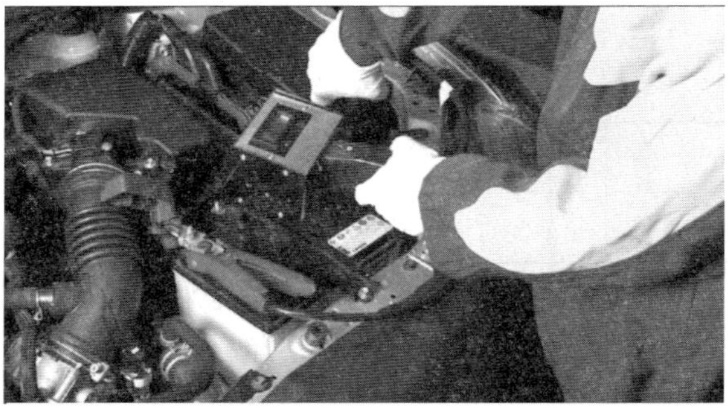

图 2-25　连接高率放电计

图 2-26　读取电压数值

6. 蓄电池充电

（1）蓄电池充电。

蓄电池充电方法有：定流充电、定压充电和快速脉冲充电等。最常见的充电方法是定压充电。

① 将充电机的输出电缆线正、负极分别与蓄电池正、负接线柱相连，如图 2－27 所示。

图 2－27　连接电缆线

② 将充电机接在 220 V 的交流电源上，并选择合适的电压。确认充电电流调到最小值。

③ 打开充电机的电源开关（见图 2－28），并选择合适的电流挡位和充电时间。

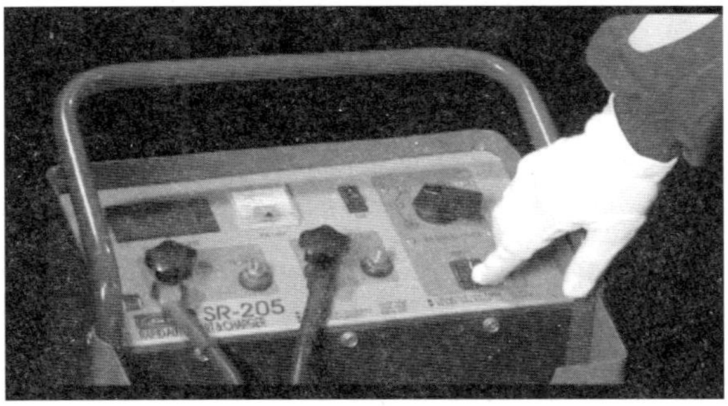

图 2－28　打开充电机电源开关

注意事项

蓄电池充电时，附近不能有火花，且禁止抽烟。

打开充电机的开关之前，要确定充电电流调到最小值。

④ 充电完毕，关闭充电机电源开关，分离充电机负极电缆与蓄电池负极接线柱。

（2）蓄电池充电检测。

① 用万用表测量蓄电池端电压是否上升至最大值，且 2 ~ 3 h 内不再下降。

② 观察电解液中是否产生大量气泡，且呈沸腾状态。

③ 检查蓄电池电解液密度，记录检测数据，若所测电压值和电解液密度不在标准范围内，则蓄电池有故障，需检修。

7. 更换蓄电池

（1）拆卸蓄电池。

① 拧松蓄电池上方压板的固定螺母及螺栓，然后旋出压板外侧的固定螺栓，如图 2－29

所示。拧松压板内侧的固定螺母，将压板和钩形螺杆一同取下。

② 选用梅花扳手拧松蓄电池负极接线柱固定螺母，如图 2－30 所示，取下负极电缆，并放置于合适位置。

图 2－29　旋出蓄电池压板外侧的固定螺栓

图 2－30　断开蓄电池负极电缆

按照同样的方法取下正极电缆。

③ 取出蓄电池，放置于工作台上。

注意事项

拆卸蓄电池正负极电缆接头时，必须先拆负极接线柱。

取下蓄电池时，要防止跌落，严禁在地上拖拽、翻转。

（2）安装蓄电池。

① 检查蓄电池底座有无裂纹和破损。如有，应更换。

② 检查蓄电池支撑座有无腐蚀或变形，如图 2－31 所示。如果有，应清洁或修复。

图 2－31　检查蓄电池支撑座

③ 检查蓄电池型号是否正确。

④ 将蓄电池对正平放在底座的凹槽中，如图 2 – 32 所示。

图 2 – 32　将蓄电池放在底座的凹槽中

⑤ 将钩形螺杆与支撑座相连，如图 2 – 33 所示，将压板对正安装位置，旋入固定螺栓并拧紧固定螺母及螺栓。

图 2 – 33　将钩形螺杆与支撑座相连

⑥ 安装蓄电池正极电缆，并拧紧固定螺母确保安装牢固；装上蓄电池正极保护盖。安装蓄电池负极电缆，并确保安装牢固，如图 2 – 34 所示。

图 2 – 34　安装蓄电池电缆

⑦ 检查起动时蓄电池电压，如图 2 – 35 所示。

（3）复位。

① 清洁作业所用工具以及设备，并将其归位。

② 拆除车辆防护三件套。

③ 将收音机、时钟等设备复位。

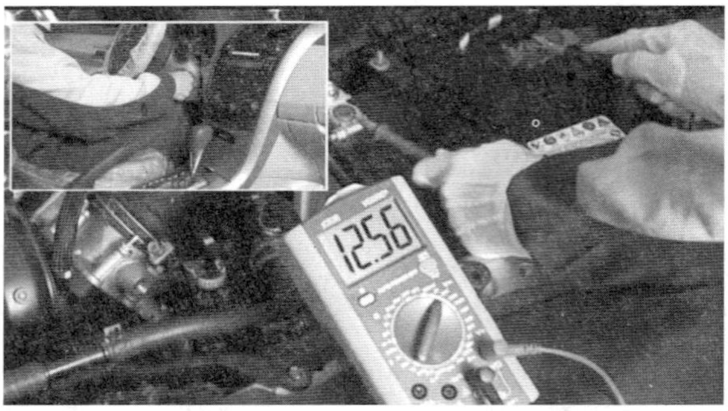

图 2-35 检查起动时蓄电池电压

8. 项目检查

通过以上步骤的检查与维修，在工作结束时进行维修质量的验证，起动车辆，检查车辆运行是否正常。

任务小结

1. 蓄电池的功用

蓄电池具有供电功能、储电功能和稳压功能。

2. 蓄电池结构

普通蓄电池和免维护蓄电池结构分别如图 2-36 和图 2-37 所示。

图 2-36 普通蓄电池结构

图 2-37 免维护蓄电池结构

3. 蓄电池工作原理

蓄电池工作过程包括充电过程和放电过程。蓄电池的充放电过程是由极板上的活性物质与电解液的电化学反应来实现的。

4. 蓄电池的性能检测

（1）外观检查。

（2）电解液液面高度检查。

（3）负荷试验检测。

5. 蓄电池常见故障

（1）极板硫化：由于蓄电池长时间亏电或电解液液面过低或小电流下长时间过放电导致极板上的 $PbSO_4$ 变成坚硬且不易溶解的粗晶粒，在充电时不易被还原成活性物质，造成蓄电池容量下降。

（2）蓄电池自放电：由于蓄电池表面不洁净或隔板破裂或电解液不纯导致蓄电池漏电或正负极短路，造成蓄电池自放电。

（3）蓄电池极板活性物质早期脱落：由于充电电流过大或长时间过充电或过度放电或极板组受颠簸太剧烈导致蓄电池活性物质脱落，造成电池容量下降。

任务评价

（一）课堂练习

1. 判断题

（1）汽车蓄电池能够缓和电气系统的冲击电压，保护电子元件。（　　）

（2）常用车辆的蓄电池，放电程度夏季达25%、冬季达50%时，应进行补充充电。（　　）

（3）用高率放电计检测整体蓄电池，测量时用力将放电计触针刺入蓄电池正负接线柱，保持15 s，若蓄电池电压能保持在96 V以上，说明蓄电池存电充足。（　　）

（4）极板硫化是极板上的$PbSO_4$变成了坚硬不易溶解的粗晶粒，在正常充电时不易被还原成活性物质。（　　）

（5）长时间小电流放电易造成活性物质脱落。（　　）

2. 单选题

（1）为了保护蓄电池，每次运转起动机的时间都不能超过（　　）。

A. 3 s　　B. 5 s　　C. 8 s　　D. 10 s

（2）导致蓄电池极板硫化的原因不可能是（　　）。

A. 蓄电池长期亏电　　B. 电解液液面过低

C. 小电流下长时间过放电　　D. 蓄电池长时间过充电

（3）下列能够说明蓄电池的性能不良的是（　　）。

A. 通过观察蓄电池电解液液面高度发现，其液面高度介于两线之间

B. 对蓄电池进行起动测试，读取电压表数值为9.8 V

C. 用高率放电计检测蓄电池整体电压时，电压稳定在10.7～11.1 V

D. 蓄电池充电后，测试电解液密度为1.20 g/cm³

（二）技能评价

技能评价见表2－3。

表2－3　技能评价

序号	内容	分值	得分
1	前期准备	10	
2	检查蓄电池外观	5	
3	检查蓄电池静态电压	10	
4	检查蓄电池起动电压	10	

续表

序号	内容	分值	得分
5	检查电解液及液位	10	
6	检查及调整电解液密度	15	
7	检查蓄电池性能	10	
8	蓄电池充电	10	
9	更换蓄电池	15	
10	项目检查	5	
总分		100	

（注：操作规范即得分，操作错误或未进行操作即0分）

学习任务2　发电机检修

任务目标和学习重点

任务目标

1. 能够认知交流发电机的组成。
2. 能简单描述交流发电机的工作原理和整流原理。
3. 能合理检查发电机状况，并能够针对故障进行维修。
4. 能规范完成发电机的检修工作。

学习重点

1. 发电机的就车检查及其检修的方法。
2. 发电机检修的任务实施。

知识准备

汽车上蓄电池的电能有限，在它放电以后必须及时进行补充充电，因此汽车上还必须装备充电系统。充电系统由发电机、调节器和充电状态指示装置组成。

1. 交流发电机组成

发电机作为汽车运行中的主要电源，担负着向起动系统之外的所有用电设备供电的任务，并为蓄电池充电。目前，汽车用发电机为交流发电机，如图2－38所示。

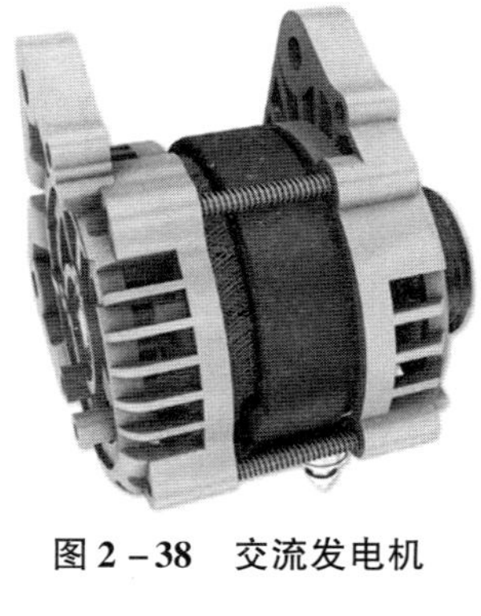

图2－38　交流发电机

交流发电机一般由外罩、电刷、整流器、定子、转子和电压调节器等组成，如图2－39所示。

转子的功用是产生旋转磁场；定子则是产生和输出交流电；整流器是将定子绕组产生的三相交流电转变成直流电输出，并阻止蓄电池的电流向发电机倒流。

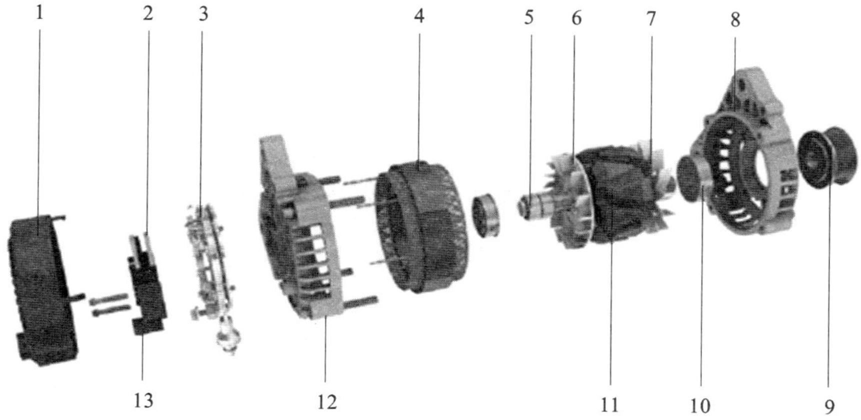

图 2－39　交流发电机组成

1—外罩；2—电刷；3—整流器；4—定子；5—滑环；6，7—风扇；8—前端盖；
9—皮带轮；10—轴承；11—转子；12—后端盖；13—电压调节器

2. 交流发电机工作原理

交流发电机产生交流电的基本原理是电磁感应原理，即利用产生磁场的转子旋转，使穿过定子绕组的磁通量发生变化，在定子绕组内产生感应电动势。

根据电磁感应原理，当转子绕组中通入直流电时，会产生磁场，如图 2－40 所示。

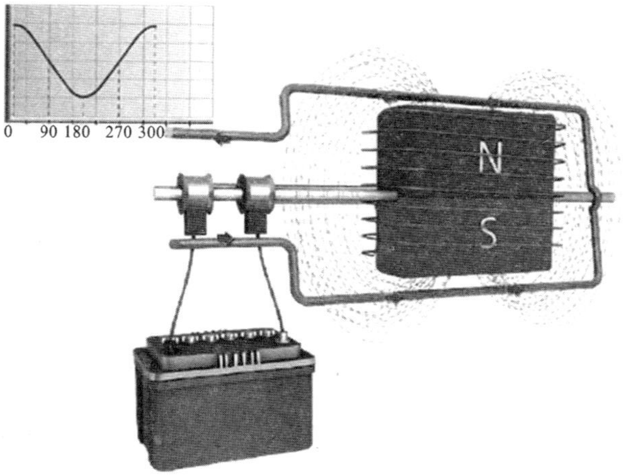

图 2－40　交流发电机组工作原理（1）

随着转子转动，穿过定子绕组的磁通量发生变化，在定子绕组中产生不断变化的感应电流，如图 2－41 所示。

交流发电机在转子外部采用三相对称绕组，当转子旋转时，旋转的磁场和三相绕组之间产生相对运动，在三相绕组中分别产生交流电流，如图 2－42 所示。

3. 交流发电机整流原理

在交流发电机定子的三相绕组中，感应产生的是交流电，靠六只二极管组成的三相桥式整流电路变为直流电。其中三只二极管负极端相连，故正极端电位最高者导通，如图 2－43 所示。

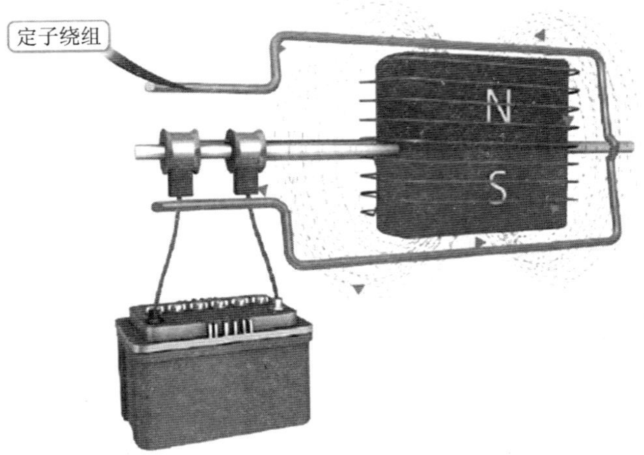

图 2-41　交流发电机组工作原理（2）

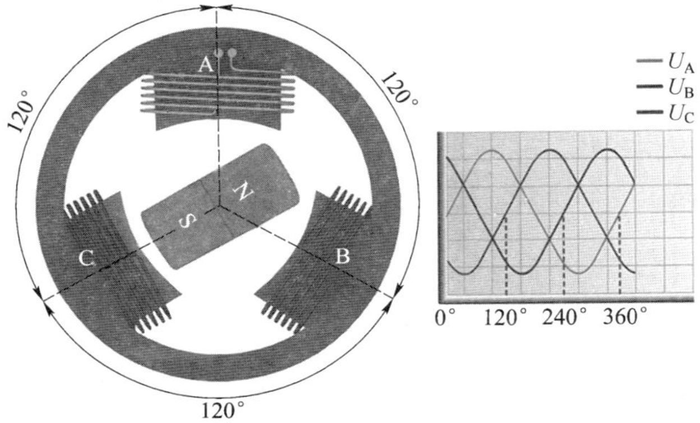

图 2-42　交流发电机组工作原理（3）

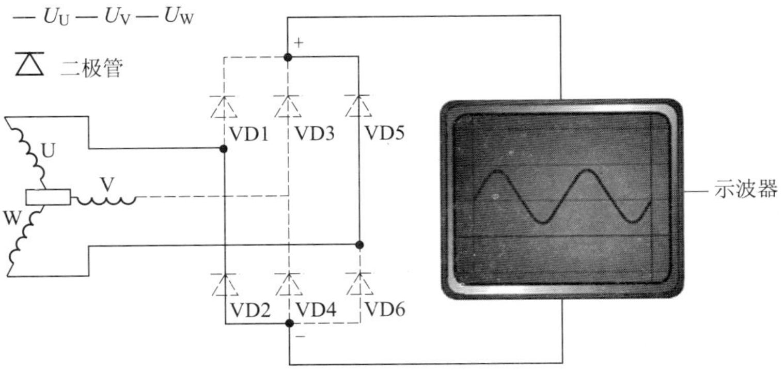

图 2-43　交流发电机组整流原理（1）

另外三只二极管正极端相连，故负极端电位最低者导通，如图 2-44 所示。

如此不断循环，在 R 两端就得到较平稳的脉冲直流电压，如图 2-45 所示。

4. 发电机就车检查项目

1）传动带松紧度检查

（1）目视检查传动带有无裂纹或超出磨损极限，如不符合要求，应及时更换。

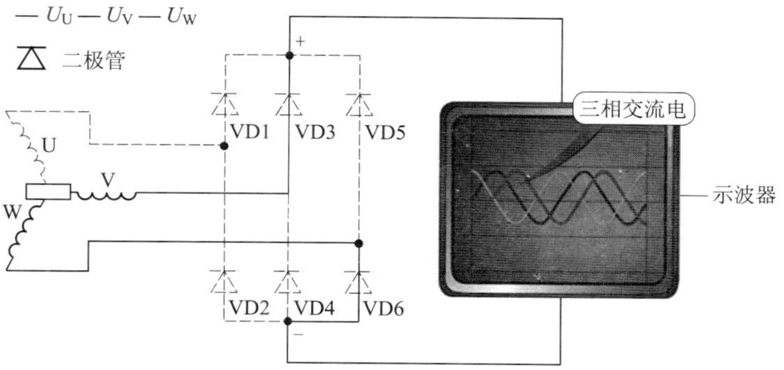

图 2－44　交流发电机组整流原理（2）

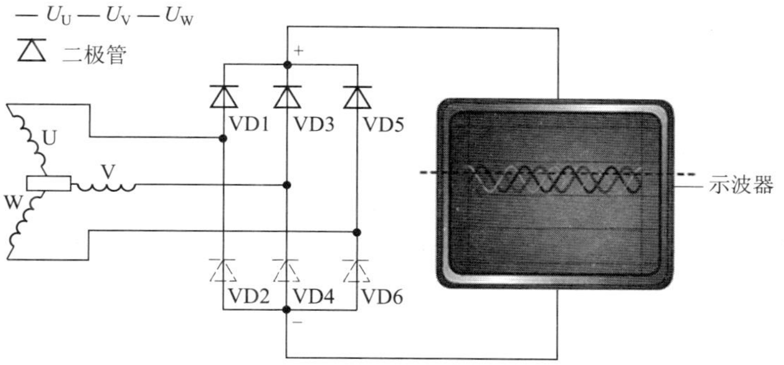

图 2－45　交流发电机组整流原理（3）

（2）检查传动带的挠度。当用 100 N 的力作用于两带轮之间的传动带中央部位时，新传动带的挠度应为 5～10 mm，旧传动带（即装到车上随发动机转动超过五个月以上时间）一般为 7～14 mm，具体指标应以车型手册规定为准。若传动带的挠度不符合要求，应及时调整。

（3）检查传动带的张力。传动带挠度和张力都能反映发电机的驱动情况，因此，有的汽车只规定检查其中的一项。检查传动带的张力需用专用工具，条件允许可做此项检查。

2）导线连接检查

（1）检查各导线端头的连接部位是否正确、可靠。

（2）发电机输出端子 B 必须加弹簧垫圈紧固接线。

（3）采用插接器连接的发电机，其插座与线束插头的连接必须锁紧，不得有松动现象。

3）有无噪声检查

当发电机出现故障（特别是机械故障），如轴承破损、轴弯曲等，在发电机运转时，都会发出异常噪声。检查时，逐渐加大发动机节气门开度，使发动机转速逐渐升高，监听发电机有无异常噪声，如有异常噪声，则应拆下发电机，并分解检修。

4）发电机电压测试

如果汽车装有催化式排气净化装置，则在做此实验时，发动机的运转时间不得超过 5 min。

（1）在发动机停转且不使用车上电气设备的情况下，测量蓄电池电压，这个电压称为参考电压或基准电压。

（2）起动发动机，使发动机转速保持在 2 000 r/min，在不使用车上电气设备的情况下测量蓄电池电压，这个电压称为空载充电电压。空载充电电压应比参考电压高些，但不应超过 2 V。若电压低于参考电压，说明发电机不发电，应对发电机、调节器和充电系统线路进行全面检查。

（3）在发动机转速仍为 2 000 r/min 时，接通电器附件，如暖风机、空调和前照灯远光灯等，当电压稳定时测量蓄电池电压，这个电压称为负载电压。负载电压至少应高出参考电压 0.5 V。

（4）若有问题，可在充电电流为 20 A 时检查充电线路压降，将电压表正极接发电机"电枢"（B+）接线柱，电压表负极接蓄电池正极桩头，电压表读数不得超过 0.7 V；将电压表正极接调节器壳体，另一端接发电机机壳，电压表读数不得超过 0.05 V；当电压表一端接发电机机壳，另一端接蓄电池负极时，电压表示数不得超过 0.05 V。若示值不符，应清洁、紧固相应的连接线头及安装架。

5）B 接线柱电流测试

（1）将发动机熄火，拆掉蓄电池搭铁电缆端子，从硅整流发电机"电枢"（B+）接线柱上拆下原有引线，将 0 ~ 40 A 电流表串接在拆下的引线接头与"电枢"接线柱之间，并将电压表正极接"电枢"接线柱，负极与发动机机体相接。

（2）切断汽车所有电器开关。

（3）装复蓄电池搭铁电缆接头，起动发动机，使发电机在略高于额定负荷转速下工作，这时电流表读数应小于 10 A，电压表示值应在调节器规定的调压值范围内。

（4）接通汽车主要用电设备（如前照灯远光灯、暖风机、空调、雨刮器等），使电流表示数大于 30 A，此时电压表示数应大于蓄电池电压。

（5）熄火，先拆去蓄电池搭铁电缆端子，拆除电压表、电流表，重新装复发电机"电枢"线和蓄电池搭铁端子。

若电压值超过规定电压上限，一般为调压器故障；若电压值远低于电压下限，电流过小，应检查发电机个别二极管或个别电枢绕组是否有故障。

5. 发电机的不解体检测

为了判定发电机有无故障和故障发生的确切部位，在发电机分解之前，可先对发电机进行不解体检查。

（1）用万用表"R×1"挡检测发电机各接线柱之间的阻值并进行分析判断。

（2）手持皮带轮检查轴承轴向及径向间隙。

（3）转动转子，检查轴承阻力、噪声以及转子与定子之间有无摩擦及异响。当发现阻力较大时，可拆除电刷再试，以确定阻力是来自电刷还是来自轴承。

（4）转动转子轴，检查皮带轮的摆差（摇头）大小，以判断转子轴是否弯曲。

（5）检查外壳、挂脚等处有无裂纹及损坏。

6. 发电机解体后的检修

1）二极管的检修

首先拆下定子绕组与二极管的连接线，然后用万用表"R×1"挡逐个检查二极管的好坏。更换二极管时应注意：新件应与原装二极管的型号、极性一致。

2）转子总成的检修

（1）磁场绕组断路的检修：用万用表电阻挡进行检测，阻值一般为几欧姆或十几欧姆，若阻值为∞，说明磁场绕组断路；若阻值过小，说明绕组有匝间短路故障。

（2）磁场绕组绝缘的检查：用万用表电阻挡进行检测，若测得阻值为∞，说明绕组与铁芯绝缘良好，否则说明滑环与铁芯之间有绝缘不良或搭铁故障。

（3）滑环的检查：滑环的工作表面应光洁、无明显烧蚀或磨损沟槽。如有轻微烧蚀，可用0号砂布进行打磨。若滑环烧蚀严重，应在车床上进行精车，但加工后的滑环厚度不能小于1.5 mm。电刷与滑环之间配合应正常，如发现接触位置偏移，甚至造成电刷与滑环跨接的现象，装复时应加以调整，两滑环间应无积物，防止造成短路。

（4）转子轴的检修：检查其弯曲程度和轴颈磨损情况。用外径百分表检测，轴外圆与滑环的径向跳动误差不应大于0.1 mm，否则应进行矫正。

3）定子总成的检修

主要是定子绕组的检修。定子绕组的故障主要有断路、搭铁和短路，可用万用表进行检测。但由于定子绕组的阻值太小，故用万用表无法测出定子绕组是否短路，一般可通过利用示波器检测发电机输出端电压波形的方法来判断。

4）电刷组件的检修

电刷及电刷架应无破损或裂纹，电刷在电刷架中应能活动自如，不应出现卡滞现象。

（1）电刷高度的测量。电刷高度是指电刷露出电刷架的长度，电刷磨损不得低于原高度的1/2。当外露长度低于发电机规定的极限值时，应当更换新的电刷。

（2）电刷弹簧压力的检测。当电刷从电刷架中漏出2 mm时，电刷弹簧力一般为2～3 N。弹簧力过小时，应更换新电刷，否则会因接触不良而烧蚀滑环或使发电机输出功率降低。

任务实施

（一）实施方案

1. 质量要求

参照厂家的质量标准要求。

2. 组织方式

每四位同学一组，检修2007款卡罗拉1.6L/AT车上的发电机，按照企业岗位操作规范进行作业。

每组作业时间为90分钟。

3. 作业准备

（1）技术要求与标准。

① 使用万用表时，不要将红、黑表笔接反。

② 断开连接器时，要规范操作，不能借用外力直接拔下。

（2）设备器材：常用工具（一套），万用表，如图2－46所示。

（3）场地设施：理实一体化教室、废气排放装置、消防设施等。

（a）　　　　（b）

图 2－46　设备器材

（a）常用工具（一套）；（b）万用表

（4）设备设施：2007 款卡罗拉 1.6L/AT 轿车、工具车、零件车、垃圾桶等。

（5）安全防护：车轮挡块、室内三件套等。

（6）耗材：干净抹布。

（二）操作步骤

1．检查发电机外围（见图 2－47）

图 2－47　检查发电机外围

（1）确认发电机离合器皮带轮安装牢靠，且锁止功能良好。检查驱动皮带外观、挠度和张力。

（2）检查并确认发电机配线，目视并徒手检查连接器情况是否松动，保证连接牢靠。若连接不良，则重新连接；若线束断裂或裸露，则维修或更换发电机线束。

（3）检查发电机是否有异响。

（4）检查充电警告灯电路。

2．拆卸发电机

3．分解发电机

（1）拆卸发电机皮带轮；

（2）拆卸发电机端盖；

（3）拆卸电刷架总成；

(4) 拆卸发电机线圈总成;

(5) 拆卸发电机转子总成;

(6) 拆卸轴承挡片。

4. 检查发电机

(1) 检查发电机离合器皮带轮，如图 2－48 所示。

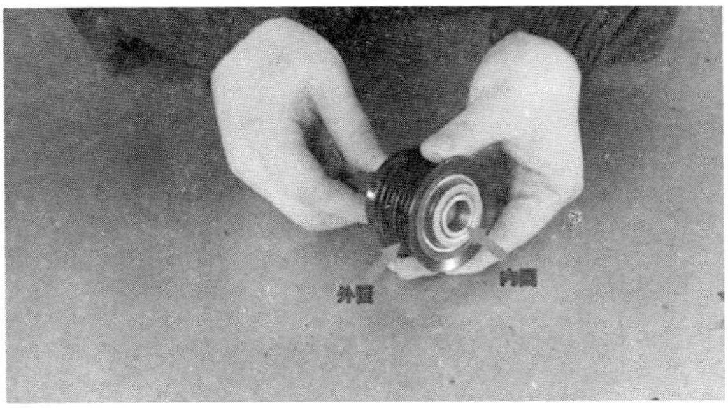

图 2－48　检查发电机离合器皮带轮

① 检查离合器皮带轮外观无破损;

② 用手固定皮带轮外圈，使用专用工具转动皮带轮内圈，顺时针转动时应打滑，逆时针转动时应锁止（从皮带轮正面看）。

(2) 检查电刷总成。

① 目测电刷架表面无破损。

② 推入两个电刷，检查回位无卡塞。

③ 检查电刷架的外露长度，如图 2－49 所示。使用游标卡尺测量电刷架内壁到电刷架顶部的长度，读取测量值。电刷架外露长度标准数据见表 2－4，如果外露长度小于最小值，则更换电刷架总成。

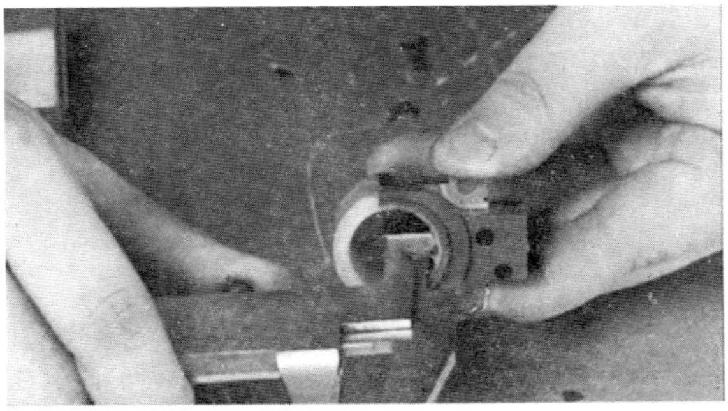

图 2－49　检查电刷架的外露长度

表 2－4　电刷架外露长度标准数据

检测内容	检测条件	标准数据
电刷架外露长度	20℃	标准：9.5～11.5 mm
		最小：4.5 mm

注意事项

测量电刷架长度时，内测量爪必须靠近电刷中心线。

(3) 检查发电机转子总成。

① 检查发电机转子绕组电路。

使用万用表测量转子绕组之间的电阻，如图 2-50 所示。转子绕组间的电阻标准数据见表 2-5，如果不符合规定，则更换发电机转子总成。

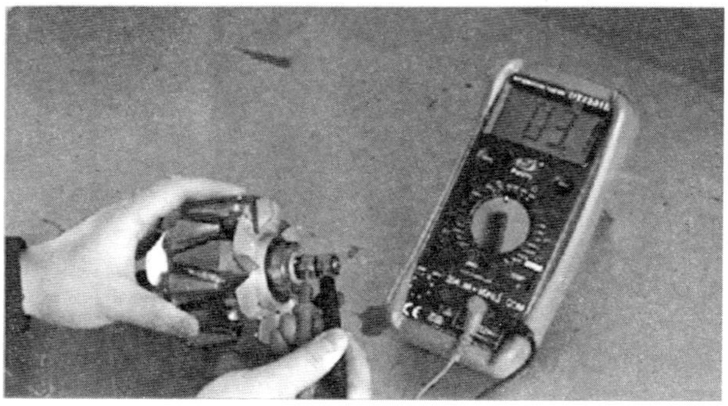

图 2-50　检查发电机转子绕组间的电阻

表 2-5　转子绕组间的电阻标准数据

检测内容	检测条件	标准数据
滑环-滑环	20℃	2.3～2.7 Ω

② 检查发电机转子搭铁电路。

使用万用表测量其中一个滑环与转子之间的电阻，如图 2-51 所示。滑环与转子间的电阻标准数据见表 2-6，如果结果不符合规定，则更换发电机转子总成。

图 2-51　检查滑环与转子间的电阻

表 2-6　滑环与转子间的电阻标准数据

检测内容	检测条件	标准数据
滑环-滑环	—	1 MΩ 或更大

③ 检查发电机转子外观。

检查并确认转子滑环有无脏污。如有，应及时清洁。观察发电机转子轴承有没有变粗糙或磨损。如有必要，应更换发电机转子总成。

检查滑环表面有无沟槽，如有，应打磨掉沟槽，并用游标卡尺测量滑环直径，如图 2－52 所示。滑环直径标准数据见表 2－7，如果直径小于最小值，则更换发电机转子总成。

图 2－52　测量滑环直径

表 2－7　滑环直径标准数据

检测内容	检测条件	标准数据
滑环直径	—	标准：14.2～14.4 mm
		最小：14.0 mm

（4）检查发电机定子。

① 检查定子三相绕组电路。

万用表的一个表笔接三相绕组的中性点，另一个表笔分别接绕组的三个首端，电阻值应接近 0 且相等，如果有一相电阻值为∞，则该相断路。

② 检查三相绕组与铁芯的绝缘情况。

将万用表的一个表笔接定子铁芯，另一个表笔依次接三个绕组首端，如指示∞，说明绕组绝缘情况良好；如为零或电阻很小，则说明至少有一相绕组搭铁，需进一步检查。

将中性点烫开，使三相绕组导线分离。然后按照上一步检测方式重新检测，若测得某一相电阻为 0 或电阻极小，说明该相绕组已搭铁或绝缘不良。对搭铁绕组仔细观察，发现搭铁部位，可做包扎处理。如不能处理，或定子绕组已烧坏发黑，应拆除重绕。

③ 检查三相绕组之间绝缘情况。

烫开三相绕组的中性点，将万用表的一个表笔接一相绕组的首端，另一个表笔分别接其余两个绕组的首端，正常值为∞。如测得的阻值为 0 或有一定数值，说明该两相绕组短路或绝缘不良。

（5）检查发电机整流器。

① 检查二极管。

万用表置于“R×1”挡，红表笔接元件板，黑表笔分别接三只管子的引线，检测、记录电阻值，并与表 2－8 中的标准数据进行比对。

表 2 –8　二极管电阻标准数据

检测内容	检测条件	标准数据
二极管电阻	—	8 ~10 Ω

将万用表置于“R ×10”挡，黑表笔接元件板，红表笔分别接三只管子的引线，检测、记录电阻值，并与表 2 –9 中的标准数据进行比对。

表 2 –9　二极管反向电阻标准数据

检测内容	检测条件	标准数据
二极管电阻	—	10 kΩ 以上

若某整流管两次测得的电阻值都为 0，表明该整流管已被击穿损坏；若两次测得的电阻值均为∞，表明该整流管已断路损坏。

② 检查二极管连线。

检查整流管引线与三相绕组焊接处是否松动，如有，应焊接牢固。

（6）检查发电机驱动端端盖轴承，如图 2 –53 所示。

图 2 –53　检查发电机驱动端端盖轴承

① 检查发电机驱动端端盖表面无破损。

② 用手旋转轴承内圈，确认轴承旋转无异响。

5. 组装发电机

（1）安装驱动端端盖挡片；

（2）安装发电机转子总成；

（3）安装发电机线圈总成；

（4）安装发电机电刷架总成；

（5）安装发电机后端盖；

（6）安装发电机皮带轮。

6. 安装发电机

7. 项目检查

通过以上步骤的检查与维修，在工作结束时进行维修质量的验证，起动车辆，检查车辆运行是否正常。

任务小结

1. 交流发电机组成（见图2－54）

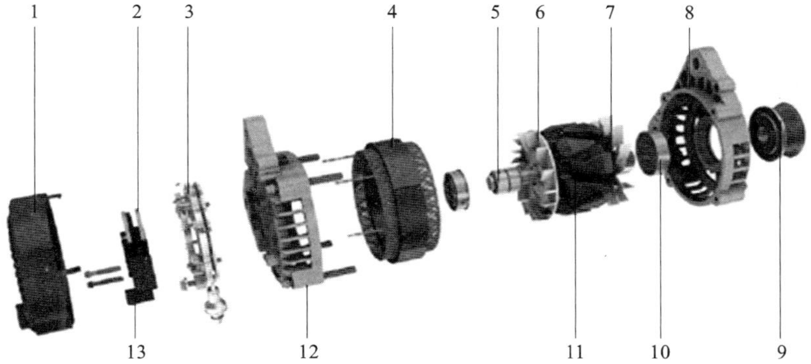

图2－54 交流发电机组成

1—外罩；2—电刷；3—整流器；4—定子；5—滑环；6，7—风扇；8—前端盖；
9—皮带轮；10—轴承；11—转子；12—后端盖；13—电压调节器

2. 交流发电机工作原理

交流发电机产生交流电的基本原理是电磁感应原理，即利用产生磁场的转子旋转，使穿过定子绕组的磁通量发生变化，在定子绕组内产生感应电动势。

3. 交流发电机整流原理

交流发电机定子的三相绕组中，感应产生的是交流电，靠六只二极管组成的三相桥式整流电路变为直流电。

4. 发电机就车检查项目

（1）传动带松紧度检查。

（2）导线连接检查。

（3）有无噪声检查。

（4）发电机电压测试。

（5）B 接线柱电流测试。

5. 发电机的不解体检测

（1）检测发电机各接线柱之间的阻值。

（2）检查皮带轮轴承轴向及径向间隙。

（3）检查轴承阻力、噪声以及转子与定子之间有无摩擦及异响。

（4）检查皮带轮的摆差（摇头）大小。

（5）检查外壳、挂脚等处有无裂纹及损坏。

6. 发电机解体后检修

（1）二极管的检修。

（2）转子总成的检修：磁场绕组断路的检修、磁场绕组绝缘的检查、滑环的检查、转子轴的检修。

（3）定子总成的检修。

（4）电刷组件的检修。

任务评价

(一) 课堂练习

1. 判断题

(1) 检测发电机时，可以用磁铁刮火法检查发电机是否发电。 ( )

(2) 在发动机运行过程中，由发电机向用电设备供电，这时切断发电机与蓄电池之间的导线，用电设备仍然可以正常工作。 ( )

(3) 起动发动机，使发动机转速保持在 2 000 r/min，在不使用车上电气设备的情况下，测量蓄电池电压，这个电压称为空载充电电压，它比在发动机停转且不使用车上电气设备情况下的蓄电池电压要高 2 V 以上。 ( )

2. 单选题

(1) 交流发电机的磁场绕组安装在 ( ) 上。

A. 定子　B. 转子　C. 电枢　D. 整流器

(2) 交流发电机自身具有限制 ( ) 以防过载的能力。

A. 阻值变化　B. 输出电压　C. 输出电流

(3) 下列说法正确的是 ( )。

A. 为了使发电机输出的功率更大，磁场绕组的匝数比较多，电阻都比较大，一般为几百欧姆

B. 定子绕组有时会出现短路故障，可以用万用表测电阻的方法检测

C. 检测发电机整流器某二极管的电阻为 9 Ω，说明该二极管正常

D. 用外径百分表检测转子轴，轴外圆与滑环的径向跳动误差不应大于 0. 1 mm

(二) 技能评价

技能评价见表 2－10。

表 2－10　技能评价

序号	内容	分值	得分
1	检查发电机外围	10	
2	拆卸发电机	15	
3	拆解发电机	15	
4	检查发电机转子	15	
5	检查发电机定子	15	
6	检查发电机整流器	15	
7	组装发电机	15	
总分		100	

(注：操作规范即得分，操作错误或未进行操作即 0 分)

学习任务3　电源系统电路检修

任务目标和学习重点

任务目标

1. 能够描述电源系统电路组成。
2. 能够掌握电源主供电电路、发电机励磁电路、充电指示灯控制电路的工作原理。
3. 在30 min内完成充电电路的检查。

学习重点

1. 电源系统各电路的工作原理。
2. 电源系统电路检修的任务实施。

知识准备

汽车电源系统一般由蓄电池、发电机、调节器、电源状态指示装置及继电器等组成。其作用是向全车用电设备提供低压直流电能。

1. 电源系统电路组成

汽车电源系统电路主要由三部分组成：电源主供电电路、发电机励磁电路及充电指示灯控制电路。电源主供电电路包括蓄电池和发电机正常发电后经输出端子对全车电气设备供电电路；发电机励磁电路是维持发电机磁场绕组产生电磁场的供电电路，包括他励和自励两种励磁方式。充电指示灯控制电路包括：采用发电机中性点N输出电压控制、利用二极管直接控制及发电机磁场二极管进行控制三种方式。

2. 汽车电源主供电电路

（1）在起动发动机期间，蓄电池向起动系统、点火系统、电子燃油喷射系统等其他用电设备供电，同时还向交流发电机提供励磁电流。

（2）当发动机中高速运转（发电机端电压高于蓄电池电压，而蓄电池又存电不足）时，由发电机向全车用电设备供电，其电流的走向是：发电机输出端子“+”→点火开关→用电设备→搭铁→“-”。

（3）当发电机停转或怠速运转（发电机端电压低于蓄电池电压）时，由蓄电池向用电设备供电。

（4）当出现用电需求大于电源系统输出（即发电机超载）时，由蓄电池协助发电机供电。

3. 汽车发电机励磁电路

发电机的励磁电路根据其控制方式的不同可分为调节器控制和微机控制两种。

1）调节器控制励磁电路

调节器控制励磁过程是先他励后自励。

由蓄电池供给磁场电流而发电的方式称为他励发电。发电机转速较低时，自身不能发电，需蓄电池供给发电机励磁绕组电流，他励绕组产生磁场来发电。他励励磁电流的走向为：蓄电池“+”→点火开关→调节器→发电机 F→励磁绕组→搭铁→“-”。如图 2-55 所示。

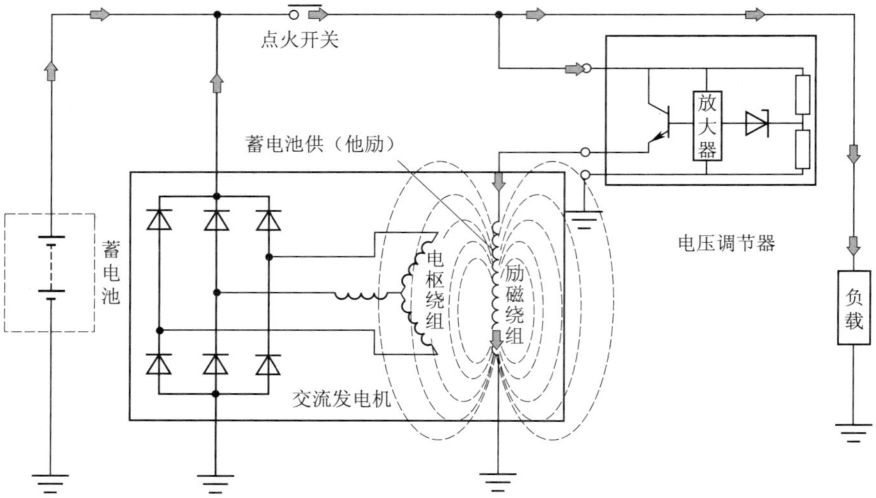

图 2-55 他励发电

随着转速的提高（一般在发动机转速达到怠速时），发电机定子绕组的电动势逐渐升高并能使整流器二极管导通。当发电机的输出电压大于蓄电池电压时，发电机就能对外供电了。当发电机能够对外供电时，就可以将自身发的电供给励磁绕组，这种自身供给磁场电流发电的方式称为自励发电。自励励磁电流的走向为：发电机“+”→点火开关→调节器→发电机 F→励磁绕组→搭铁→“-”，如图 2-56 所示。

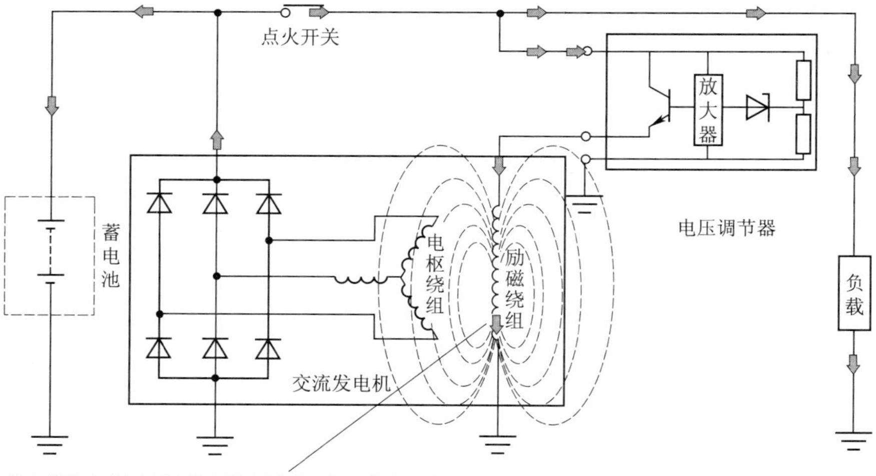

图 2-56 自励发电

不同汽车的励磁电路各不相同，但有一个共同点，励磁电路都必须由点火开关控制。

2）微机控制器控制励磁电路

微机控制的交流发电机其输出电压由微机进行控制，不但限制了发电机的最高电压，而且可以避免怠速时发电机电压过低。交流发电机由点火开关、自动切断继电器和电子控制单元 ECU 共同控制。如图 2 – 57 所示，发电机励磁绕组的一端 B 接自动切断继电器（即 ASD 继电器）的常开触点 87，由自动切断继电器控制，实现与电源正极的连接和断开；励磁绕组的另一端 C 接电子控制单元 ECU，由 ECU 控制搭铁。点火开关不是直接串联在励磁电路中控制励磁电路，而是与 ASD 继电器的线圈串联，通过 ASD 继电器间接控制励磁电路。发电机的输出端 A 与蓄电池正极及 ECU 均相连。ECU 上与电源有关的连接点有 5 个：3 个检测点和 2 个控制点。3 个检测点分别是：蓄电池电压检测点 3、ASD 检测点 57 和发动机转速检测点（图中未画出）；2 个控制点分别是：ASD 继电器控制点 51 和发电机励磁控制点 20。

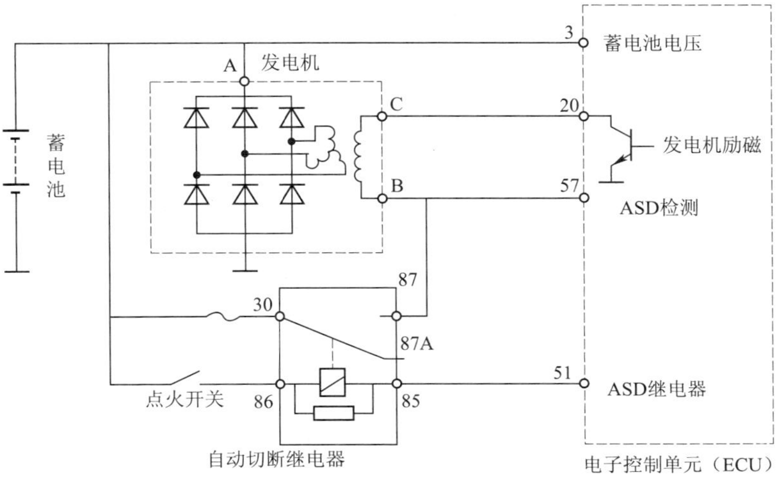

图 2 – 57　微机控制电磁电路

各检测点和控制点的作用如下：

（1）蓄电池电压检测点。蓄电池或发电机通过蓄电池电压检测点 3 为 ECU 供电，即使在点火开关断开时，蓄电池仍直接通过蓄电池电压检测点 3 向 ECU 中的存储器等供电，以免存储器中存储的故障码和发动机运行数据丢失。此外，蓄电池电压检测点 3 的信号还有以下作用：

① 在发动机工作时，该信号可以表明发电机有无输出电压，并检测电源电压过高或过低故障。

② ECU 根据该信号电压的高低调节发电机的励磁电流，使发电机的输出电压保持在规定值，起到调节器的作用；在发动机怠速运转时，ECU 根据该信号电压的高低，通过控制发动机的怠速转速，调节电流量，以免怠速时蓄电池放电，这是调节器无法实现的。

③ 根据该信号电压的高低，ECU 对喷油器脉冲宽度和点火闭合角进行修正。

（2）ASD 检测点。利用 ASD 检测点 57，ECU 检测自动切断继电器电路工作是否正常。

（3）发动机转速检测点。它是 ECU 控制燃油喷射和点火系统的主要依据之一，通过该信号 ECU 还可以控制自动切断继电器的工作和发动机的怠速，也可以控制发电机励磁电路的通断。

（4）ASD 继电器控制点。通过 ASD 继电器控制点 51，ECU 控制自动切断继电器工作。

当点火开关置于“ON”或“STA”位置，ECU使ASD继电器线圈搭铁的同时，检测发动机转速信号，如果发动机不转，ECU将切断ASD继电器控制点51的搭铁，使通过该点搭铁的自动切断继电器和燃油泵继电器停止工作，切断点火线圈、喷油器、燃油泵和励磁绕组的电源电路。

（5）发电机励磁控制点。通过发电机励磁控制点20，ECU控制发电机励磁绕组的搭铁。当点火开关置于“ON”或“STA”位置，ECU控制发电机励磁绕组搭铁的同时，检测发动机转速信号。如果ECU在3 s内未接收到发动机转速信号（即发动机不转），ECU将切断励磁绕组电路；一旦ECU接收到发动机转速信号（发动机运转），则立即根据蓄电池电压的高低接通或切断励磁绕组搭铁电路。

4．充电指示灯控制电路

控制充电指示灯的常用方法有以下三种：

（1）利用交流发电机中性点电压，通过继电器或电子控制器进行控制。

（2）利用二极管进行控制。

（3）利用发电机磁场二极管进行控制。

带有集成电路调节器的整体式交流发电机与外部（蓄电池、线束）连接端子通常用B+、IG、L、S和E等符号表示，这些符号通常在发电机端盖上标出，其代表含义如下：

B+（或+B、BATT）为发电机输出端子，用一根粗导线连接至蓄电池正极或起动机上。

IG通过线束连接至点火开关，在有的发电机上无此端子。

L为充电指示灯连接端子，通过线束连接充电指示灯或电源指示继电器。

S（或R）为调节器的电压检测端子，通过导线直接连接蓄电池的正极。

E（或-）为发电机和调节器的搭铁端子。

（1）利用中性点电压通过继电器控制充电指示灯，如图2-58所示。利用发电机三相绕组的中性点电压控制指示灯亮、灭，指示发电机的工作情况。

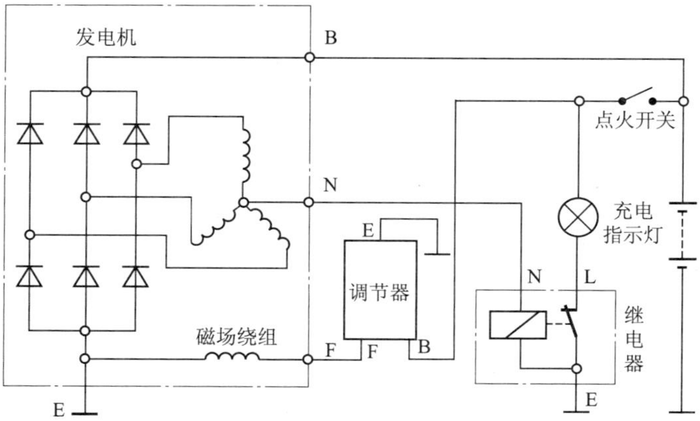

图2-58　利用中性点电压控制充电指示灯电路

① 未起动发动机时，发电机不发电，中性点未输出电压，蓄电池电压经蓄电池“+”→点火开关→充电指示灯→继电器L接线柱→继电器触点→搭铁→蓄电池“-”，指示灯亮，指示发电机不发电。

② 发电机正常运转后，发电机发电，中性点输出电压，经发电机中性点接线柱N→继

电器 N 接线柱→继电器线圈→搭铁。线圈通电产生吸力，将继电器触点断开，充电指示灯无搭铁回路，灯熄灭，指示发电机工作正常。

（2）利用二极管进行控制，如图 2－59 所示。利用二极管控制指示灯的亮、灭，指示发电机的工作情况。

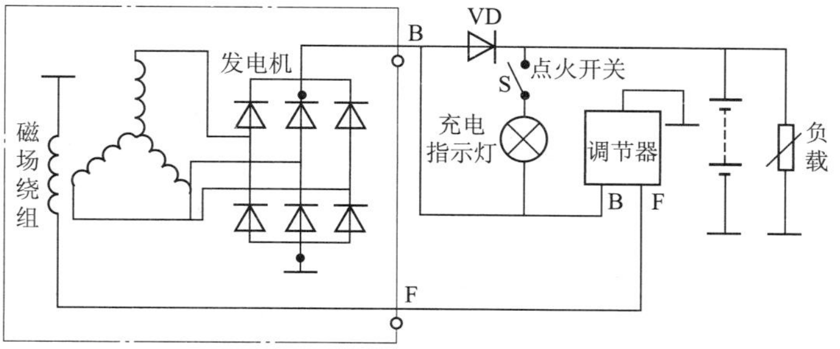

图 2－59　二极管控制充电指示灯电路

接通点火开关，电流经蓄电池“＋”→点火开关→充电指示灯→调节器“B”→调节器“F”→励磁绕组→搭铁→蓄电池“－”，构成回路，充电指示灯亮，指示发电机不发电。

发动机起动，当发电机电压高于蓄电池电压时，二极管导通，充电指示灯被二极管短路，不亮。

（3）利用发电机磁场二极管控制充电指示灯，如图 2－60 所示。该电压控制充电指示灯的特点是：具有 3 只磁场二极管（发电机为 9 管或 11 管）的发电机中性点 N 端不引出外线，而且配用电子调节器。通过发电机中 3 只小功率磁场二极管输出电压与蓄电池的电压差来控制充电指示灯，使充电指示灯熄灭，表示发电机发电，并同时进行励磁。

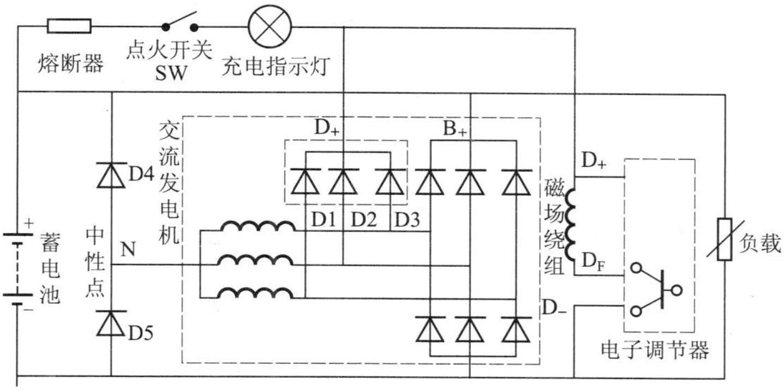

图 2－60　发电机磁场二极管控制充电指示灯电路

接通点火开关，发电机未运转或系统故障时，电流从蓄电池“＋”→熔断器→点火开关→充电指示灯→电子调节器 D_+ 端→发电机磁场绕组→电子调节器 D_F 端→调节器内一级开关三极管→调节器 D_- 端→搭铁→蓄电池“－”极，这时充电指示灯在蓄电池电压的作用下点亮，表示发电机不发电。同时，发电机磁场绕组的励磁电流经调节器后构成回路，开始给磁场组励磁。

当发电机运转并达到一定的转速时，发电机的电枢 B_+ 端向蓄电池充电，并且向汽车上其他用电设备供电。这时 3 只小功率励磁二极管（D1、D2、D3）也输出电压，加在充电指示灯右端，与充电指示灯左端的蓄电池电压形成等电压，充电指示灯熄灭，表示发电机发电。与此同时，二极管（D1、D2、D3）也给磁场绕组提供励磁电流，即磁场绕组的励磁方式由原来的他励变为自励。

5. 汽车电源系统电路常见故障

汽车电源系统的常见故障主要有不发电、电源电流过小和电源电流过大等故障，见表2－11。

表2－11 汽车电源系统故障征兆

故障现象	可能故障部位	排除方法
不发电（汽车行驶时，充电指示灯亮）	1. 熔断丝 2. 调节器 3. 发电机 4. 线束（导线连接处）	1. 检查或更换 2. 检查或更换 3. 检查或更换 4. 检修
充电电流过小（蓄电池经常存电不足、灯光暗淡、喇叭沙哑）	1. 调节器 2. 发电机 3. 线束（导线连接处）	1. 检查或更换 2. 检查或更换 3. 检修
充电电流过大（蓄电池电解液消耗过快、灯泡易烧损）	调节器	检查或更换

任务实施

（一）实施方案

1. 质量要求

参照厂家的质量标准要求。

2. 组织方式

每四位同学一组，检修2007款卡罗拉1.6L/AT车上的电源系统电路，按照企业岗位操作规范进行作业。

每组作业时间为30分钟。

3. 作业准备

（1）技术要求与标准。

① 使用万用表时，不要将红黑表笔接反。

② 发动机运转时，检修作业要保持安全距离。

（2）设备器材：万用表，如图2－61所示。

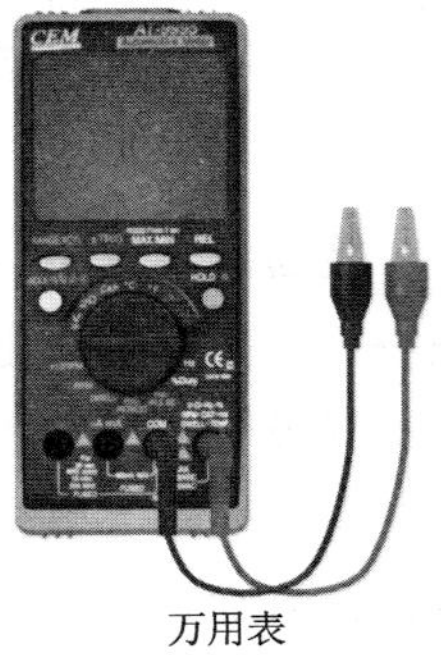
万用表

图2－61 万用表

（3）场地设施：理实一体化教室、废气排放装置、消防设施等。

（4）设备设施：2007款卡罗拉1.6L/AT轿车、工具车、零件车、垃圾等。

（5）安全防护：车轮挡块、室内三件套等。

（6）耗材：干净抹布。

（二）操作步骤

1. 连接万用表（见图 2－62）

（1）将万用表正极引线连接至蓄电池的正极端子，负极引线搭铁。

（2）将电流钳红表笔连接至万用表的“VΩ”插孔，黑表笔连接至“COM”插孔，量程置于 200 mV 挡。将电流钳钳口套在发电机 B 端子电缆上。

图 2－62　连接万用表

注意事项

注意万用表的表笔极性应与蓄电池的接线柱极性相一致。

万用表在使用前必须校零，电流钳钳口应处于闭合状态。

1. 检查充电电压和充电电流

1）检查发电机输出电压（见图 2－63）

起动发动机，逐渐升高发动机转速并将转速保持在 2 000 r/m。读取万用表数值，并与表 2－12 中标准数据进行比照。

图 2－63　检查发电机输出电压

表 2－12　发电机输出电电压压标准数据

检测内容	检测条件	标准数据
发电机输出电压	发动机转速 2 000 r/m	13.2～14.8 V
		<10 A

若电流大于10 A，注意检查蓄电池是否亏电。若亏电，则应将电池充满后再测量。

若上述条件不符合要求，则应及时更换发电机。

2）检查发电机输出电流（见图2－64）

继续保持发动机转速2 000 r/m，打开远光前大灯并将加热器鼓风机开关转至“HI”位置，读取万用表数值，并与表2－13中标准数据进行比照。

图2－64　检查发电机输出电流

表2－13　发电机输出电流标准数据

检测内容	检测条件	标准数据
发电机输出电流	发动机转速2 000 r/m	>30 A

如果蓄电池电流读数小于30 A，则运行刮水器电动机和车窗除雾器以增加负载，然后再查充电电路。若输出电流仍达不到30 A，则继续打开其他用电设备以增加负荷，使之超过30 A。

若以上条件都不符合，则应更换发电机。

任务小结

1. 电源系统电路组成

（1）电源主供电电路；

（2）发电机励磁电路；

（3）充电指示灯控制电路。

2. 汽车电源主供电电路

（1）蓄电池供电：发动机起动时，蓄电池向全车供电；当发电机端电压低于蓄电池电压时，蓄电池向用电设备供电；当发电机出现超载时，蓄电池协助供电。

（2）发电机供电：发电机中、高速运转（发电机端电压高于蓄电池）时，发电机向全车用电设备供电。

3. 汽车发电机励磁电路

（1）调节器控制励磁电路：他励电路、自励电路。

（2）微机控制励磁电路。

4. 充电指示灯控制电路

（1）利用交流发电机中性点电压，通过继电器或电子控制器进行控制。

(2) 利用二极管进行控制。

(3) 利用发电机磁场二极管进行控制。

5. 汽车电源系统电路常见故障

汽车电源系统的常见故障主要有不发电、电源电流过小和电源电流过大等故障。

任务评价

(一) 课堂练习

1. 判断题

(1) 汽车电源系统电路主要由三部分组成：电源主供电电路、发电机励磁电路及充电指示灯控制电路。 (　　)

(2) 当发动机中、高速运转时，只有发电机向全车用电设备供电。 (　　)

(3) 发电机转速较低时，自身不能发电，需蓄电池供给发电机励磁绕组电流。 (　　)

(4) 起动发动机，充电指示灯亮，说明发电机发电正常。 (　　)

2. 单选题

(1) 下列关于调节器控制励磁电路的说法，不正确的是 (　　)。

A. 调节器控制励磁过程是先他励后自励

B. 使发电机的输出电压保持在规定值

C. 当发电机能够对外供电时，就可以将自身发的电供给励磁绕组

D. 调节器能够调节电流量，以免怠速时蓄电池放电

(2) 汽车行驶过程中，充电指示灯亮，原因是 (　　)。

A. 保险丝熔断　　B. 调节器故障

C. 发电机与蓄电池间线束连接不良　　D. 以上三项都有可能

(二) 技能评价

技能评价见表 2－14。

表 2－14　技能评价

序号	内容	分值	得分
1	连接万用表	20	
2	检查发电机输出电压	40	
3	检查发电机输出电流	40	
总分		100	

(注：操作规范即得分，操作错误或未进行操作即 0 分)

项目三

起动系统检修

项目导入 Project introduction

王小姐的2007款卡罗拉1.6L自动GL轿车无法起动，被送到了4S店检修，维修人员将点火钥匙旋至“Start”挡，车辆无任何反应，听不到起动机声音。几次试验，均如此。初步判断起动系统出现故障。

本项目通过对汽车起动系统的常见故障进行诊断，使学生掌握起动系统的检修方法，并最终能解决客户所反映的问题。

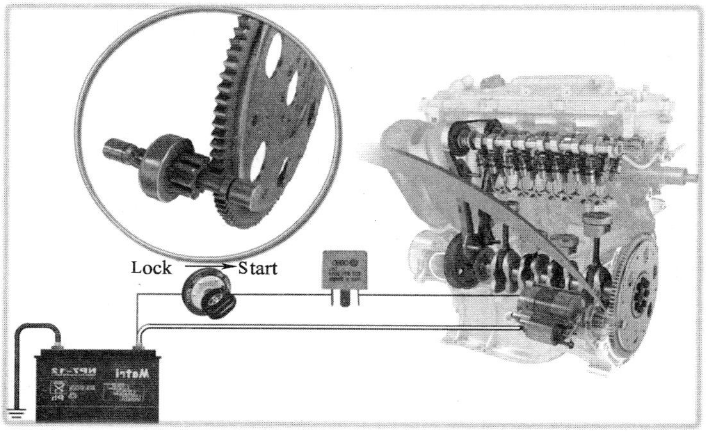

学习目标 Learning target

素养目标：

1. 了解安全操作要求，养成安全文明操作的习惯。
2. 养成组员之间互相协作的习惯。
3. 实施操作结束后，清洁工具，并将工具设备归位，清洁场地。

技能目标：

根据工艺流程标准，合理选择工具对起动系统进行故障检修。

知识目标：

1. 掌握起动机故障诊断和检查方法。
2. 熟练完成起动电路的检修。

学习任务 Learning tasks

学习任务1

- 起动机检修

学习任务2

- 起动系统电路检修

学习任务1　起动机检修

任务目标和学习重点

任务目标

1. 能够认知起动机的结构和组成。
2. 能够理解起动机的工作过程。
3. 了解起动机常见故障现象。
4. 掌握起动机的检修方法。
5. 根据维修作业标准完成起动机的检修。

学习重点

1. 起动机的常见故障及检修方法。
2. 起动机检修的任务实施。

知识准备

起动机又叫起动马达，它将蓄电池的电能转化为机械能，驱动发动机飞轮旋转，实现发动机的起动。

1. 起动机结构和组成

大体上说，起动机用三个部件实现整个起动过程：直流电动机、传动机构和控制机构，如图3－1所示。

直流电动机引入来自蓄电池的电流并且使起动机的驱动齿轮产生机械运动；传动机构将驱动齿轮啮合入飞轮齿圈，同时能够在发动机起动后自动脱开；起动机电路的通断则由一个电磁开关来控制。其中，电动机是起动机内部的主要部件。

更详细地讲，起动机可分解为行星齿轮、电磁开关组件、壳体、端盖、离合器、电枢等，如图3－2所示。

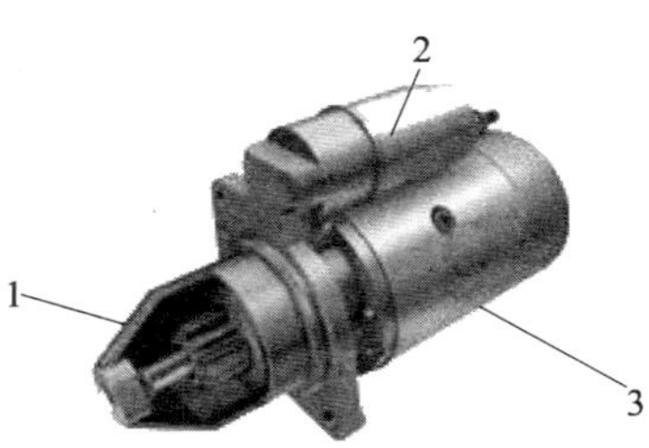

图3－1　起动机的结构

1—传动机构；2—控制机构；3—直流电动机

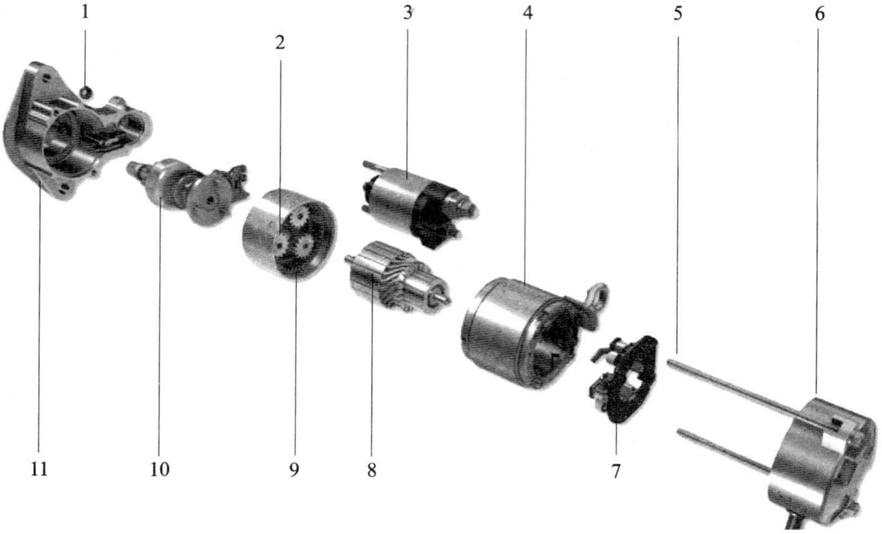

图 3-2　起动机的组成

1—前端盖螺栓；2—行星齿轮；3—电磁开关组件；4—壳体；5—后端盖螺栓；6—后端盖；7—电刷和电刷架；8—电枢；9—离合器密封圈；10—离合器；11—前端盖

2. 起动机工作原理

当点火开关闭合时，蓄电池为起动机供电，接触片接通。直流电动机中有电流通过，磁极产生磁场，转子部分在磁场作用下将电能转变为机械能，即产生电磁转矩。拨叉推动驱动齿轮与发动机的飞轮啮合。

当电磁开关中电磁吸力相互抵消时，接触片断开，电动机电路断开。起动机工作原理如图 3-3 所示。

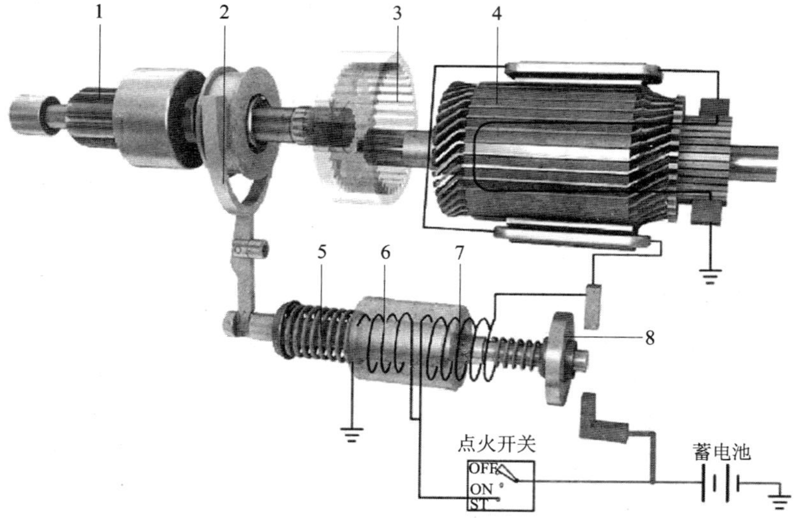

图 3-3　起动机工作原理

1—驱动齿轮；2—拨叉；3—内啮合减速齿轮；4—电枢；5—回位弹簧；6—保持线圈；7—吸引线圈；8—接触片

3．起动机常见故障现象

起动机是短时间断续工作的电器设备，且工作电流很大。每次连续工作不能超过 5 s，重复起动时应停歇 2 min。冬季和低温地区冷车起动时，应先使发动机预热后再使用起动机。起动机在连续几次起动不着时，不可继续起动，这时应对起动机、蓄电池以及连接线分别进行检查，找出其故障并予以排除，然后方可继续使用起动机。

起动机常见故障现象：

（1）接通起动开关后，起动机高速旋转而发动机曲轴无反应。这种现象表明故障发生在起动机的传动机构上，这有可能是传动齿轮或单向离合器磨损造成的。

（2）起动机无法正常工作，驱动齿轮不转。引发这种现象的原因很多，例如电源线出现问题、起动开关接触盘烧蚀以及发动机阻力过大等。

（3）起动机动力输出不足，无法带动曲轴。励磁线圈短路和蓄电池亏电均可引发起动机动力不足。

（4）起动机运转声音刺耳。这可能是单向离合器卡死或起动机安装不当造成的。

（5）起动机开关时有“嗒嗒”的声音，但是不工作。保持线圈断线或蓄电池严重亏电会导致这种现象。

3．起动机的检测

起动机的检测分为解体检测和不解体检测两种。解体检测随解体过程一同进行，不解体检测可以在拆卸之前或装复以后进行。

1）起动机不解体检测

在进行起动机的解体之前，最好进行不解体检测，通过不解体的性能检测大致可以找出故障。起动机组装完毕之后也应进行性能检测，以保证起动机正常运行。

检测步骤：

（1）吸引线圈性能测试；

（2）保持线圈性能测试；

（3）驱动小齿轮复位测试；

（4）空载测试。

2）起动机解体检测

（1）直流电动机的检测；

（2）传动机构的检修；

（3）电磁开关的检修；

（4）起动机的装复。

任务实施

（一）实施方案

1．质量要求

参照厂家的质量标准要求。

2．组织方式

每四位同学一组，检修 2007 款卡罗拉 1.6L 自动 GL 轿车上的起动机，按照企业岗位操作规范进行作业。

每组作业时间为 90 分钟。

3. 作业准备

（1）技术要求与标准。

① 起动发动机后不要将点火开关转至“Start”位置，这样会损坏起动机。

② 用蓄电池测试电磁开关和起动机时，检查时间不宜过长。

（2）设备器材：常用工具（一套）、万用表、百分表、游标卡尺，如图 3－4 所示。

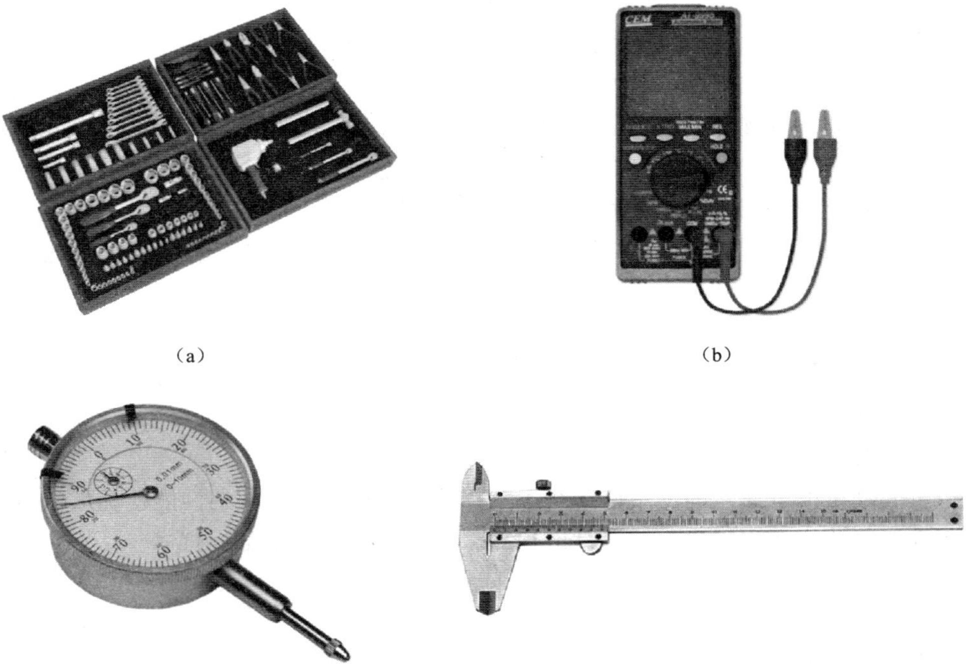

（a）　（b）　（c）　（d）

图 3－4　设备器材

（a）常用工具（一套）；（b）万用表；（c）百分表；（d）游标卡尺

（3）场地设施：理实一体化教室、废气排放装置、消防设施等。

（4）设备设施：2007 款卡罗拉 1.6L/AT 轿车、工具车、零件车、垃圾桶等。

（5）安全防护：车轮挡块、室内三件套等。

（6）耗材：干净抹布。

（二）操作步骤

1. 拆卸起动机

（1）断开蓄电池负极电缆，如图 3－5 所示。

（2）拆卸散热器上空气导流板。

（3）分离线束卡夹，拆下发动机上部固定螺栓。

（4）断开线束连接器，拆端子盖，如图 3－6 所示。

（5）拆下起动机端子 30 的固定螺母，并断开端子 30。

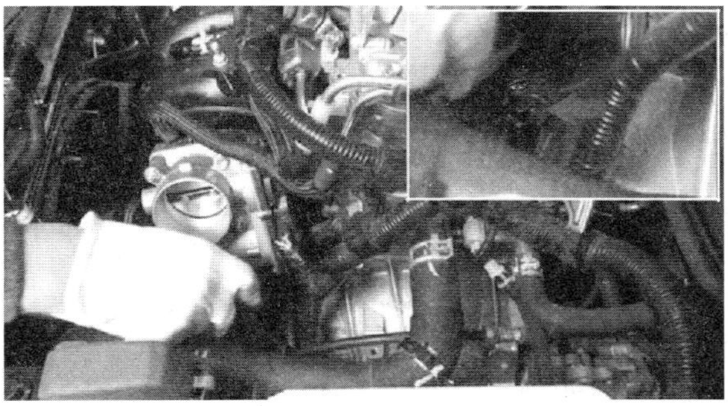

图 3－5　断开蓄电池负极电缆

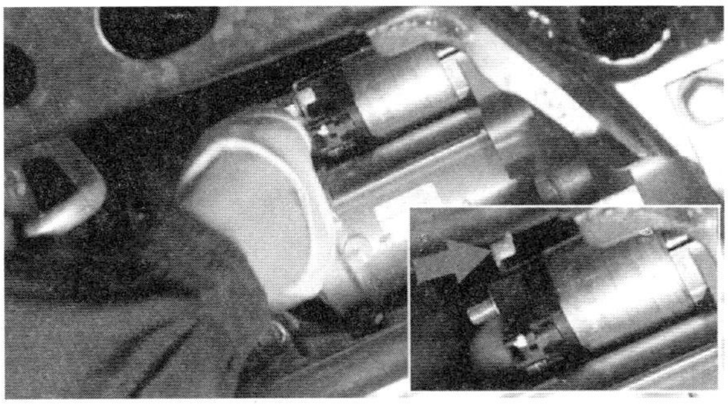

图 3－6　拆卸端子盖

（6）拆下起动机下部固定螺栓并取下起动机总成，如图 3－7 所示。

图 3－7　拆下起动机下部固定螺栓

2. 检查起动机总成

（1）起动机牵引测试，如图 3－8 所示。

① 从起动机端子断开励磁线圈引线。

② 将蓄电池连接至励磁起动机开关，检查并确认小齿轮向外移动。

若离合器小齿轮未移动，则更换磁力起动机开关总成。

（2）起动机保持测试，如图 3－9 所示。

① 从起动机端子断开电缆，检查并确认小齿轮没有朝内回位。

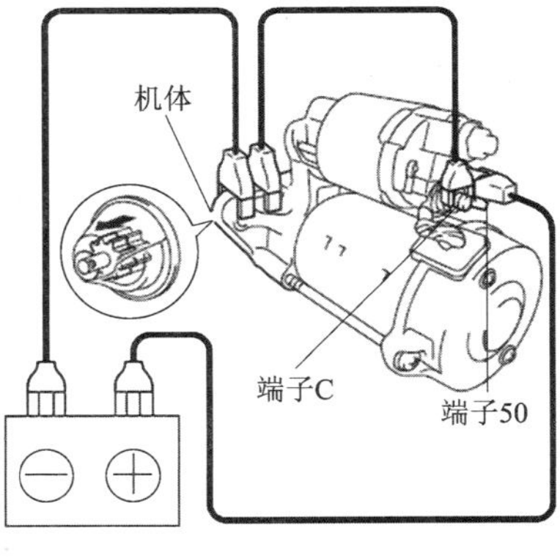

图 3－8　起动机牵引测试

② 将蓄电池连接至励磁起动机开关，检查并确认小齿轮向外移动。

若离合器小齿轮未移动，则更换磁力起动机开关总成。

（3）起动机无负载操作测试，如图 3－10 所示。

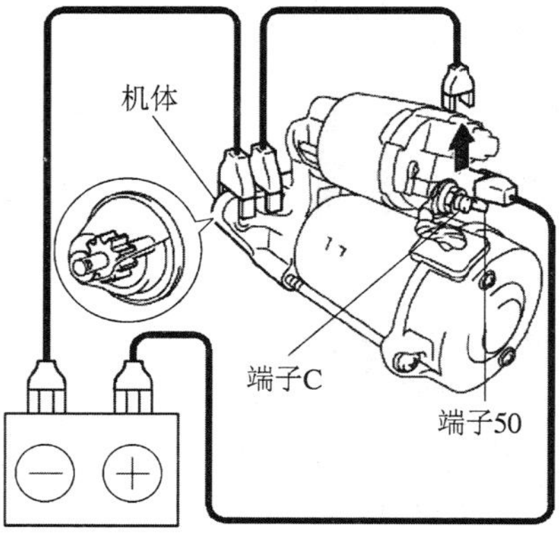

图 3－9　起动机保持测试

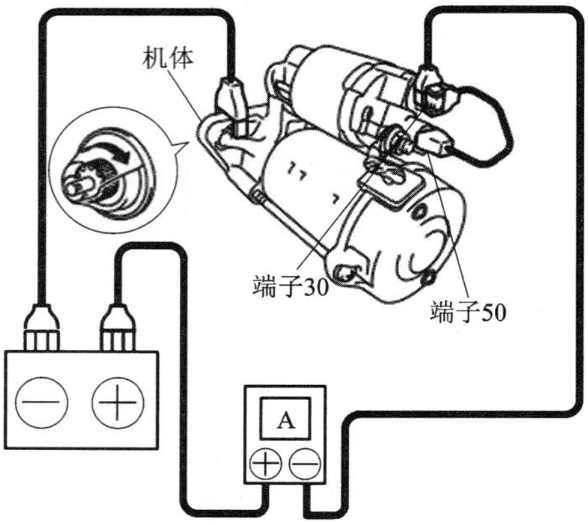

图 3－10　起动机无负载操作测试

① 连接励磁线圈引线至端子 C，紧固扭矩 10 N · m。

② 将起动机夹在台钳中。

③ 将蓄电池、电流表连接到起动机上，记录检测数据并与表 3－1 中标准数据进行比对。

表 3－1　标准电流

检测端子	检测条件	标准数据
蓄电池正极端子——端子 30、端子 50	11.5 V	小于 90 A

若检测结果不符合规定，则更换起动机总成。

3. 拆解起动机

（1）拆卸磁力起动机开关总成。

① 拆下螺母，然后从磁力起动机开关总成上断开引线。

② 从起动机驱动端壳总成上拆下固定螺母。

③ 拉出磁力起动机开关总成（见图 3－11），并在提起磁力起动机开关总成前部时，从驱动杆和磁力起动机开关总成上松开铁钩。

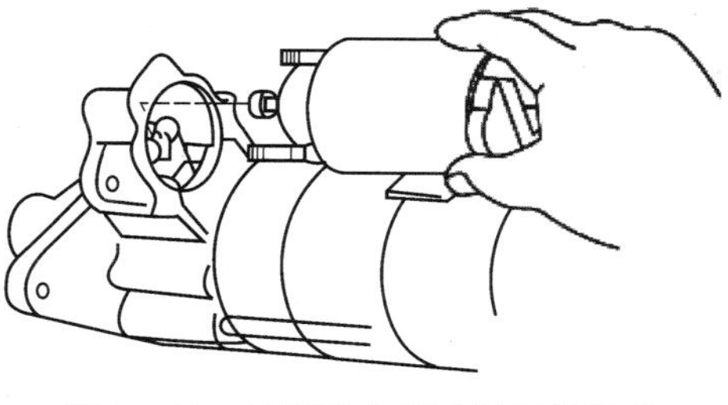

图 3－11　拉出磁力起动机开关总成

（2）拆卸起动机磁轭总成。

① 拆下起动机磁轭固定螺钉，将起动机磁轭总成和起动机换向器端架总成一起拉出，如图 3－12 所示。

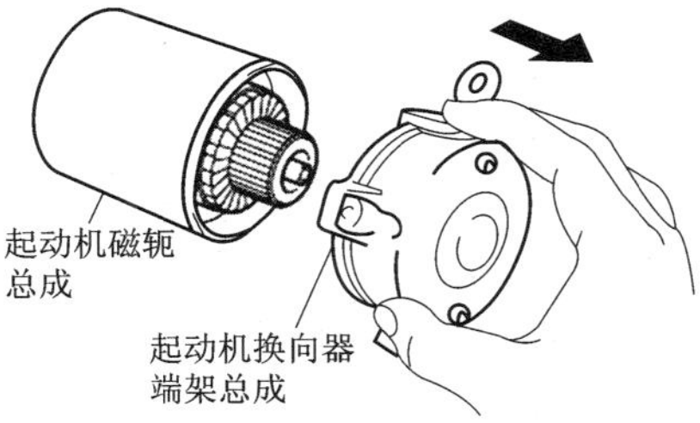

图 3－12　拆卸起动机换向器端架总成

② 从起动机换向器端架总成上拉出起动机磁轭总成。

（3）拆卸起动机电枢总成，如图 3－13 所示。从起动机磁轭总成上拆下起动机电枢总成。

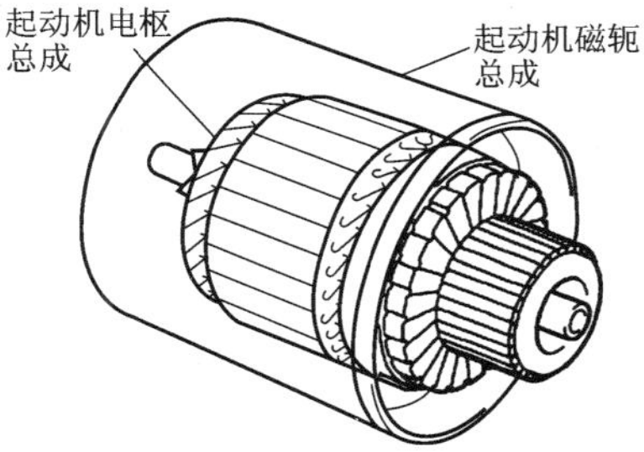

图 3－13　拆卸起动机电枢总成

（4）拆卸起动机电枢板。从起动机驱动端壳总成或起动机磁轭总成上拆下电枢板。

（5）拆卸起动机电刷架总成，如图 3－14 所示。

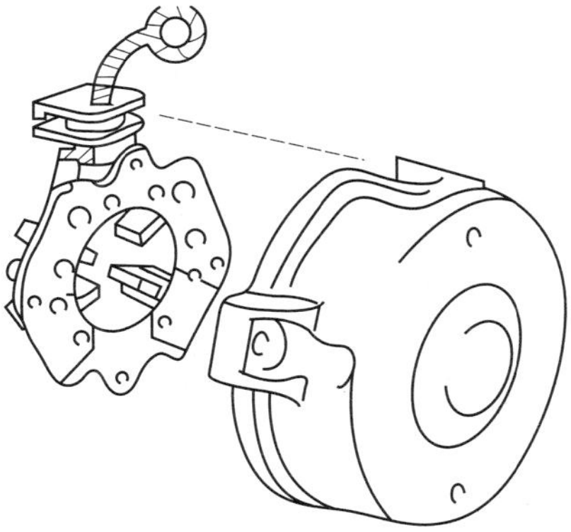

图 3－14　拆卸电刷架总成

① 从起动机换向端架总成上拆下固定螺钉。

② 拆下卡夹卡爪，然后从起动机换向器端架总成上拆下电刷架总成。

（6）拆卸行星齿轮，如图3－15 所示。从起动机中间轴承离合器分总成上拆下 3 个行星齿轮。

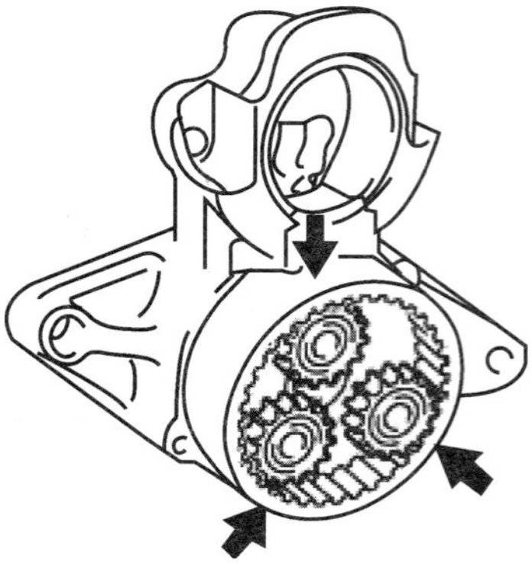

图 3－15　拆卸行星齿轮

（7）拆卸起动机单向离合器分总成，如图 3－16 所示。

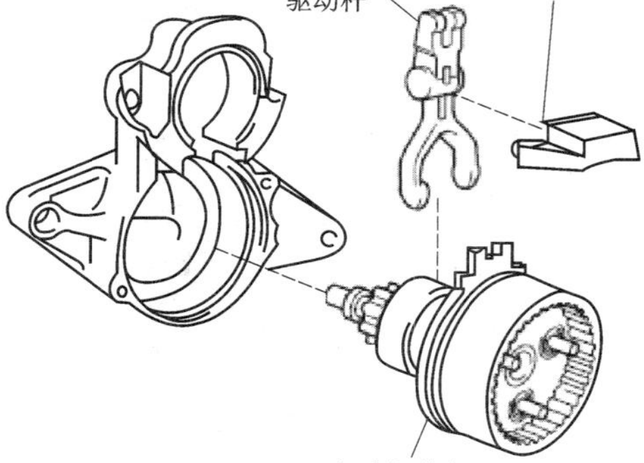

图 3－16　拆卸起动机单向离合器总成

① 从起动机驱动端壳总成上拆下带起动机小齿轮驱动杆的起动机单向离合器分总成。

② 拆下起动机单向离合器分总成、橡胶密封件和起动机小齿轮驱动杆。

4. 检查起动机单元

（1）检查电磁开关，如图 3－17 所示。

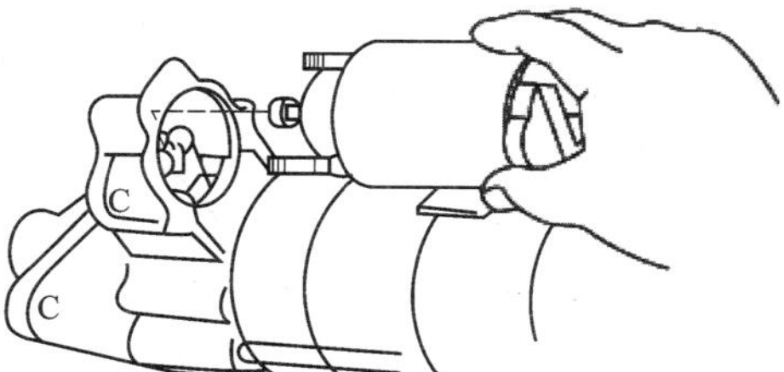

图 3－17　检查电磁开关

① 检查铁芯。

推入铁芯，检查并确认其是否能够迅速回到初始位置。如有必要，更换电磁开关总成。

② 检测吸引线圈是否断路。

将万用表置于欧姆（Ω）挡，检测以下端子之间的电阻，记录检测数据并与表 3－2 中标准数据进行比对。

表 3-2　标准电阻（一）

检测端子	检测条件	标准数据
端子 50 - 端子 C	—	小于 1 Ω

若不符合标准要求，则需更换电磁开关总成。

③ 检测保持线圈是否断路。

将万用表置于欧姆（Ω）挡，检测以下端子之间的电阻，记录检测数据并与表 3-3 中标准数据进行比对。

表 3-3　标准电阻（二）

检测端子	检测条件	标准数据
端子 50 - 电磁开关壳体	—	小于 2 Ω

若不符合标准要求，则需更换电磁开关总成。

（2）检查起动机电枢总成。

① 检查换向器是否断路。

使用万用表检测换向器整流子片间的电阻，记录检测数据并与表 3-4 中标准数据进行比对。

表 3-4　标准电阻（三）

检测端子	检测条件	标准数据
整流子片 - 整流子片	—	小于 1 Ω

若不符合标准要求，则需检修或更换起动机电枢总成。

② 检查换向器是否搭铁短路。

使用万用表检测换向器和电枢线圈间的电阻，记录检测数据并与表 3-5 中标准数据进行比对。

表 3-5　标准电阻（四）

检测端子	检测条件	标准数据
换向器 - 电枢	—	10 kΩ 或更大

若不符合标准要求，则需检修或更换起动机电枢总成。

③ 检查外观。

如果表面脏污或烧坏，则用砂纸（400 号）或在车床上修复表面。

④ 检查换向器是否径向跳动。

② 换向器放在 V 形块上。

② 使用百分表，测量换向器径向跳动，记录检测数据并与表 3-6 中标准数据进行比对。

表 3－6　换向器径向跳动标准

检测端子	检测条件	标准数据
换向器径向跳动	—	标准：0.02 mm
		最大：0.05 mm

如果径向跳动大于最大值，则更换起动机电枢总成。

⑤ 检查换向器直径。

使用游标卡尺测量换向器径向跳动，记录检测数据并与表 3－7 中标准数据进行比对。

表 3－7　换向器直径标准

检测端子	检测条件	标准数据
换向器径	—	标准：29.0 mm
		最小：28.0 mm

如果检测数据小于最小值，则更换起动机电枢总成。

(3) 检查起动机电刷架总成。

① 拆下弹簧卡爪，然后拆下 4 个电刷。

② 检查电刷架长度。

使用游标卡尺测量电刷架长度，记录检测数据并与表 3－8 中标准数据进行比对。

表 3－8　电刷架长度标准

检测端子	检测条件	检测条件
电刷架长度	—	标准：14.4 mm
		最小：9.0 mm

如果检测数据小于最小值，则更换起动机电刷架总成。

③ 检查电刷架电阻，如图 3－18 所示。

使用万用表测量电刷架电阻，记录检测数据并与表 3－9 中标准数据进行比对。

如果检测数据不符合标准，则更换起动机电刷架总成。

(4) 检查起动机单向离合器。

① 检查行星齿轮的轮齿、内齿轮和起动机离合器是否磨损并损坏。如果损坏，则更换齿轮或离合器总成。

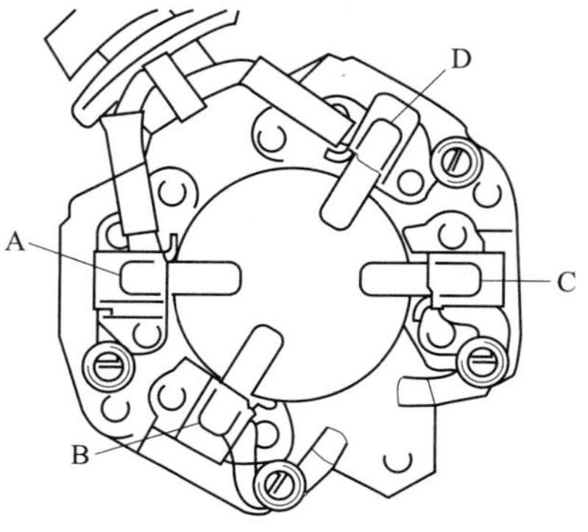

图 3－18　检查电刷架电阻

表 3－9　标准电阻（五）

检测端子	检测条件	标准数据
A－B	—	10 kΩ 或更大
A－C		10 kΩ 或更大
A－D		小于 1 Ω
B－C		小于 1 Ω
B－D		10 kΩ 或更大
C－D		10 kΩ 或更大

② 检查起动机离合器，如图 3－19 所示。

顺时针转动离合器小齿轮，检查并确认其自由转动。尝试逆时针转动离合器小齿轮，检查并确认其锁止。

如有必要，则更换起动机中间轴承离合器分总成。

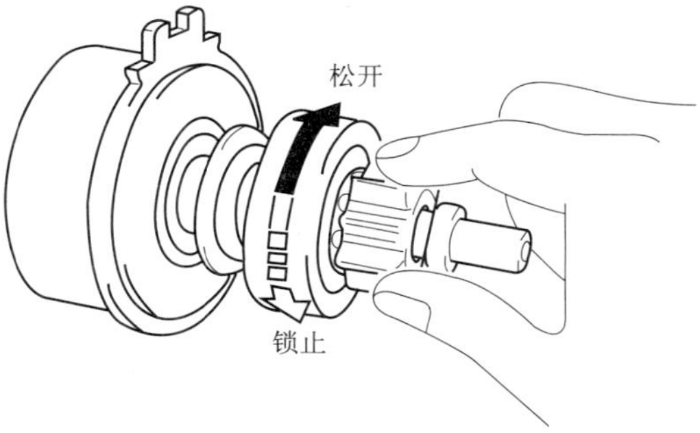

图 3－19　检查起动机离合器

5．组装起动机总成

（1）安装起动机单向离合器分总成。

① 将润滑脂涂抹到起动机小齿轮驱动杆与起动机小齿轮驱动杆起动机枢轴的接触部分。

② 将起动机小齿轮驱动杆和橡胶密封件安装至起动机单向离合器分总成。

③ 将起动机单向离合器和起动机小齿轮驱动杆一起安装至起动机驱动端壳总成。

（2）安装行星齿轮，如图 3－20 所示。

① 在行星齿轮和行星轴销部位涂抹润滑脂。

② 安装 3 个行星齿轮。

（3）安装起动机电刷架总成。

① 安装电刷架。

② 用螺丝刀抵住电刷弹簧，并将 4 个电刷安装到电刷架上。

③ 将密封垫插入正极（＋）和负极（－）之间。

（4）安装起动机换向器端盖总成。

① 将电刷架卡夹装配到起动机换向器端架总成上。

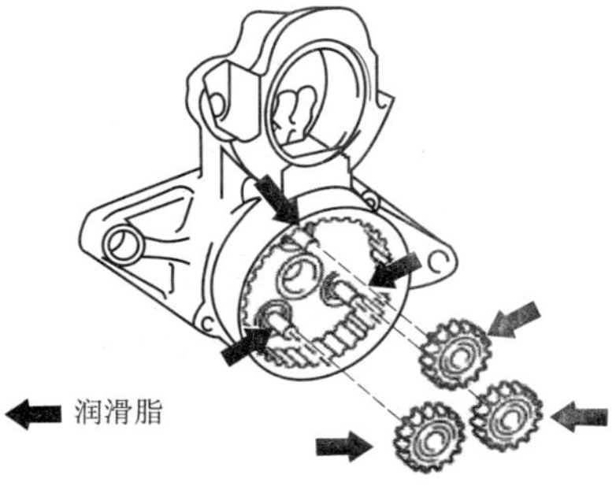

图 3－20　安装行星齿轮

② 用固定螺钉安装换向器端架，紧固扭矩为 1.5 N·m。

(5) 安装起动机电枢总成。

① 将橡胶件对准起动机磁轭总成的凹槽。

② 将带电刷架的起动机电枢安装到起动机磁轭总成上。

注意事项

支撑起动机电枢，以防起动机磁轭总成的磁力将其从起动机电刷架中拉出。

(6) 安装起动机电枢板，如图 3－21 所示。

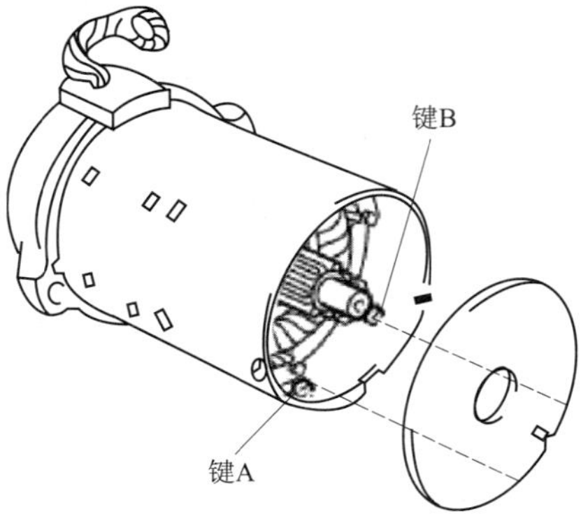

图 3－21　安装起动机电枢板

① 将起动机电枢板安装至起动机磁轭总成。

② 安装起动机板，使键槽位于键 A 和键 B 之间。

(7) 安装起动机磁轭总成，如图 3－22 所示。

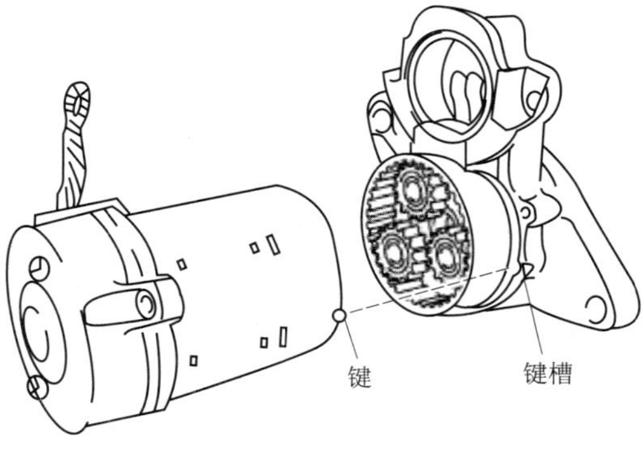

图 3－22　安装起动机磁轭总成

① 将起动机磁轭键对准位于起动机驱动端壳总成上的键槽。

② 用固定螺钉安装起动机磁轭总成，紧固扭矩为 6.0 N·m。

(8) 安装磁力起动机开关总成。

① 在铁芯挂钩上涂抹润滑脂。

② 将磁力起动机开关总成的铁芯从上侧接合到驱动杆上。

③ 用固定螺母安装磁力起动机开关总成，紧固扭矩为 7.5 N·m。

④ 将引线连接至磁力起动机开关，然后用螺母紧固，紧固扭矩为 10 N·m。

6. 安装起动机总成

（1）安装起动机总成，如图 3－23 所示。

图 3－23　安装起动机总成

① 用固定螺栓安装起动机总成。

② 连接起动机连接器，用螺母连接端子 30，合上端子盖。螺母紧固扭矩：9.8 N·m。

③ 用螺栓安装线束支架，安装线束卡夹。螺栓紧固扭矩：8.4 N·m。

（2）安装散热器上空气导流板。

（3）连接蓄电池负极端子。

7. 项目检查

通过以上步骤的检查与维修，在工作结束时进行维修质量的验证，起动车辆，检查车辆运行是否正常。

任务小结

1. 起动机的组成

起动机用三个部件来实现整个起动过程：直流电动机、传动机构和控制机构。

2. 起动机工作原理

当点火开关闭合时，蓄电池为起动机供电，接触片接通。直流电动机中有电流通过，磁极产生磁场，转子部分在磁场作用下将电能转变为机械能，即产生电磁转矩。拨叉推动驱动齿轮与发动机的飞轮啮合。

当电磁开关中电磁吸力相互抵消时，接触片断开，电动机电路断开。

3. 起动机常见故障现象

起动机不转：将点火开关旋至“起动”挡，起动机驱动小齿轮不向外伸出，起动机不转。

起动机转动无力：将点火开关旋至“起动”挡，驱动小齿轮发出“咔咔”声向外移出，但是起动机不转动或转动缓慢无力。

起动机空转：将点火开关置于“起动”挡，起动机只是空转，不能带动发动机运转。

4. 起动机检测

起动机的检测分为解体检测和不解体检测两种。解体检测随解体过程一同进行；不解体检测可以在拆卸之前或装复以后进行。

5. 检查与更换起动机步骤：

（1）拆卸起动机总成。

(2) 检查起动机总成。

(3) 拆解起动机。

(4) 检查起动机单元。

(5) 组装起动机。

(6) 安装起动机总成。

任务评价

(一) 课堂练习

1. 判断题

(1) 起动机每次连续起动时间不得超过 5 s，重复起动时应停歇 2 min。 ( )

(2) 当起动机电刷磨损到最小极限时，可以不更换新的起动机电刷。 ( )

(3) 当在线圈短路检测仪上进行检测时，钢锯片在某些位置产生振动，说明电枢绕组有短路现象。 ( )

2. 选择题

(1) 起动机中直流串励式电动机所起的作用是 ( )。

A. 将电能转化为机械能　　B. 将机械能转化为电能

C. 将电能转化为化学能　　D. 将化学能转化为电能

(2) 下列不是对起动系统的检查的是 ( )。

A. 衬套是否磨损　　B. 电路是否有短路或断路

C. 换向器是否磨损严重　　D. 传动机构是否有电压降

E. 传动机构是否损坏

(3) 对起动机进行空载运行测试时，电压的读数大约为 11 V。技师 A 说应更换起动机，技师 B 说电流应当小于 50 A。谁说得对？( )

A. 只有技师 A 说得对　　B. 只有技师 B 说得对

C. 技师 A 和技师 B 说得都对　　D. 技师 A 和技师 B 说得都不对

(二) 技能评价

技能评价见表 3－10。

表 3－10　技能评价

序号	内容	分值	得分
1	车辆检查并确认起动机工作状况	10	
2	熟练拆卸起动机	10	
3	检查起动机总成	10	
4	熟练拆解起动机	10	
5	检查起动机电磁开关	10	

续表

序号	内容	分值	得分
6	检查起动机电枢总成	10	
7	检查起动机电刷架	10	
8	检查起动机单向离合器	10	
9	组装起动机	10	
10	安装起动机	10	
总分		100	

（注：操作规范即得分，操作错误或未进行操作即0分）

学习任务2　起动系统电路检修

任务目标和学习重点

任务目标

1. 掌握起动电路的基本组成。
2. 能够识读起动机电路。
3. 能够根据维修作业标准，在40分钟内完成起动系统电路的检修。

学习重点

起动系统电路检修的任务实施。

知识准备

1. 起动电路组成

汽车起动电路是现代汽车电路中重要的组成部分，因车型不同，各起动电路略有差异，大体上可以分为无起动继电器的控制电路、带有起动继电器的控制电路和带有保护继电器的控制电路。丰田轿车的起动控制电路基本组成主要包括蓄电池、熔断丝、继电器、点火开关、驻车/空挡开关、起动机等。

2. 起动系统电路识读

点火开关打到起动挡（START），电流才能够从蓄电池正极出发，首先到达保险丝（30 A）→保险丝（7.5 A）→起动开关总成→中间插接器→驻车与空挡行程开关组件→系统继电器→搭铁→蓄电池负极，形成回路；电流产生磁场使继电器开关闭合→电流到达起动机总成→电流产生磁场，使起动机电磁开关闭合；当电磁开关接通后，电流自蓄电池→电磁开关接触盘→起动机→接地，形成回路，起动机运转。起动系统工作流程如图3－24所示。

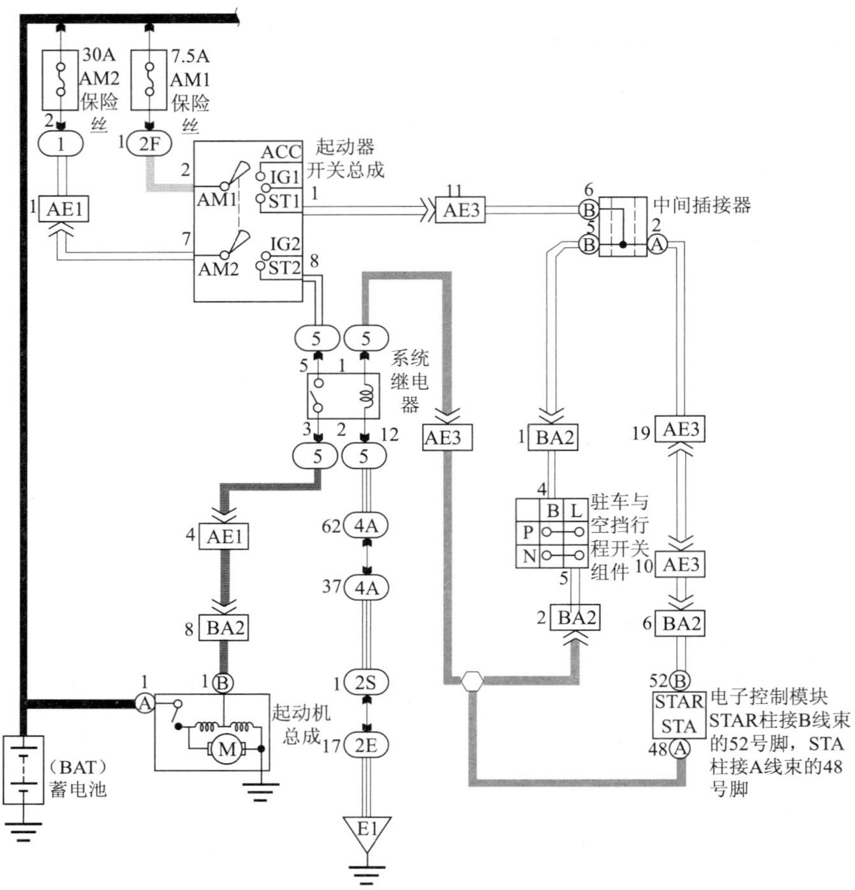

(a)

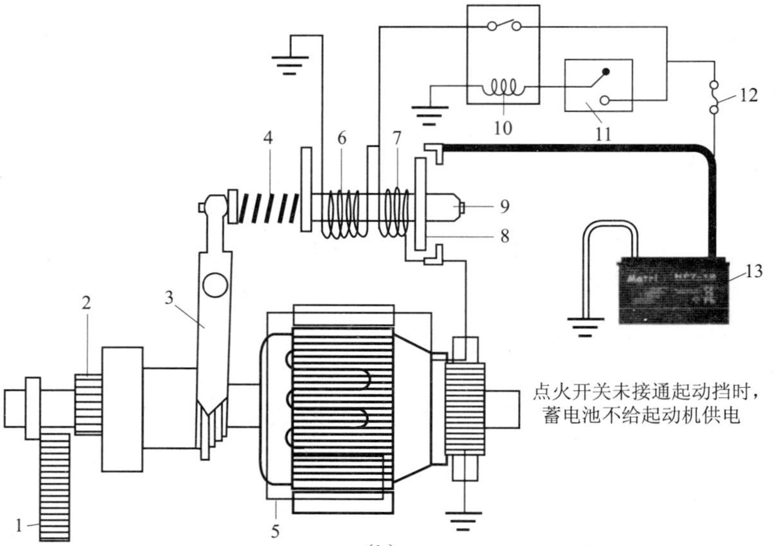

(b)

图 3－24　起动系统工作流程

1—飞轮；2—小齿轮；3—拨叉；4—回位弹簧；5—励磁线圈；6—保持线圈；
7—吸引线圈；8—接触盘；9—铁芯；10—继电器；11—点火开关；12—保险丝；13—蓄电池

3. 起动电路检修内容

(1) 起动开关的检修。

(2) 起动继电器的检修。

(3) 驻车/空挡开关的检修。

(4) 电磁开关的检修。

(5) 起动机的检修。

任务实施

(一) 实施方案

1. 质量要求

参照厂家的质量标准要求。

2. 组织方式

每四位同学一组，检修2007款卡罗拉1.6 L/AT轿车上的起动电路，按照企业岗位操作规范进行作业。

每组作业时间为90分钟。

3. 作业准备

(1) 技术要求与标准。

① 在万用表的使用中，要根据测量对象选择正确的挡位。

② 一般来说，汽车的正常水温应为80℃～90℃。

(2) 设备器材：常用工具（一套）、万用表，如图3－25所示。

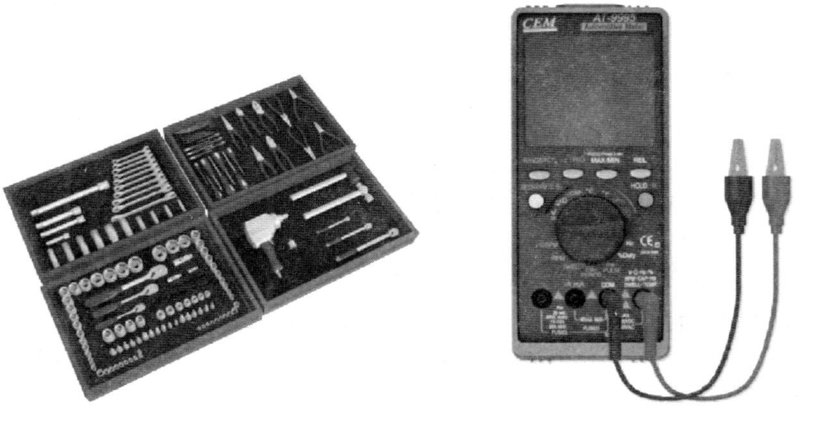

(a)　　(b)

图3－25　设备器材

(a) 常用工具（一套）；(b) 万用表

(3) 场地设施：理实一体化教室、废气排放装置、消防设施等。

(4) 设备设施：2007款卡罗拉1.6 L/AT轿车、常用工具、工具车、零件车、垃圾桶等。

(5) 安全防护：车轮挡块、室内三件套等。

(6) 耗材：干净抹布。

（二）操作步骤

将起动继电器上的“电池”和“点火”两接线柱短接，如图 3－26 所示。

若起动机正常工作，则故障在继电器或继电器到起动机的线路上；若起动机不工作，则故障在点火开关或点火开关到起动继电器的线路上。

1. 点火开关及线路检测

（1）点火开关到继电器的线路检测。

轻轻地上下或者左右摆动电气配线，检查导线是否从端子中脱开，如果异常，则需要进行紧固或者更换新的配线。

断开插接器，查看线头是否被腐蚀，如果有，则需要更换新的配线。

（2）点火开关检查。

用万用表根据表 3－11 的条件测量该开关的电阻。如果结果不符合规定，则更换开关总成。

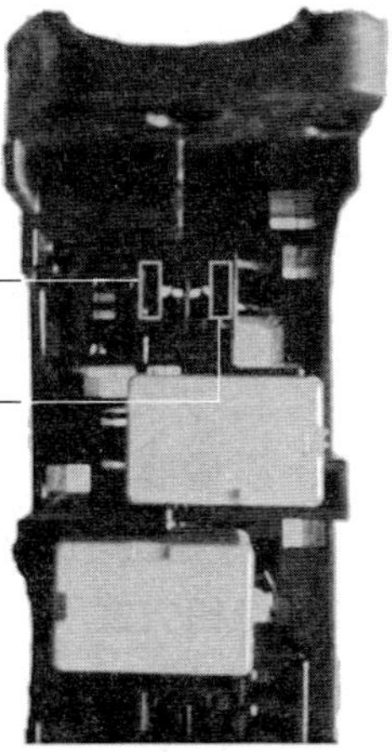

图 3－26 起动继电器

表 3－11 标准电阻（一）

检测仪连接	开关状态	规定状态
所有端子之间	LOCK	10 kΩ 或更大
AM1（E4－2）－ACC（E4－3）	ACC	小于 1 Ω
AM1（E4－2）－ACC（E4－3） AM1（E4－2）－IG1（E4－4）	ON	小于 1 Ω
IG2（E4－6）－AM2（E4－7）		
ST1（E4－1）－AM1（E4－2） ST1（E4－1）－IG1（E4－4）IG2（E4－6）－AM2（E4－7）IG2（E4－6）－ST2（E4－8）	START	小于 1 Ω

2. 继电器及线路检测

（1）继电器到起动机的线路检测。

轻轻地上下或者左右摆动电气配线，检查导线是否从端子中脱开，如果异常，则需要进行紧固或者更换新的配线。

断开插接器，查看线头是否被锈蚀或腐蚀，如果有，则需要更换新的配线。

（2）继电器检测。

根据表 3－12 中数据，用欧姆表测量电阻。如果电阻不符合规定，说明继电器损坏，需要更换起动机继电器。

表 3－12　标准电阻（二）

检测仪连接	条件	规定状态	端子
3－5	在端子 1 和 2 之间不施加蓄电池电压	10 kΩ 或更大	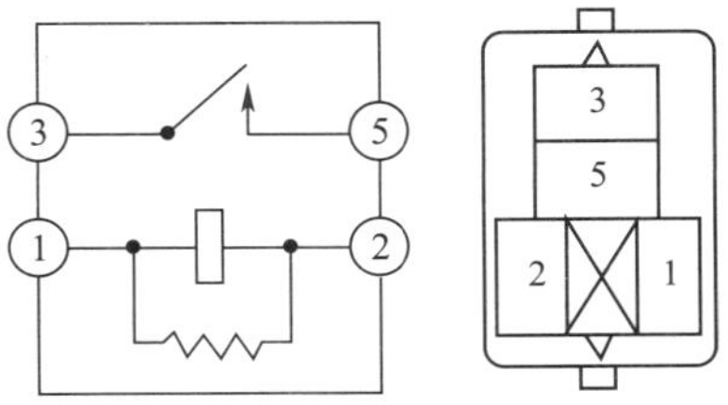
3－5	在端子 1 和 2 之间施加蓄电池电压	小于 1 Ω	

任务小结

1．起动电路组成

丰田轿车的起动控制电路基本组成主要包括蓄电池、熔断丝、继电器、点火开关、驻车/空挡开关、起动机等。

2．起动系统电路（见图 3－27）

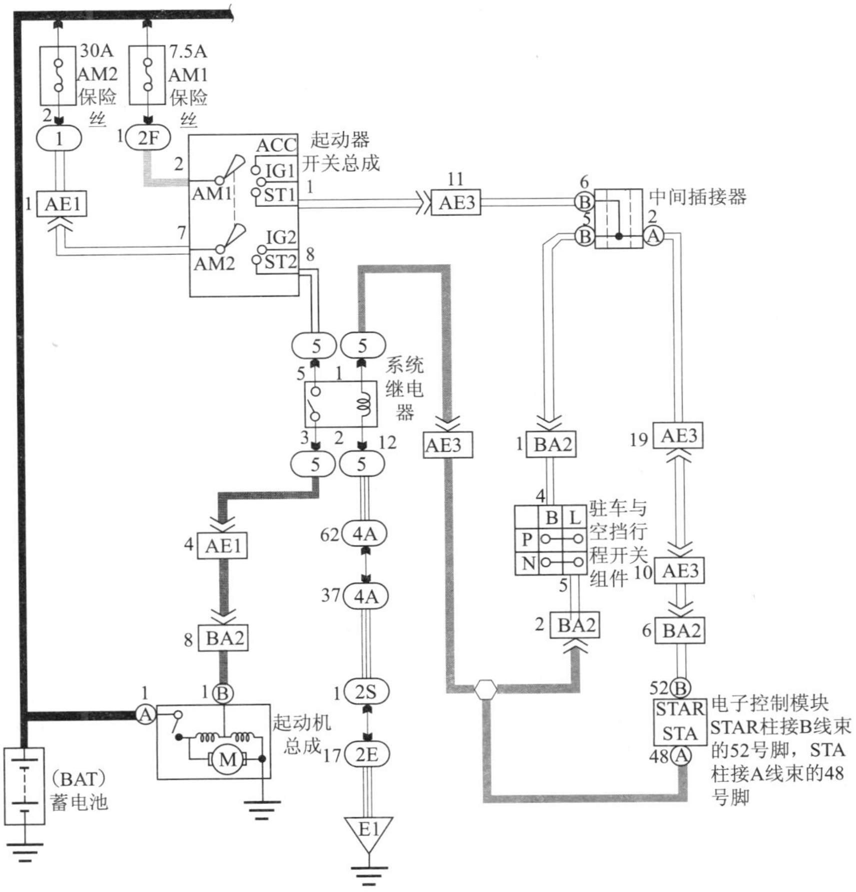

图 3－27　起动系统电路

3. 起动电路检修内容

（1）起动开关的检修。

（2）起动继电器的检修。

（3）驻车/空挡开关的检修。

（4）电磁开关的检修。

（5）起动机的检修。

任务评价

（一）课堂练习

1. 判断题

（1）汽车起动电路虽因车型不同各起动电路略有差异，但大体上可以分为无起动继电器的控制电路、带有起动继电器的控制电路和带有保护继电器的控制电路。（　　）

（2）丰田轿车的起动控制电路基本组成主要包括蓄电池、熔断丝、继电器、点火开关、驻车/空挡开关、起动机等。（　　）

2. 选择题

（1）以卡罗拉为例，在蓄电池静态电压检查中应选用万用表的量程是：（　　）。

A. 直流电压，200 mV　　B. 直流电压，20 V

C. 交流电压，200 mV　　D. 交流电压，20 V

（2）检查起动机电磁开关，其端子 50 与壳体之间的电阻应为（　　）。

A. 小于 2 Ω　　B. 小于 1 Ω　　C. 大于 2 Ω　　D. 小于 3 Ω

（二）技能评价

技能评价见表 3－13。

表 3－13　技能评价

序号	内容	分值	得分
1	能选用正确的工具进行相关数据的测量	20	
2	检查点火开关到继电器的线路	20	
3	检查点火开关	20	
4	检查继电器到起动机的线路	20	
5	检查继电器	20	
总分		100	

（注：操作规范即得分，操作错误或未进行操作即 0 分）

项目四

照明系统检修

项目导入 Project introduction

一辆 2007 款卡罗拉 1.6 L/AT 轿车，夜间行驶过程中突然出现前照灯灯光暗淡的故障。经维修人员检查、测试，查出汽车照明系统存在故障。

汽车照明系统是汽车安全行驶的必备系统之一。本项目主要通过对前照灯及电路、车内照明及电路故障的诊断，使学生掌握照明系统的检修方法。

学习目标 Learning target

素养目标：

1. 了解安全操作要求，养成安全文明操作的习惯。
2. 养成组员之间互相协作的习惯。
3. 实施操作结束后，清洁工具，并将工具设备归位，清洁场地。

技能目标：

能够规范操作对照明系统进行检修。

知识目标：

1. 了解照明系统常见故障原因。
2. 能够明确照明系统的技术检测标准。

学习任务 Learning tasks

学习任务1

- 前照灯及电路检修

学习任务2

- 车内照明及电路检修

学习任务1　前照灯及电路检修

任务目标和学习重点

任务目标

1. 了解前照灯总成常见故障。
2. 掌握前照灯电路控制方式。
3. 正确识读前照灯电路。
4. 能够规范完成前照灯及电路的检修工作。

学习重点

前照灯故障分析及其检修的任务实施。

知识准备

1. 前照灯

前照灯又叫前大灯，装于汽车头部两侧，用于夜间行车道路的照明。汽车的前照灯一般有白炽灯、卤素灯（见图4－1）、氙气灯（见图4－2）等类型，现在的汽车普遍采用卤素灯。

卤素灯有其独特的配光结构，每支灯内有两组灯丝，一组是主光束灯丝，发出的灯光经灯罩反射镜反射后径直向前射去，这种光源就是我们平时所说的“远光”；另一组是偏光束灯丝，发出的光被遮光板挡到灯罩反射镜子的上半部分，其反射出去的光线都是朝下漫射向地面，不会给对面来车的驾驶者造成炫目，这种光源就是我们平常所说的“近光”。图4－3所示为封闭式真空灯芯反光镜。

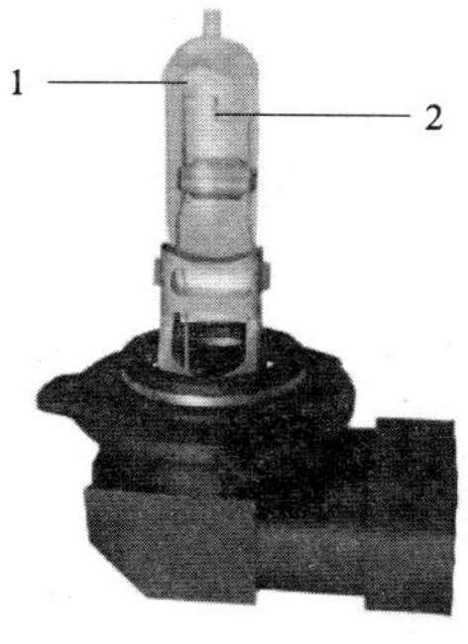

图4－1　卤素灯

1—卤素气体；2—钨丝

2. 前照灯电路的组成

前照灯电路通常由灯光开关、变光开关、近光灯、远光灯、远光指示灯、熔断丝、电路配线及插接器等组成。

（1）灯光开关。灯光开关的形式有拉锯式、旋转式和组合式等多种。

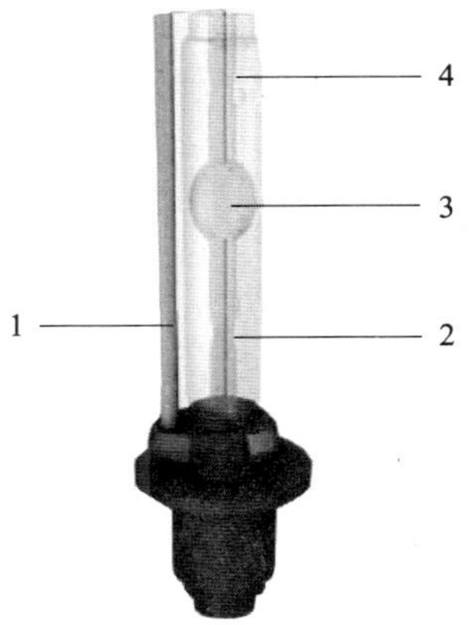

图4-2 氙气灯

1—陶瓷管；2—石英管；3—氙气；4—电极

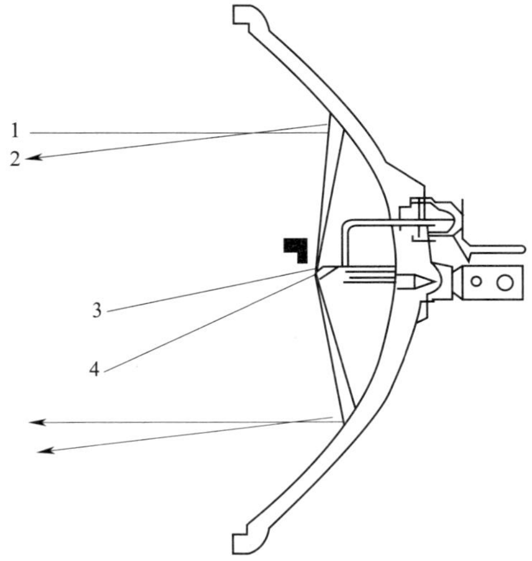

图4-3 封闭式真空灯芯反光镜

1—远光灯；2—近光灯；
3—近光灯丝；4—远光灯丝

（2）变光开关。变光开关可以根据需要切换远光和近光。它有脚踏变光开关和组合式开关两种。

（3）前照灯继电器。前照灯的工作电流较大，特别是四灯制的汽车，如用灯光开关直接控制前照灯，则易烧坏，因此在灯光电路中设有灯光继电器。

3. 前照灯电路控制方式

前照灯电路根据其控制开关安装位置不同，可分为控制火线式和控制搭铁线式两种；根据其电源开关不同，又可分为受点火开关控制和不受点火开关控制两种。

（1）控制火线式前照灯电路。控制火线式是指控制开关安装于电源正极与前照灯之间。

（2）控制搭铁线式前照灯电路。控制搭铁线式是指控制开关安装于电源负极与前照灯之间。

4. 汽车前照灯电路图

前照灯电路由灯光开关、变光开关和灯光继电器控制，电路如图4-4所示，其通过灯光开关控制继电器的导通或断开，以决定是否为远光和近光灯供电。近光灯正常，则说明远光灯和近光灯公共线路正常，即蓄电池、总保险丝和灯光开关正常。

前照灯灯光开关打开：

（1）打开近光变光开关后，电流经由蓄电池正极→前照灯近光灯继电器线圈→变光开关总成→搭铁→蓄电池负极，形成回路，使前大灯近光继电器触点闭合。电流分别经左、右保险丝到达左、右近光灯，最后经搭铁回到蓄电池负极，形成回路，左、右近光灯点亮。

（2）打开远光变光开关后，电流经由蓄电池正极→前照灯变光继电器→变光开关总成→搭铁→蓄电池负极，形成回路。使前大灯变光继电器开关闭合，电流分别经左、右保险丝到达左、右远光灯以及远光指示灯，最后经搭铁回到蓄电池负极，形成回路，左、右远光灯以及远光指示灯点亮。

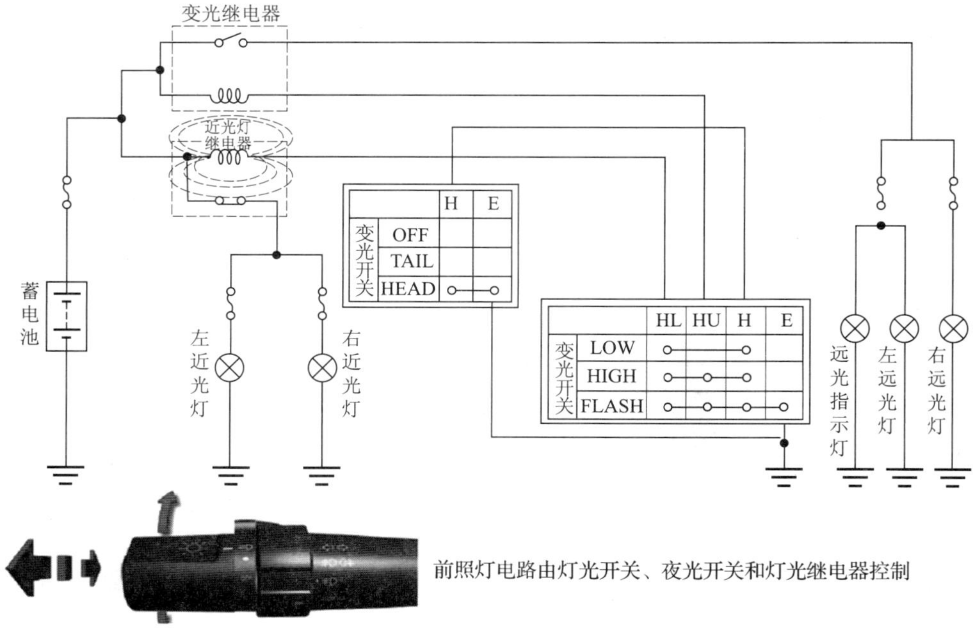

图 4－4　汽车前照灯电路

5. 前照灯总成的检测

前照灯在使用过程中，会因灯泡老化、反射镜变暗、照射位置不正而使前照灯的发光强度不足或照射位置不正确，影响汽车的行驶速度和行车安全，因此必须对前照灯进行检测和调整。前照灯总成的主要检测内容有：前照灯发光强度和前照灯光束照射位置。前照灯远光光束的发光强度要求见表 4－1。

表 4－1　前照灯远光光束的发光强度要求　　cd

机动车类型	检查项目					
	新注册机动车			在用机动车		
	一灯制	两灯制	四灯制	一灯制	两灯制	四灯制
三轮汽车	8 000	6 000	—	6 000	5 000	—
最高设计车速小于 70 km/h 的汽车	—	10 000	8 000	—	8 000	6 000
其他汽车	—	18 000	15 000	—	15 000	12 000
摩托车	10 000	8 000	—	8 000	6 000	—
轻便摩托车	4 000	—	—	3 000		—
拖拉机运输机组　标定功率 >18 kW	—	8 000	—	—	6 000	—
拖拉机运输机组　标定功率 <18 kW	6 000	6 000	—	5 000	5 000	—

6. 前照灯故障分析

前照灯常见故障现象及原因见表 4 -2。

表 4 -2 前照灯常见故障现象及原因

故障现象	故障原因
前照灯都不亮	1. 电源熔断器熔断； 2. 蓄电池搭铁不良； 3. 变光开关损坏； 4. 继电器损坏； 5. 灯泡损坏
远光灯不亮或近光灯不亮	1. 变光开关损坏； 2. 闪光继电器不良； 3. 导线搭铁不良； 4. 导线断路、熔断器熔断； 5. 灯丝烧坏
前照灯灯光暗淡	1. 熔断器松动； 2. 线路松动或接触不良； 3. 搭铁不良； 4. 发电机输出电压过低； 5. 用电设备漏电负荷增大
一侧前照灯正常，一侧前照灯暗淡	1. 暗的一侧搭铁不良； 2. 导线插接器接触不良
灯泡经常烧坏	发电机输出电压过高

导致前照灯故障的原因可能是：灯泡损坏；保险丝烧断；继电器故障；连接线路短路或断路；组合开关故障。

在故障检测的过程中，首先通过检查喇叭是否有声音、近光灯是否亮起，判断汽车电源系统是否正常供电，如果正常，分析远、近光灯电路，并进一步查找故障位置。

任务实施

（一）实施方案

1. 质量要求

参照厂家的质量标准要求。

2. 组织方式

每四位同学一组，检修 2007 款卡罗拉 1. 6L/AT 轿车上的前照灯，按照企业岗位操作规范进行作业。

每组作业时间为 30 分钟。

3. 作业准备

(1) 技术要求与标准。

① 严格按照安全操作规程，熟练快速地检查汽车灯光系统。

② 在使用万用表时，要根据测量对象选择正确的挡位。

（2）设备器材：常用工具（一套）、万用表，如图 4－5 所示。

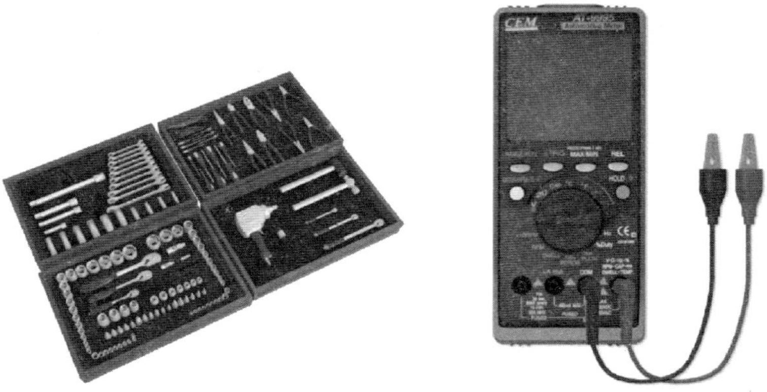

（a）　　（b）

图 4－5　设备器材

（a）常用工具（一套）；（b）万用表

（3）场地设施：理实一体化教室、废气排放装置和消防设施等。

（4）设备设施：2007 款卡罗拉 1.6 L/AT 轿车、工具车、零件车、垃圾桶等。

（5）安全防护：车轮挡块、室内三件套等。

（6）耗材：干净抹布。

（二）操作步骤

1. 检查灯泡

（1）拆卸远光灯灯泡。

（2）检查远光灯灯泡。

检查右远光灯灯泡，检查灯丝是否破损，若灯丝烧断或灯泡损坏，则更换新灯泡。若无法目测，比如卤素灯，则可采用试灯法检查其是否良好，若不正常，则需更换新灯泡。

2. 检查前大灯变光继电器

（1）进入驾驶室，打开发动机舱盖。

（2）从继电器盒中拆下变光继电器，如图 4－6 所示。

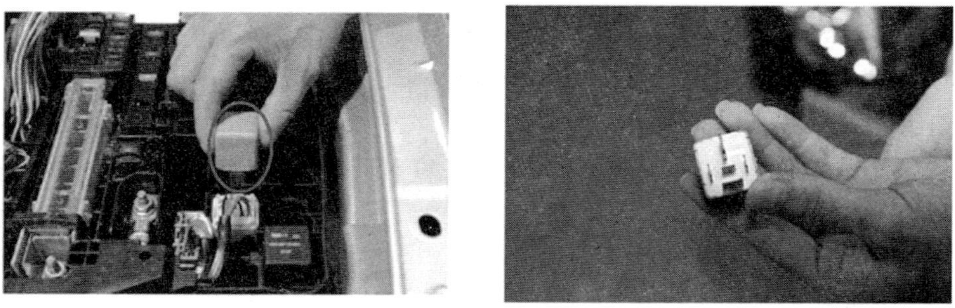

图 4－6　拆卸变光继电器

注意事项

变光继电器位置见继电器盒盖背面。检查集成继电器各插座是否有烧灼、损坏现象。

（3）测量继电器电阻，并与表4－3中的标准数据进行对比。

表4－3　标准电阻（一）

检测仪连接	端子	条件	规定状态
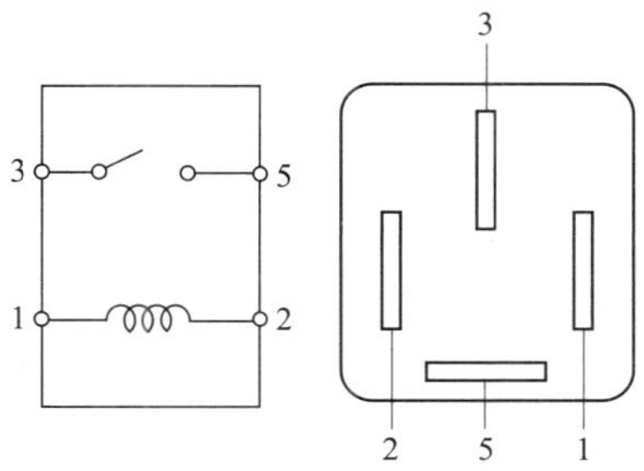	3－5	在端子1和2之间 未施加电压	10 kΩ或更大
	3－5	在端子1和2之间施加电压	小于1 Ω

如果检测结果不符合上述标准，则说明继电器损坏，应该更换新继电器。

3. 检查保险丝

（1）进入驾驶室，用缠有保护胶带的一字螺丝刀撬开保险丝盒，如图4－7所示。

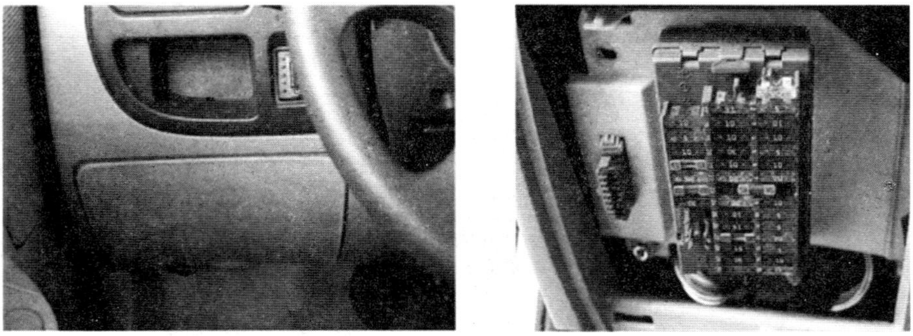

图4－7　保险丝盒

（2）在保险丝盒中找到远光灯保险丝，利用保险丝夹将该保险丝取下。

注意事项

远光灯保险丝位置见继电器盒盖背面。

（3）目测保险丝是否烧断，如图4－8和图4－9所示。

（4）测量各保险丝加载槽与车身搭铁之间的电压，并与表4－4中的标准数据进行对比。

（5）如目测无法判断保险丝是否烧坏，则可选用万用表测保险丝电阻，若阻值为∞，说明保险丝已坏，需更换保险丝，如图4－10所示。

图 4-8　完整保险丝

图 4-9　烧毁保险丝

表 4-4　标准电压

检测仪连接	开关状态	规定状态
H-LP LH HI 保险丝端子—车身搭铁	灯控开关置于“HEAD”位置	11~14 V
H-LP RH HI 保险丝端子—车身搭铁	灯控开关置于“HEAD”位置	11~14 V

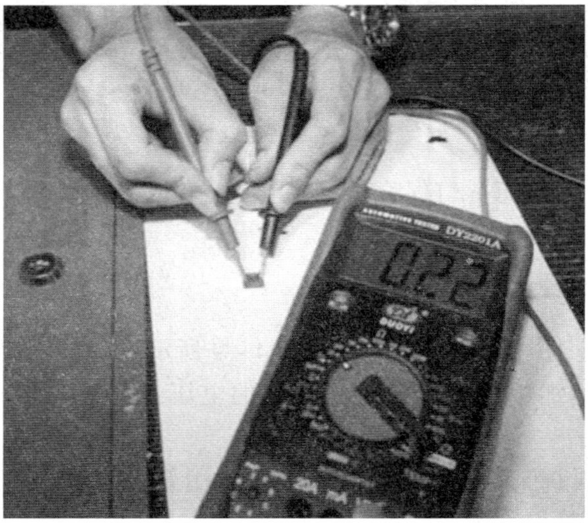

图 4-10　测量保险丝电阻

(6) 更换新保险丝。

① 确认保险丝载流量，按照对应颜色和规格选用保险丝，如图 4－11 所示。

图 4－11　选用保险丝

② 观察保险丝外部和端子处是否有烧灼现象。

③ 用数字万用表欧姆挡检测保险丝两端子之间的电阻，正常情况下应小于 1 Ω，如图 4－12 所示。

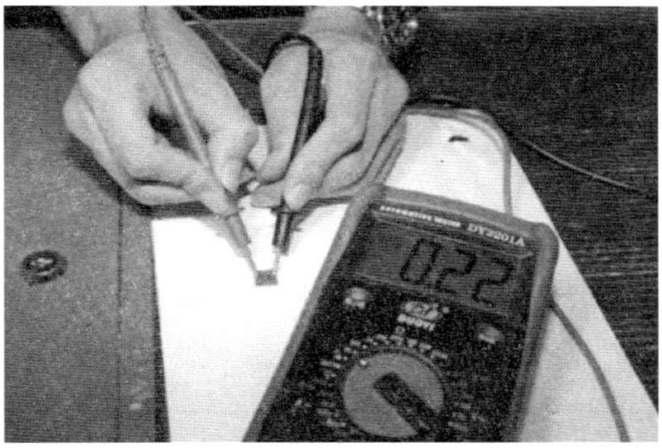

图 4－12　测量保险丝两端子间电阻

4. 检查前照灯组合开关。

(1) 关闭点火开关。

(2) 正确使用工具断开蓄电池负极端子电缆，如图 4－13 所示。

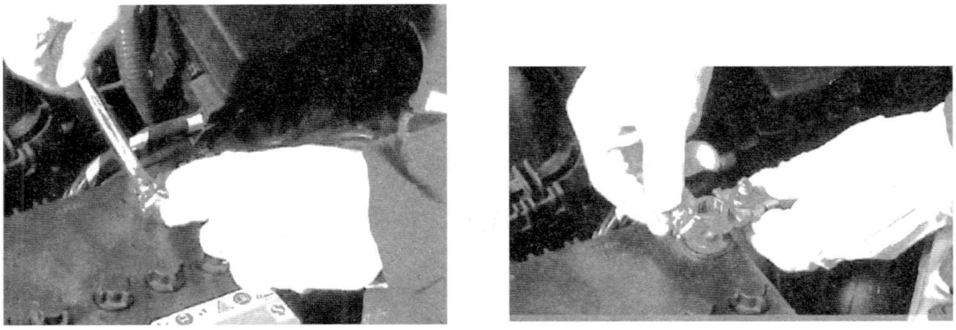

图 4－13　断开蓄电池负极端子电缆

注意事项

必须按照先拆负极、后拆正极电缆的要求，否则容易引起正极电缆搭铁，导致电控单元因瞬时高压而损坏。

断开蓄电池电缆后至少要等待90 min，以防不正当操作引爆安全气囊。

（3）拆卸转向盘下盖。

（4）拆卸转向盘总成。

（5）拆卸转向柱护罩。

（6）断开组合开关总成连接器，进行组合开关连接器端子侧的线路检查。连接器如图4－14所示，其端子位置如图4－15所示。用万用表检测变光插接器原件一侧连接端子的电阻值，并将检测的电阻值与表4－5中规定的数值进行对比。

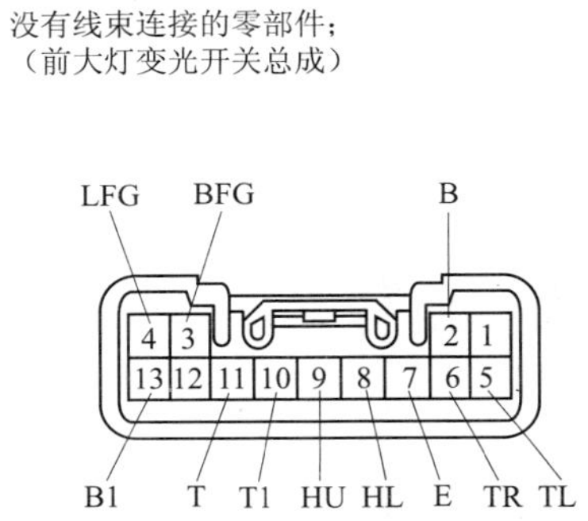

图4－14　连接器

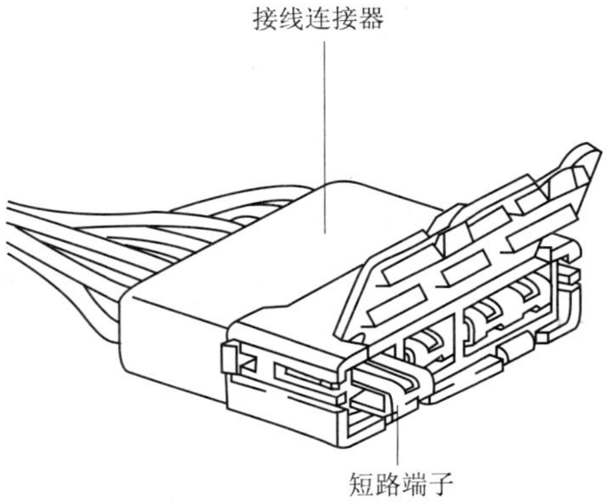

图4－15　连接器端子

表4－5　标准电阻（二）

端子号	开关状态	规定状态
10－13	OFF	无穷大
11－13	TAIL	小于1 Ω
10－13	HEAD	小于1 Ω
10－13		
11－8	近光 LOW	小于1 Ω
11－9	远光 HIGH	小于1 Ω
7－11	闪光 FLASH	小于1 Ω

（7）用万用表检查组合开关孔端搭铁回路的电阻值是否符合规定，标准值应小于1 Ω。用万用表红笔搭组合开关连接器11号端子，黑笔搭驾驶舱的搭铁点，测两者之间的电阻值，标准电阻应小于1 Ω。

（8）检测驾驶舱的搭铁电阻。拆除塑料护板，在不带电的情况下测量搭铁电阻，若存在电阻或电阻偏大，则说明搭铁不良，需修复搭铁，再试车检查故障是否排除。

（9）检测继电器插槽 2 号端子到组合开关连接器孔端的 13 号端子之间的电阻值，标准值应小于 1 Ω。若检测不正常，则需更换组合开关总成。

5. 检查线束和连接器

检查线路连接情况：用手振动或晃动连接远光灯到灯光开关的线路，检查线路连接处是否松动、导线是否从端子中脱开。如果有，则需紧固，必要时更换新的配线。

（1）检查线束和连接器（前大灯继电器——前大灯变光继电器）。

根据表 4－6 中的值测量，用万用表测前大灯继电器至前大灯变光继电器间线路的电压，如有异常，则需更换线束或连接器；如正常，则进行下一步检查。

表 4－6 标准电压（三）

检测仪连接	条件	规定状态
前大灯变光继电器端子 2—车身搭铁	灯控开关 OFF→HEAD	低于 1 V→11～14 V
前大灯变光继电器端子 3—车身搭铁	灯控开关 OFF→HEAD	低于 1 V→11～14 V

（2）检查线束和连接器（前大灯变光继电器—保险丝）。

根据表 4－7 中的值，测量前大灯变光继电器至保险丝之间线束的电阻值，若有异常，则需维修或更换线束和连接器；如果阻值正常，则继续下一步检测。

（3）检查线束和连接器（前大灯变光继电器—主车身 ECU）。

断开主车身 ECU 连接器 E51，根据表 4－8 中的值测量电阻，如有异常，则需要维修或更换线束或连接器；若电阻值正常，则继续下一步检测。

表 4－7 标准电阻（四）

检测仪连接	条件	规定状态
前大灯变光继电器端子 5－H－LP LH HI 保险丝端子	始终	小于 1 Ω
前大灯变光继电器端子 5－H－LP RH HI 保险丝端子	始终	小于 1 Ω

表 4－8 标准电阻（五）

检测仪连接	条件	规定状态
前大灯变光继电器端子 1—E51_3（DIM）	始终	小于 1 Ω
E51_3（DIM）—车身搭铁	始终	10 kΩ 或更大

注意事项

如果只有一侧远光前大灯不亮，则检查保险丝、灯泡或与灯泡相关的线束。

如果近光前大灯亮起且变光开关置于“HIGH”位置，左、右两侧的远光前大灯都没有亮起，则执行远光前大灯继电器主动测试，并读取数据表中变光开关 HIGH 信号值，以确定故障存在于开关侧还是继电器侧。

执行远光前大灯控制系统故障排除前，检查并确认近光前大灯工作正常。

（4）安装组合开关。

按照拆卸相反顺序安装组合开关。

（5）故障复查。

将点火开关置于“ON”位置，打开组合开关，检查前大灯是否亮起。

任务小结

1. 前照灯总成主要的检测内容

前照灯总成的主要检测内容有：前照灯发光强度和前照灯光束照射位置。

2. 前照灯可能故障部位

导致前照灯故障的原因可能是：灯泡损坏；保险丝烧断；继电器故障；连接线路短路或断路；组合开关故障。

3. 前照灯电路的组成

前照灯电路通常由灯光开关、变光开关、近光灯、远光灯、远光指示灯、熔断丝、电路配线及插接器等组成。

4. 前照灯电路控制方式

前照灯电路根据其控制开关安装位置不同，可分为控制火线式和控制搭铁线式两种；根据其电源开关不同，又可分为受点火开关控制和不受点火开关控制两种。

5. 汽车前照灯电路（见图 4－16）

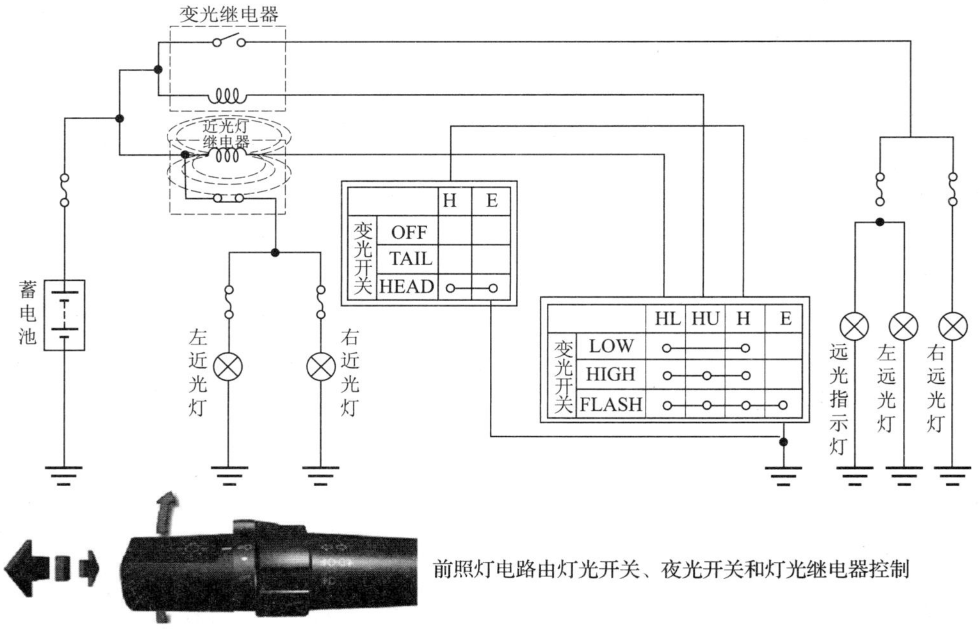

图 4－16　汽车前照灯电路

任务评价

（一）课堂练习

1．选择题

（1）下面不属于外部照明灯的是（　　）。

A．前大灯　　B．转向灯　　C．牌照灯

（2）汽车前大灯继电器是（　　）。

A．常开式继电器　　B．常闭式继电器　　C．混合式继电器

（3）汽车电流从蓄电池正极经过继电器或开关、保险丝，最后到（　　）。

A．搭铁　　B．蓄电池负极　　C．用电器

（4）关于卡罗拉轿车的大灯控制方式，甲说近光灯和远光灯都是由同一个继电器控制，乙说近光灯和远光灯都是由不同的继电器控制。对于他们的说法你认为（　　）。

A．甲对　　B．乙对　　C．甲乙都不对

（5）在供电正常的情况下，下列不属于前照灯不亮的故障原因的是（　　）。

A．保险丝烧断　　B．继电器损坏

C．起动机损坏　　D．线束短路或断路

（6）给前大灯继电器 1 和 2 号端子施加蓄电池电压，那么 3 和 5 号端子间电阻应为（　　）。

A．小于 1 Ω　　B．大于 10 kΩ　　C．大于 1 Ω

2．判断题

（1）保险丝又称熔断器，当电流超过其额定电流时会自行熔断。（　　）

（2）前大灯的照明距离能达到 1 000 m 以上。（　　）

（3）前大灯按灯泡数量不同可以分为两灯制和四灯制。（　　）

（4）继电器是一种电磁开关元件，能以小电流控制大电流。（　　）

（5）当灯光开关打到“HEAD”挡时，近光继电器闭合。（　　）

（二）技能评价

技能评价见表 4－9。

表 4－9　技能评价

序号	内容	分值	得分
1	检查远光灯灯泡	20	
2	检查前大灯变光继电器	20	
3	检查保险丝	20	
4	检查前照灯组合开关	20	
5	检查线束和连接器	20	
总分		100	

（注：操作规范即得分，操作错误或未进行操作即 0 分）

学习任务2 车内照明及电路检修

任务目标和学习重点

任务目标

1. 了解车内照明装置的组成。
2. 能够识读车内照明灯电路。
3. 能够规范完成车内照明及电路的检修工作。

学习重点

车内照明及电路检修的任务实施。

知识准备

1. 车内照明装置

车内照明装置包括车顶区域、行李箱、脚部空间和车门内侧照明装置，主要有点火锁灯、按钮灯、阅读灯、仪表灯、梳妆灯、底板灯和顶灯。

2. 室内灯控制电路

室内灯、阅读灯受专门开关控制，许多轿车的室内灯、阅读灯还受车门开关控制，用以警示车门关闭情况，如图4－17所示。

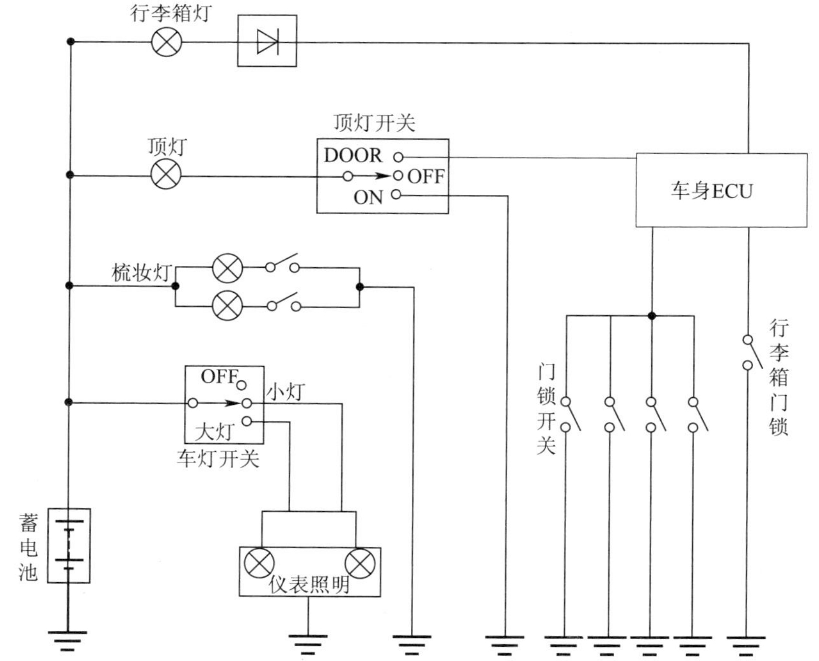

图4－17 车内照明灯电路

任务实施

（一）实施方案

1. 质量要求

参照厂家的质量标准要求。

2. 组织方式

每四位同学一组，检修 2007 款卡罗拉 1.6L/AT 轿车车内照明系统，按照企业岗位操作规范进行作业。

每组作业时间为 20 分钟。

3. 作业准备

（1）技术要求与标准。

① 严格按照安全操作规程，熟练快速地检查汽车照明系统。

② 在万用表的使用中，要根据测量对象选择合适的挡位。

（2）设备器材：常用工具（一套）、万用表，如图 4－18 所示。

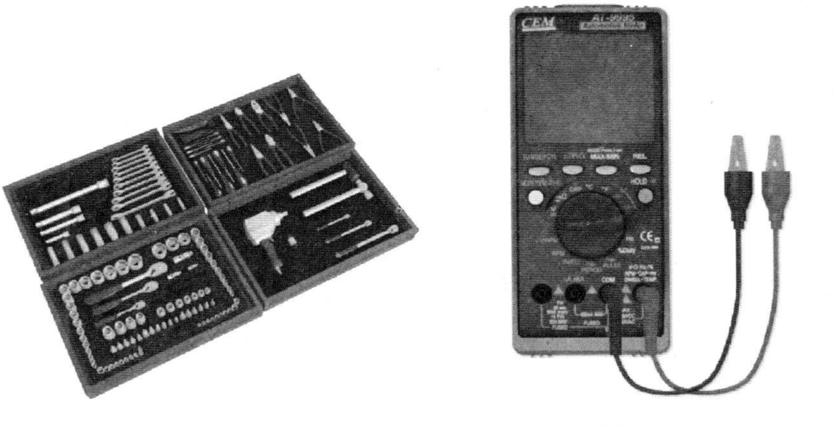

（a）　　　　（b）

图 4－18　设备器材

（a）常用工具（一套）；（b）万用表

（3）场地设施：理实一体化教室、废气排放装置、消防设施等。

（4）设备设施：2007 款卡罗拉 1.6 L/AT 轿车、工具车、零件车、垃圾桶等。

（5）安全防护：车轮挡块、室内三件套等。

（6）耗材：干净抹布。

（二）操作步骤

1. 检查顶灯与仪表板指示灯

（1）将顶灯开关置于“ON”位置，检查顶灯是否正常点亮，如图 4－19 所示。

（2）将顶灯开关置于“DOOR”位置。

（3）打开左前车门，检查仪表板指示灯是否正常亮起，如图 4－20 所示。

图 4－19　检查顶灯

图 4－20　检查仪表板指示灯是否亮起

（4）关闭左前车门，检查仪表板指示灯是否正常熄灭，如图 4－21 所示。

图 4－21　检查仪表板指示灯是否熄灭

（5）按相同方法检查打开和关闭左前、左后、右前、右后门时仪表板指示灯是否正常。

（6）对其他车内照明灯逐一进行检查。

2．检查梳妆灯电路

（1）拆卸梳妆灯总成。

（2）检查梳妆灯。

将蓄电池“＋”引线连接到端子 1、“－”引线连接到端子 2。

根据表 4－10 中的值测量电压。

表 4－10　标准电压

检测仪连接	条件	规定状态
1－2	遮阳板升高	低于 1 V
	遮阳板下降且后视镜盖打开	11～14 V
	遮阳板下降且后视镜盖关闭	低于 1 V

如果结果不符合规定，则线束侧有故障；如果结果符合规定，但梳妆灯不亮，则更换灯泡。

（3）安装梳妆灯总成。

（4）其他车内照明灯按照类似的方法检查。

任务小结

1. 车内照明系统

车内照明灯主要有点火锁灯、按钮灯、阅读灯、仪表灯、梳妆灯、底板灯和顶灯。

2. 车内灯控制电路

车内灯控制电路如图 4－22 所示。

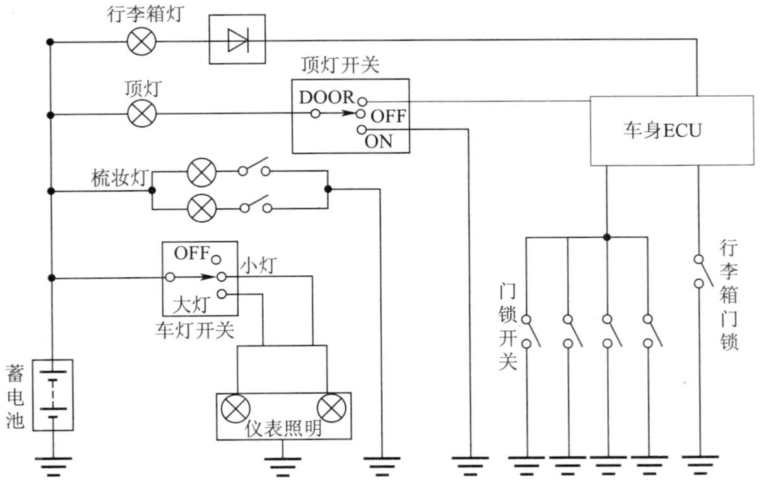

图 4－22　车内灯控制电路

任务评价

（一）课堂练习

1. 判断题

（1）行李箱灯不属于车内照明灯。（　　）

（2）点火锁灯、按钮灯、阅读灯、仪表灯、梳妆灯、底板灯和顶灯都属于车内照明灯。（　　）

2. 判断题

（1）下面不属于内部照明灯的是（　　）。

A. 阅读灯　　B. 顶灯　　C. 牌照灯

（2）如果两侧雾灯有一侧亮、一侧不亮，可能的原因是（　　）。

A. 雾灯开关损坏　　B. 雾灯继电器损坏　　C. 雾灯搭铁不亮

（二）技能评价

技能评价见表4－11。

表4－11　技能评价

序号	内容	分值	得分
1	检查点火锁灯是否正常	10	
2	检查按钮灯是否正常	10	
3	检查阅读灯是否正常	10	
4	检查仪表灯是否正常	10	
5	检查梳妆灯是否正常	10	
6	检查底板灯是否正常	10	
7	检查顶灯是否正常	10	
8	能够判断故障灯的故障点	15	
9	能够正确更换故障灯	15	
总分		100	

（注：操作规范即得分，操作错误或未进行操作即0分）

项目五

信号系统检修

项目导入 **Project introduction**

一丰田卡罗拉车主反映，他的 2007 款卡罗拉 1.6 L/AT 轿车，在行驶到 8 万公里左右时，出现了转向信号灯故障。他说："左转向正常，你向下拨转向手柄，一闪一闪，好的。可你向上拨时，转向灯'叭、叭、叭'闪烁特快，跟抽风一样。"

本项目通过对汽车信号系统的常见故障进行诊断，使学生掌握信号系统的检修方法，并最终能解决客户所反映的问题。

学习目标 **Learning targe**

素养目标：

1. 了解安全操作要求，养成安全文明操作的习惯。
2. 养成组员之间互相协作的习惯。
3. 实施操作结束后，清洁工具，并将工具设备归位，清洁场地。

技能目标：

能够规范操作熟练地对信号系统进行检修。

知识目标：

1. 了解信号系统常见故障。
2. 掌握信号系统检修的作业标准。

学习任务 Learning tasks

学习任务 1

- 转向灯开关及电路检修

学习任务 2

- 制动灯开关及电路检修

学习任务 3

- 喇叭及控制电路检修

学习任务 1　转向灯开关及电路检修

任务目标和学习重点

任务目标

1. 能够认知转向信号系统组成。
2. 能够理解转向信号灯控制电路。
3. 了解转向信号灯常见故障。
4. 能够规范完成转向灯及电路的检修工作。

学习重点

转向信号灯常见故障及其检修的任务实施。

知识准备

为保证汽车在各种条件下安全行驶，提高汽车的行驶速度，在汽车上装有各种信号装置，主要有转向信号、制动信号和喇叭等。

1. 转向信号灯系统组成

在汽车起步、转弯、变更车道或路边停车时，需要打开转向信号灯以表示汽车的趋向，提醒周围车辆和行人注意。转向信号灯系统由闪光继电器、转向开关、转向灯和转向指示灯等组成。

本田雅阁转向信号系统组成如图 5－1 所示。

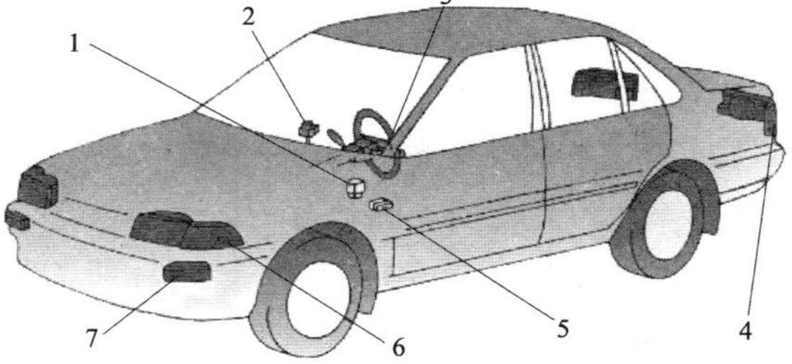

图 5－1　本田雅阁转向信号系统组成

1—转向信号闪光器；2—危险警告灯开关；3—转向信号开关；4—后转向信号灯；5，6—侧转向信号灯；7—前转向信号灯

2. 转向信号灯控制电路

图 5－2 所示为卡罗拉 2007 款 1.6 L/AT 转向灯电路。

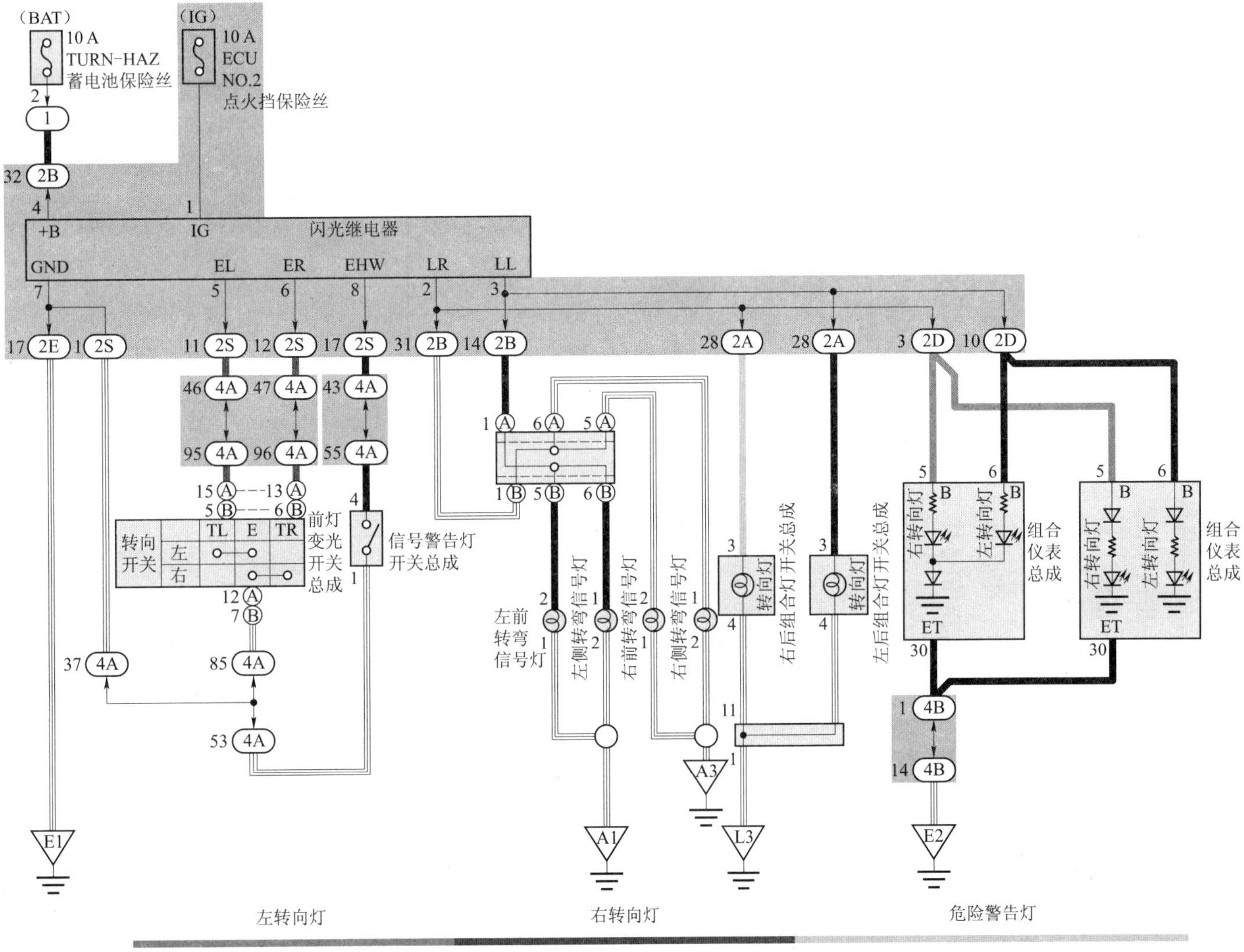

图 5－2　卡罗拉 2007 款 1.6 L/AT 转向灯电路

（1）左转向时。

其信号控制电路为：蓄电池正极→“转向－危险信号灯”保险丝→车身 ECU→闪光继电器→车身 ECU→转向组合开关→搭铁。

其转向工作电路为：蓄电池正极→“转向－危险信号灯”保险丝→车身 ECU→闪光继电器→车身 ECU→{左前、左侧转向灯→搭铁；左后转向灯→搭铁仪表板；转向指示灯→搭铁}

（2）右转向及危险警告时的信号控制电路和工作电路与左转向时的情况一样。

3. 转向信号灯常见故障

汽车转向信号大体上有两种：一是闪烁信号；二是持续闪烁。常见故障是转向信号灯不亮和转向信号灯不能正常工作。转向信号灯工作不正常的原因及排除方法如表 5－1 所示。

表 5－1 转向信号灯工作不正常的原因及排除方法

故障现象	原因	排除方法
两侧转向灯同时亮	转向开关失效	检查转向开关
两侧转向灯闪烁频率不同	（1）两侧灯泡的功率不等； （2）有灯泡损坏	检查灯泡及其型号
转向灯常亮不闪	（1）闪光器损坏； （2）接线错误	检查闪光器及电路接线
闪频过高或过低	（1）灯泡功率不当； （2）闪光器工作不良，触点间隙过大或过小； （3）电源电压过高或过低	（1）检查灯泡； （2）更换闪光源、调整触点； （3）调整电压调节器

任务实施

（一）实施方案

1. 质量要求

参照厂家的质量标准要求。

2. 组织方式

每四位同学一组，检修卡罗拉 2007 款 1.6L/AT 轿车上的转向信号灯，按照企业岗位操作规范进行作业。

每组作业时间为 30 分钟。

3. 作业准备

（1）技术要求与标准。

① 严格按照安全操作规程，熟练快速地检查汽车信号系统。

② 在万用表的使用中，要根据测量对象选择合适的挡位。

（2）设备器材：常用工具（一套）、万用表，如图 5－3 所示。

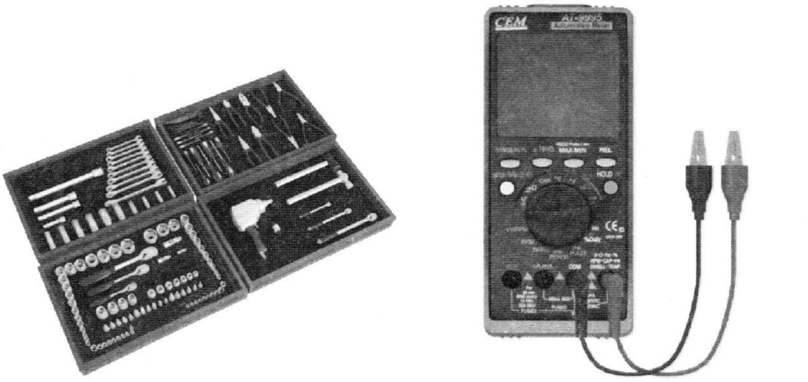

（a）　　　　　　　　（b）

图 5－3　设备器材

（a）常用工具（一套）；（b）万用表

（3）场地设施：理实一体化教室、废气排放装置、消防设施等。

（4）设备设施：2007 款卡罗拉 1.6 L/AT 轿车、工具车、零件车、垃圾桶等。

（5）安全防护：车轮挡块、室内三件套等。

（6）耗材：干净抹布、LED 试灯。

（二）操作步骤

1. 检查保险丝

检查盒里的 TRN－HAZ 保险丝和 ECU－IG2 保险丝是否烧毁，如有烧毁则更换保险丝，如图 5－4 所示。

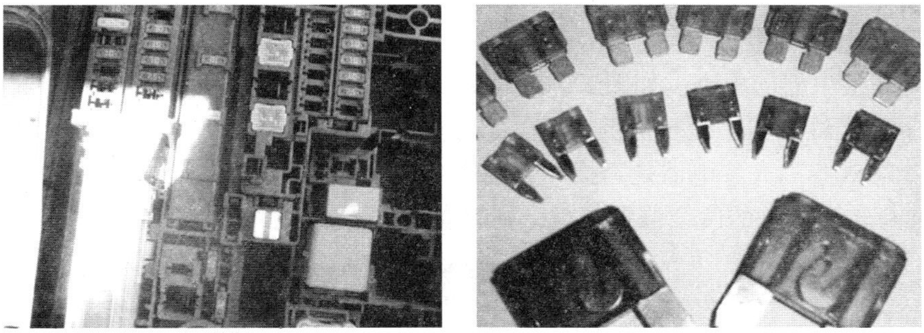

图 5－4　保险丝

2. 检查转向灯信号开关

（1）拆卸转向灯信号开关。

（2）检查转向灯信号开关。

根据表 5－2、表 5－3 中的值测量前大灯变光开关总成端子（见图 5－5）间的电阻，若有异常，则更换转向信号灯开关。

表 5－2　带自动灯控系统

检测仪连接	条件	规定状态
12（E）—13（TR）	OFF	10 kΩ 或更大
12（E）—15（TL）		
12（E）—13（TR）	RH	小于 1 Ω
12（E）—15（TL）	LH	小于 1 Ω

表 5－3　不带自动灯控系统

检测仪连接	条件	规定状态
6（TR）—7（E）	OFF	10 kΩ 或更大
5（TL）—7（E）		
6（TR）—7（E）	RH	小于 1 Ω
5（TL）—7（E）	LH	小于 1 Ω

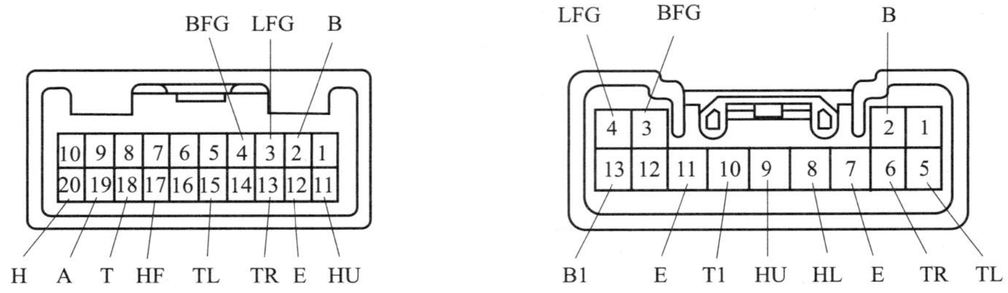

图 5－5　前大灯变光开关总成端子

（3）按照拆卸的相反顺序安装转向灯信号开关。

3. 检查闪光继电器

（1）闪光继电器的检查，如图 5－6 所示。

① 拔下闪光继电器，检查是否损坏。如有损坏，则更换新的闪光继电器。

② 若无法观察闪光继电器是否损坏，则用跨接线连接电源与闪光器插座“L”端子，如果转向灯在打转向开关的两个位置都亮，则闪光继电器失效，应予以更换，如图 5－6 所示。

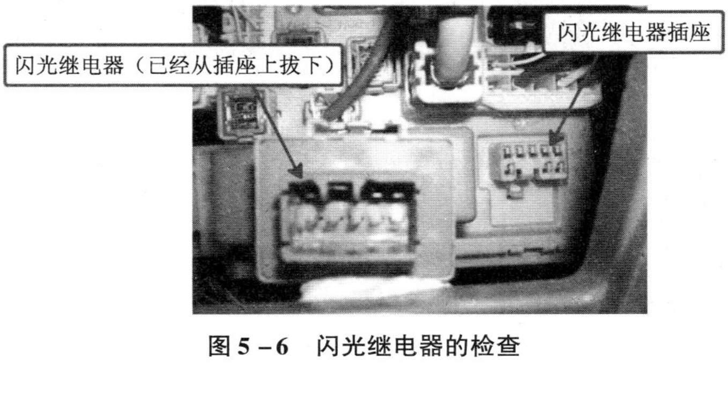

图 5－6　闪光继电器的检查

4. 检查闪光灯总成

（1）拆卸仪表板下装饰板总成。

（2）拆卸转向信号闪光灯。

（3）检查转向信号闪光灯总成。

① 从仪表板接线盒上拆下转向信号闪光灯总成，其端子如图 5－7 所示。

② 根据表 5－4 中的值测量电压。如果结果不符合规定，则线束侧有故障，需要更换线束。

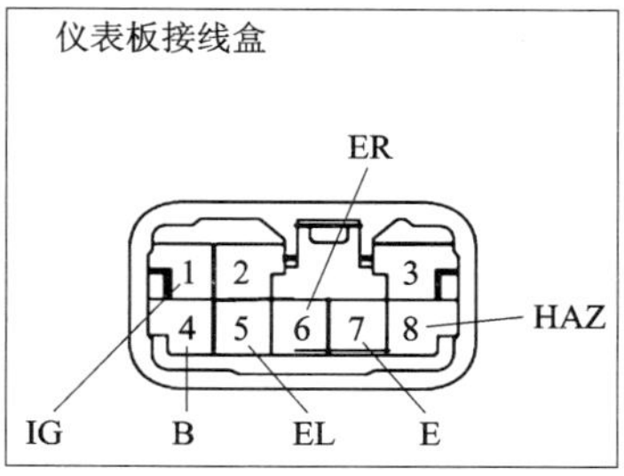

图 5－7　转向信号闪光灯总成端子

表 5－4　标准电压（一）

检测仪连接	条件	规定状态
4（B）－车身搭铁	始终	11～14 V
1（IG）－车身搭铁	点火开关置于“OFF”位置	低于 1 V
	点火开关置于“ON”（IG）位置	11～14 V

③ 根据表 5－5 中的值测量电阻。如果结果不符合规定，则线束侧有故障，需要更换线束。

表 5－5　标准电阻

检测仪连接	条件	规定状态
5（EL）－车身搭铁	转向信号开关置于“OFF”位置	10 kΩ 或更大
	转向信号开关置于“LH”位置	小于 1 Ω
6（ER）－车身搭铁	转向信号开关置于“OFF”位置	10 kΩ 或更大
	转向信号开关置于“RH”位置	小于 1 Ω
7（E）－车身搭铁	始终	小于 1 Ω
8（HAZ）－车身搭铁	危险警告开关置于“OFF”位置	10 kΩ 或更大
	危险警告开关置于“ON”位置	小于 1 Ω

④ 将转向信号闪光灯总成安装到仪表板接线盒上，如图 5－8 所示。

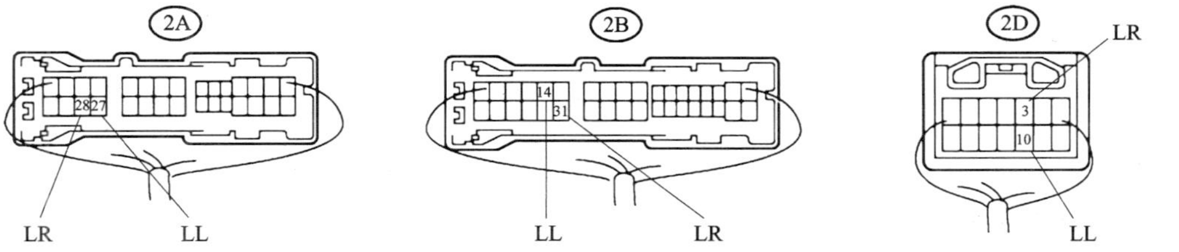

图 5－8　仪表板接线盒

⑤ 根据表 5－6 中的值测量电压。如果结果不符合规定，则更换转向信号闪光灯总成。

（4）安装转向信号闪光灯总成。

将转向信号闪光灯总成按照拆卸的相反顺序安装到接线盒上。

表 5－6　标准电压（二）

检测仪连接	开关状态	规定状态
2A－27（LL）－车身搭铁	转向信号开关置于“OFF”位置	低于 1 V
	转向信号开关置于“LH”位置	11～14 V（60～120 次/min）
	危险警告开关置于“OFF”位置	低于 1 V
	危险警告开关置于“ON”位置	11～14 V（60～120 次/min）
2A－28（LR）－车身搭铁	转向信号开关置于“OFF”位置	低于 1 V
	转向信号开关置于“RH”位置	11～14 V（60～120 次/min）
	危险警告开关置于“OFF”位置	低于 1 V
	危险警告开关置于“ON”位置	11～14 V（60～120 次/min）
2B－14（LL）－车身搭铁	转向信号开关置于“OFF”位置	低于 1 V
	转向信号开关置于“LH”位置	11～14 V（60～120 次/min）
	危险警告开关置于“OFF”位置	低于 1 V
	危险警告开关置于“ON”位置	11～14 V（60～120 次/min）
2B－31（LR）－车身搭铁	转向信号开关置于“OFF”位置	低于 1 V
	转向信号开关置于“RH”位置	11～14 V（60～120 次/min）
	危险警告开关置于“OFF”位置	低于 1 V
	危险警告开关置于“ON”位置	11～14 V（60～120 次/min）
2D－10（LL）－车身搭铁	转向信号开关置于“OFF”位置	低于 1 V
	转向信号开关置于“LH”位置	11～14 V（60～120 次/min）
	危险警告开关置于“OFF”位置	低于 1 V
	危险警告开关置于“ON”位置	11～14 V（60～120 次/min）
2D－3（LR）－车身搭铁	转向信号开关置于“OFF”位置	低于 1 V
	转向信号开关置于“RH”位置	11～14 V（60～120 次/min）
	危险警告开关置于“OFF”位置	低于 1 V
	危险警告开关置于“ON”位置	11～14 V（60～120 次/min）

（5）安装仪表板下装饰板总成。

5. 故障复查

将点火开关置于“ON”位置，打开转向灯组合开关，检查转向灯及其指示灯是否亮起。

任务小结

1. 转向信号灯系统组成

转向信号灯系统由闪光继电器、转向开关、转向灯和转向指示灯等组成。

2. 转向信号灯控制电路

图 5－9 所示为卡罗拉 2007 款 1.6 L/AT 转向灯电路。

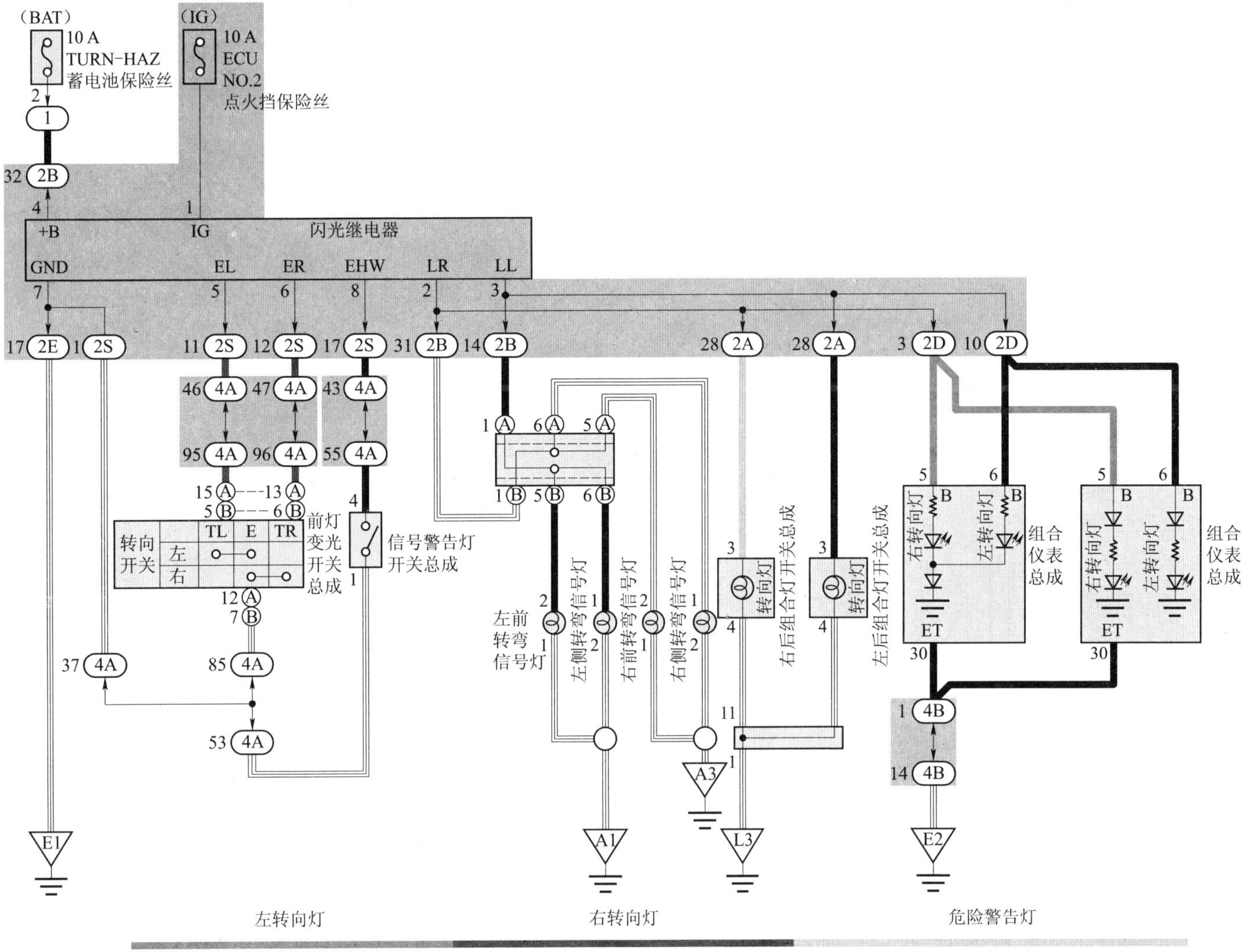

图 5-9　卡罗拉 2007 款 1.6 L/AT 转向灯电路

3. 转向信号灯常见故障

汽车转向信号灯常见故障有转向信号灯不亮和转向信号灯不正常工作。

4. 检查转向灯流程

检查转向灯流程如图 5－10 所示。

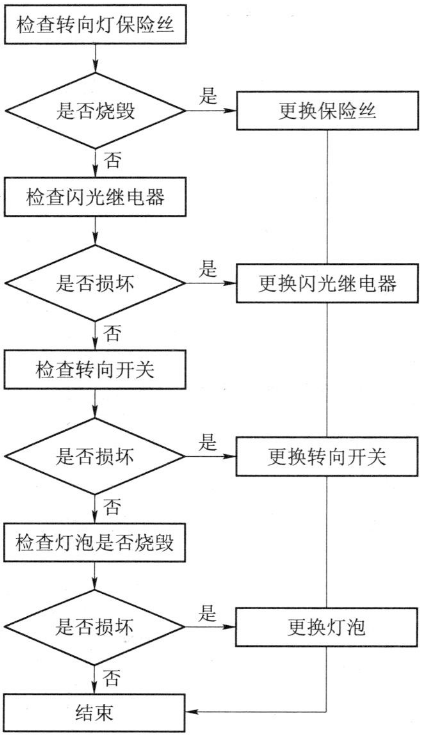

图 5－10 检查转向灯流程

任务评价

（一）课堂练习

1. 选择题

（1）下面哪一种灯泡不属于信号系统的组成部分？（　　）

A. 转向灯　　B. 室内顶灯　　C. 制动灯

（2）当把转向灯开关往上拨的时候，亮的是哪个转向灯？（　　）

A. 左转向灯　　B. 右转向灯　　C. 左右转向灯

（3）转向灯闪光频率不正常，下面哪一项不是可能的故障原因？（　　）

A. 转向灯线路接触不良　　B. 左右转向灯功率不同　　C. 保险丝烧坏

（4）转向灯闪烁频率一般为（　　）。

A. 65～120 次/min　　B. 120～150 次/min　　C. 40～60 次/min

2. 判断题

（1）信号系统包括示宽灯、转向灯、危险警告灯和倒车灯等。　　（　　）

(2) 闪光继电器是转向和危险警告灯的重要组成部分。 (　　)

(3) 更换保险丝时，注意与原来的保险丝型号规格保持一致。 (　　)

(二) 技能评价

技能评价见表 5－7。

表 5－7　技能评价

序号	内容	分值	得分
1	检查保险丝	10	
2	拆卸转向灯信号开关	10	
3	检查转向灯信号开关	10	
4	安装转向灯信号开关	10	
5	检查闪光继电器	10	
6	拆卸仪表板下装饰板总成	10	
7	拆卸转向信号闪光灯总成	10	
8	检查转向信号闪光灯总成	10	
9	安装转向信号闪光灯总成	10	
10	安装仪表板下装饰板总成	10	
总分		100	

(注：操作正确即得分，操作错误或未进行操作即 0 分)

学习任务 2　制动灯开关及电路检修

任务目标和学习重点

任务目标

1. 能够识读制动信号灯控制电路。
2. 了解制动信号灯常见故障。
3. 了解制动灯电路故障警告灯功用。
4. 能够规范完成制动灯及电路的检修工作。

学习重点

制动灯开关及电路检修的任务实施。

知识准备

制动灯提示后面车辆自己要减慢速度或停车，后面的车辆就可以提前准备。制动信号装置主要有制动信号灯、制动开关盒和制动安全报警装置。

1. 制动灯电路识读

当车辆需要刹车，踩下制动踏板使汽车减速至停车时，电流经蓄电池正极，经过熔断丝至制动灯开关，至制动灯，再经搭铁回到蓄电池负极形成一个回路；当松开制动踏板时，制动灯开关断开，制动灯熄灭，如图 5－11 和图 5－12 所示。

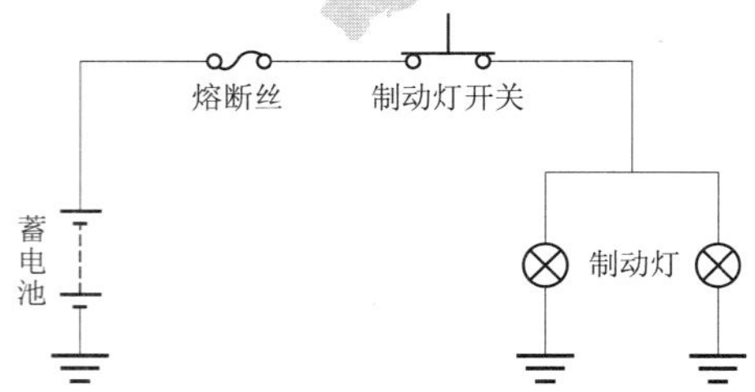

图 5－11 制动灯电路原理

2. 制动灯故障现象

踩下制动踏板，制动灯会亮起，以警示后方车辆保持安全行车车距。制动灯常见故障现象有：

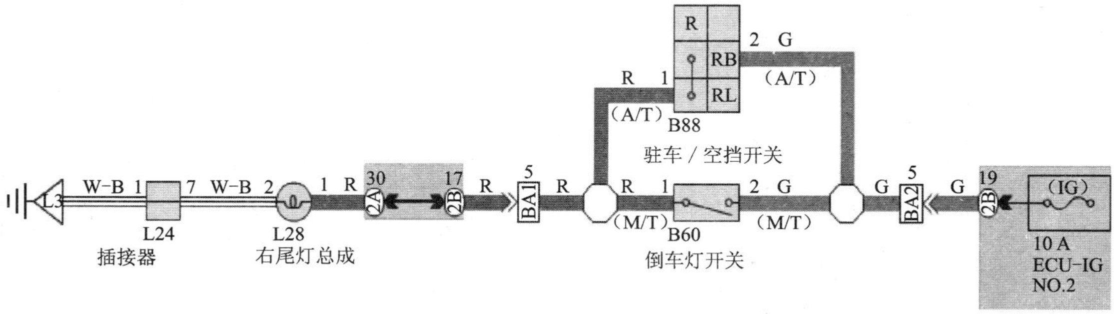

图 5－12 制动灯电路

（1）踏下制动踏板，左、右制动灯均不亮。

（2）踏下制动踏板，左、右制动灯只有一只亮。

（3）不踏下制动踏板，左、右制动灯长亮或时亮时不亮。

制动灯不亮的常见故障原因有：熔断器烧坏、电路中存在开路或搭铁不良、开关损坏、灯泡损坏。对应的故障排除方法分别是：更换熔断器、检修电路、更换开关和更换相同的灯泡。

3. 制动灯电路故障警告灯功用

制动灯电路故障警告灯用于指示制动灯灯泡或电路的工作状况，正常情况下熄灭，当制动灯灯泡故障或电路有断路时，该灯点亮，如图 5－13 所示。

图 5－13 制动灯电路故障警告灯

任务实施

（一）实施方案

1. 质量要求

参照厂家的质量标准要求。

2. 组织方式

每四位同学一组，检修卡罗拉 2007 款 1.6L/AT 轿车上的制动灯，按照企业岗位操作规范进行作业。

每组作业时间为 30 分钟。

3. 作业准备

（1）技术要求与标准。

① 严格按照安全操作规程，熟练快速地检查汽车制动灯系统。

② 在万用表的使用中，要根据测量对象选择合适的挡位。

（2）设备器材：常用工具（一套）、万用表，如图 5－14 所示。

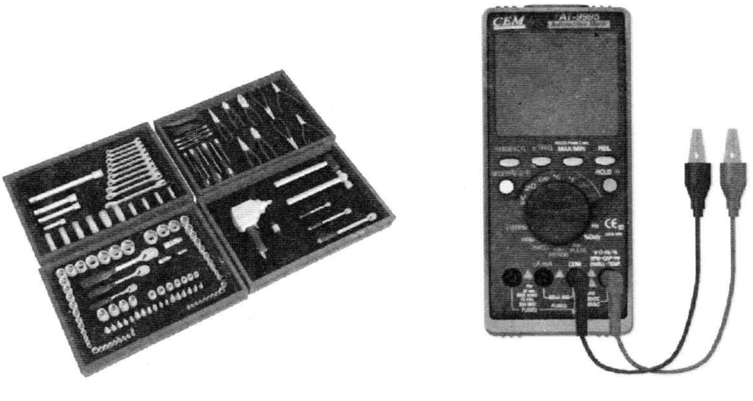

（a）　　　　（b）

图 5－14　设备器材

（a）常用工具（一套）；（b）万用表

（3）场地设施：理实一体化教室、废气排放装置、消防设施等。

（4）设备设施：2007 款卡罗拉 1.6 L/AT 轿车、工具车、零件车垃圾桶等。

（5）安全防护：车轮挡块、室内三件套等。

（6）耗材：干净抹布。

（二）操作步骤

1. 检查制动灯

（1）拆卸制动灯总成。

（2）检查制动灯总成。

将蓄电池“＋”引线连接到端子 2、“－”引线连接到端子 1。检查并确认制动灯是否亮起。正常情况下制动灯应亮起。如果结果不符合规定，则更换制动灯总成。

(3) 安装制动灯总成。

2. 检查制动灯开关总成

(1) 拆卸制动灯开关总成。

(2) 检查制动灯开关总成。

① 制动信号灯开关插接器端子如图 5 – 15 (a) 所示。

② 检查时分别按制动信号灯开关按下和未按下两种情况进行检查，如图 5 – 15 (b) 所示。

③ 制动开关内部原理如图 5 – 15 (c) 所示。

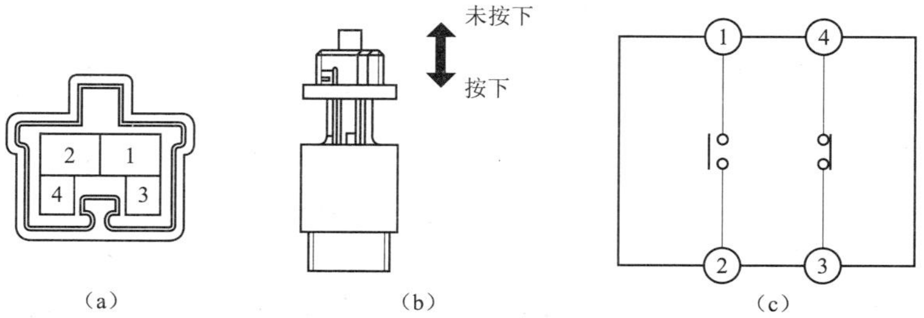

图 5 – 15 制动信号开关

据表 5 – 8 中的值测量电阻，如果结果不符合规定，则更换制动灯开关总成。

表 5 – 8 标准电阻

检测仪连接	开关状态	规定状态
1 – 2	按下	10 kΩ
	未按下	小于 1 Ω
3 – 4	按下	小于 1 Ω
	未按下	10 kΩ 或更大

(3) 检查新的制动灯开关总成。

① 检查新的制动灯开关零件号是否正确、外观是否完好，如图 5 – 16 所示。

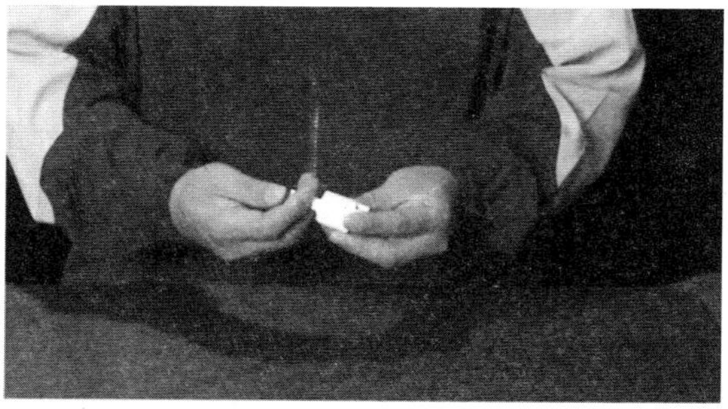

图 5 – 16 检查零件号外观

② 选用万用表，将万用表置于“欧姆”挡，并对其校零，如图 5 – 17 所示。

③ 使用万用表测量制动开关 1 号、2 号端子，并读取测量值，标准值为小于 1 Ω，如图 5 – 18 所示。

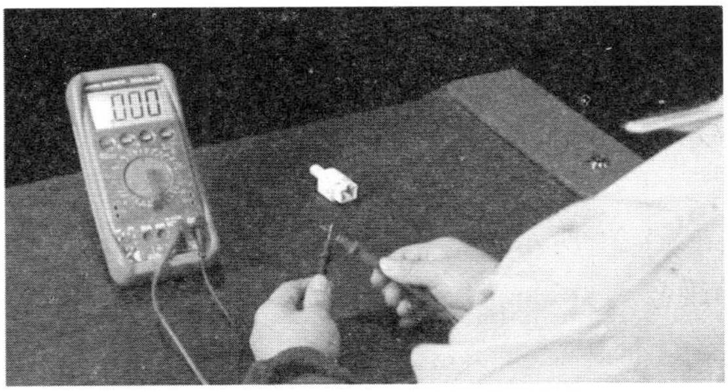

图 5－17　校零

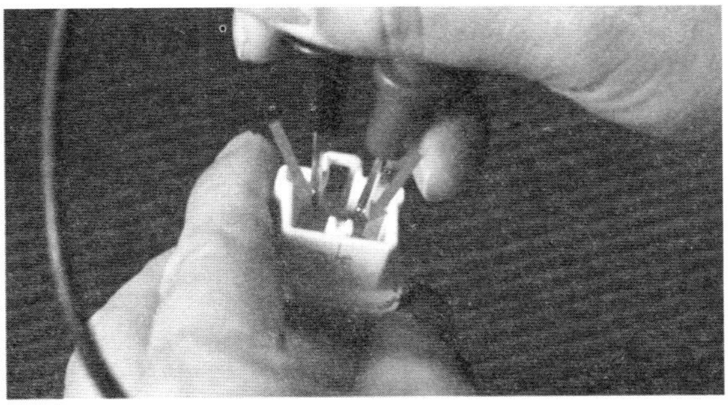

图 5－18　测量 1 号、2 号端子间电阻

④ 将制动开关的触头压到底，如图 5－19 所示。

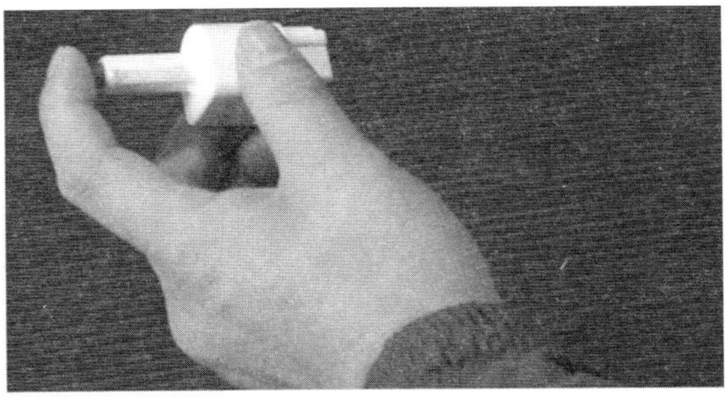

图 5－19　按下制动开关触头

⑤ 读取测量值，标准值为 10 kΩ 或更大，如图 5－20 所示。

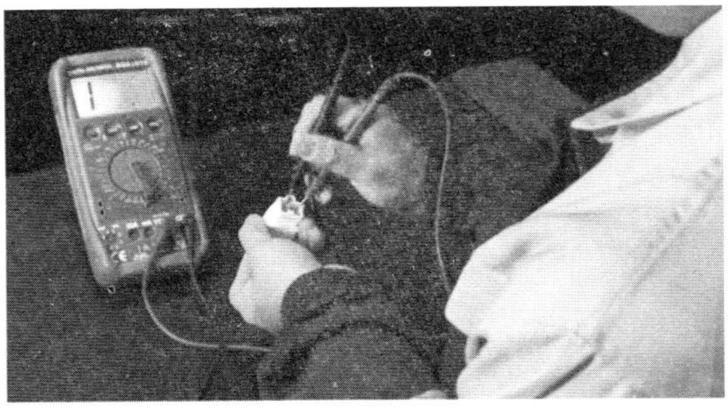

图 5－20　测量电阻

（4）安装制动灯开关总成。

任务小结

1. 制动灯电路识读

制动灯电路原理如图 5－21 所示。

2. 制动灯常见故障现象

制动灯常见故障现象如下：

（1）踏下制动踏板，左、右制动灯均不亮。

（2）踏下制动踏板，左、右制动灯只有一只亮。

（3）不踏下制动踏板，左、右制动灯长亮或时亮时不亮。

制动灯不亮的常见故障原因有：熔断器烧坏、电路中存在开路或搭铁不良、开关损坏、灯泡损坏。对应的故障排除方法分别是：更换熔断器、检修电路、更换开关和更换相同的灯泡。

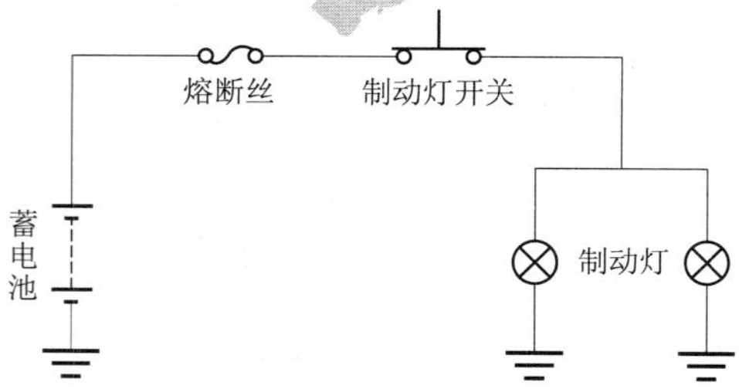

图 5－21　制动灯电路原理

任务评价

（一）课堂练习

1. 判断题

（1）一般情况下，制动灯与尾灯共用灯泡，其功率为 50 kW 左右。　（　　）

（2）每个制动灯都各自带有一个保险丝。　（　　）

（3）踩下制动踏板，只有一侧制动灯被点亮，则可能是保险丝烧断。　（　　）

2. 选择题

（1）汽车信号系统的作用是：通过（　　）向其他车辆的司机和行人发出警示、引起注意，确保车辆行驶的安全。

A. 信号和灯光　　B. 声响和报警信号

C. 灯光和报警信号　　D. 声响和灯光

（2）下面哪一种灯不属于信号系统的组成部分？（　　）

A. 转向灯　　B. 室内顶灯

C. 制动灯　　D. 危险警告灯

（二）技能评价

技能评价见表 5－9。

表 5-9　技能评价

序号	内容	分值	得分
1	熟练拆卸制动灯总成	10	
2	正确检查制动灯总成	20	
3	熟练安装制动灯总成	10	
4	熟练拆卸制动灯开关总成	10	
5	正确检查制动灯开关总成	20	
6	正确检查新的制动灯开关总成	20	
7	熟练安装制动灯开关总成	10	
总分		100	

（注：操作规范即得分，操作错误或未进行操作即 0 分）

学习任务 3　喇叭及控制电路检修

任务目标和学习重点

任务目标

1. 能够认知喇叭的结构。
2. 能够识读喇叭控制电路。
3. 了解喇叭常见故障。
4. 规范完成喇叭及控制电路的检修工作。

学习重点

喇叭常见故障分析及其检修的任务实施。

知识准备

1. 喇叭结构

汽车喇叭是汽车行驶中的声响警示装置。在汽车的行驶过程中，驾驶员根据需要和规定发出必需的音响信号，警告行人和引起其他车辆注意，以保证交通安全，同时还用于催行和传递信号。汽车喇叭主要由膜片、衔铁、线圈、触点以及共鸣片等几部分组成，如图 5-22 所示。

2. 电喇叭工作原理

当按下汽车转向盘上的喇叭按钮时，就形成了电流通路：蓄电池正极→线圈→活动触点臂→触点→固定触点臂→按钮→搭铁→蓄电池负极。线圈通电产生吸力，上铁芯被吸与下铁芯撞击，产生较低的基本频率，并激励膜片及与膜片连成一体的共鸣板产生共鸣，从而发出比基本频率强得多而且分布比较集中的谐音。同时压下动触点臂，使触点分开以切断电路，电磁力消失。当铁芯磁力消失后，衔铁又回到原位，触点重新闭合，电路再次接通。这样线圈中将流过时通时断的电流，因此振动膜片时吸时放，产生高频振动而发出音响。电喇叭的工作原理如图 5－23 所示。

图 5－22　喇叭结构

1—膜片；2—静触点；3—动触点；4—衔铁；5—共鸣板；6—线圈；7—音调调整螺钉；8—音量调整螺钉

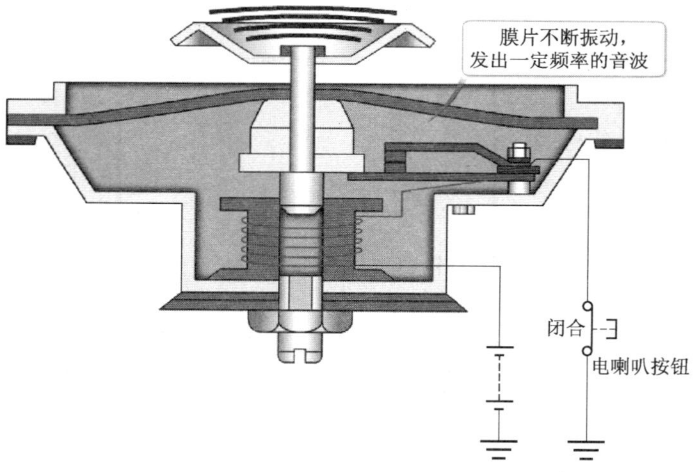

图 5－23　电喇叭的工作原理

3. 喇叭常见故障

在很多有关喇叭的故障中，出现问题时往往是喇叭本身的故障，特别是某些汽车设计的喇叭安装位置存在缺陷，在下雨时很容易使喇叭被雨水淋湿，造成喇叭的损坏。常见的喇叭故障如下：

（1）有时不响。按喇叭开关，如果喇叭有时响、有时不响，多是喇叭内部的触点接触不好，有些也是喇叭本身的问题。

（2）声音沙哑。多是由于插头接触不良，特别是转向盘周围的各个触点，由于使用频繁，容易出现磨损。

（3）完全不响。首先检查熔丝看是否熔断，然后拔下喇叭插头，用万用表测量在按喇叭开关时此处是否有电。如果没电，应检查喇叭线束和喇叭继电器；如果有电，则是喇叭本身的问题，此时也可以试着调节喇叭上的调节螺母看是否能发声，如果还是不响，则需要更换喇叭。

4. 电喇叭故障分析

喇叭不响是电气中的常见问题，遇到此类问题时，首先确认汽车电源系统工作正常，然后再进一步检测喇叭电路。

查看喇叭的电路原理，如果喇叭不发声，故障原因可能在电路中的保险丝、喇叭继电器、喇叭按钮处，其中任何一处出现故障，均可能导致喇叭电路断路，引起喇叭不响。

另外，两侧喇叭不响，还有可能是因为连接线路松动，或两侧喇叭同时坏掉，这种情况发生的概率较低，但也要考虑在内。

归纳起来，喇叭不响的故障原因主要有：喇叭按钮故障；保险丝故障；喇叭继电器故障；螺旋电缆故障；连接线路故障；喇叭本身故障。

2007 款卡罗拉 1. 6 L/AT 轿车喇叭信号控制电路如图 5 - 24 所示。

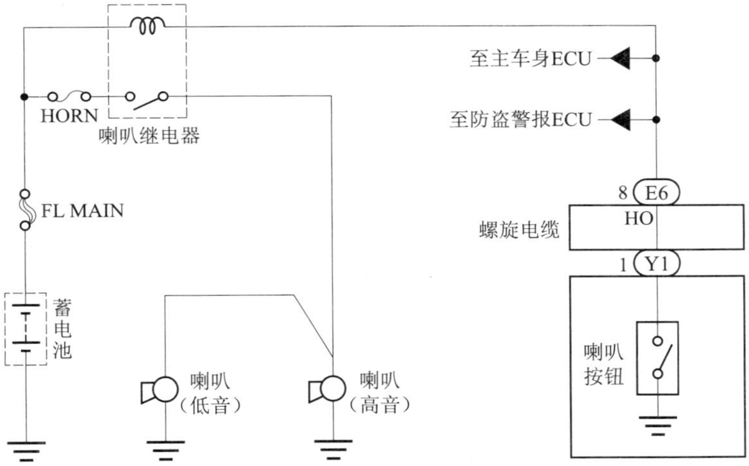

图 5 - 24　2007 款卡罗拉 1. 6 L/AT 轿车喇叭信号控制电路

任务实施

（一）实施方案

1. 质量要求

参照厂家的质量标准要求。

2. 组织方式

每四位同学一组，检修卡罗拉车上的喇叭，按照企业岗位操作规范进行作业。

每组作业时间为 30 分钟。

3. 作业准备

（1）技术要求与标准。

严格按照安全操作规程，熟练快速地检查汽车喇叭。

在检测过程中使用蓄电池时，不要将检测仪的正极和负极探针离得太近，以免发生短路。

（2）设备器材：常用工具（一套），如图5－25所示。

（3）场地设施：理实一体化教室、废气排放装置和消防设施等。

（4）设备设施：2007款卡罗拉1.6 L/AT轿车、工具车、零件车、垃圾桶等。

（5）安全防护：车轮挡块、室内三件套等。

（6）耗材：干净抹布。

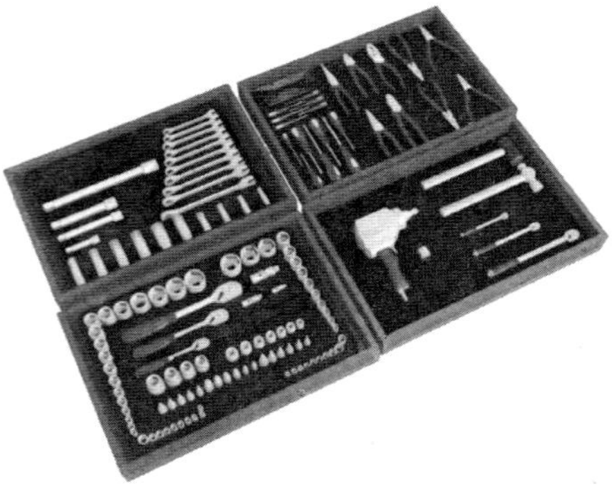

图5－25　常用工具（一套）

（二）操作步骤

1．检查喇叭按钮（见图5－26）

从车辆上拆下方向盘装饰盖，目视检查方向盘装饰盖上的喇叭按钮接触片是否变形或烧蚀损坏，如有变形，则换上新的方向盘装饰盖。

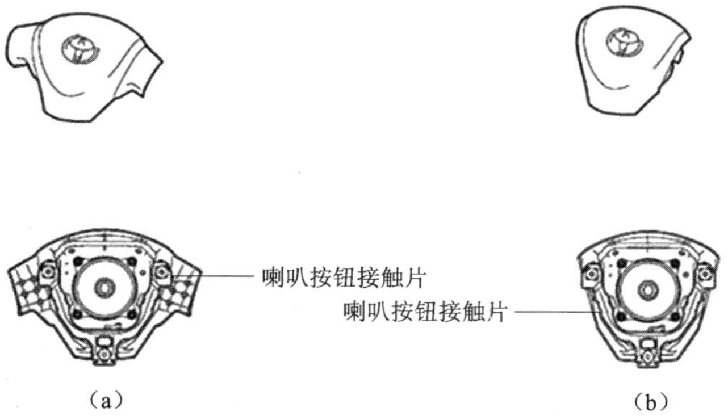

图5－26　检查喇叭按钮

（a）不带方向盘装饰盖开关；（b）带方向盘装饰盖开关

2．检查保险丝

（1）打开发动机舱中的继电器盒盖，找到喇叭继电器，继电器的具体位置可查阅继电器盒盖内侧上的分布图，然后用熔断器夹将其取下。

（2）目测熔断器是否烧坏，如果无法目测，则选用数字万用表测量熔断器两插脚之间的电阻，如测得的阻值为∞，则说明熔断器已烧坏，需要进行更换。

3．检查喇叭继电器

从发动机舱的继电器盒中拆下集成继电器，如图5－27所示，其各端子间电阻值参照表5－10中的标准电阻。

如果检测的结果不符合以上标准，则更换集成继电器。

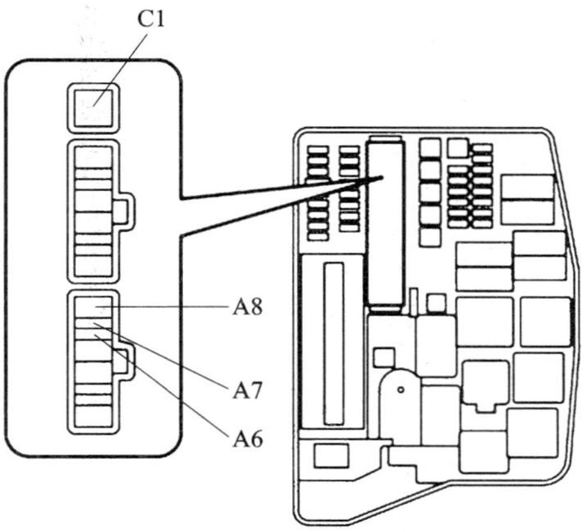

图 5－27　端子

表 5－10　标准电阻（一）

检测仪连接	条件	规定状态
C1 － A8	蓄电池电压没有施加在端子 A6 和 A7 上时	10 kΩ 或更大
C1 － A8	蓄电池电压施加在端子 A6 和 A7 上时	小于 1 Ω

4. 检查螺旋电缆

（1）拆卸螺旋电缆。

（2）检查螺旋电缆。

① 目测观察连接器或者螺旋电缆上是否有划痕、裂缝、凹痕或碎片。如果有，则需要换上新的螺旋电缆。

② 检查螺旋电缆。

注意事项

为避免螺旋电缆损坏，转动螺旋电缆时不要超过必要的圈数，见表 5－11。

表 5－11　标准电阻（二）

检测仪连接	条件	规定状态
Y1 －1 － E6 －8（HO）	中央	小于 1 Ω
	向左转 2.5 圈	
	向右转 2.5 圈	
Y1 －1 － E6 －3（CCS）	中央	小于 1 Ω
	向左转 2.5 圈	
	向右转 2.5 圈	
Y1 －2 － E6 －4（ECC）	中央	小于 1 Ω
	向左转 2.5 圈	
	向右转 2.5 圈	

续表

检测仪连接	条件	规定状态
Y1－5－E6－12（IL＋2）	中央	小于 1 Ω
	向左转 2.5 圈	
	向右转 2.5 圈	
Y1－8－E6－4（EAU）	中央	小于 1 Ω
	向左转 2.5 圈	
	向右转 2.5 圈	
Y1－9－E6－5（AU2）	中央	小于 1 Ω
	向左转 2.5 圈	
	向右转 2.5 圈	
Y1－10－E6－6（AU1）	中央	小于 1 Ω
	向左转 2.5 圈	
	向右转 2.5 圈	
Y3－1－E－2（D－）	中央	小于 1 Ω
	向左转 2.5 圈	
	向右转 2.5 圈	
Y3－2－E7－1（D＋）	中央	小于 1 Ω
	向左转 2.5 圈	
	向右转 2.5 圈	

如果数值不在规定的范围内，则需更换螺旋电缆。

（3）安装螺旋电缆。螺旋电缆端子如图 5－28 所示。

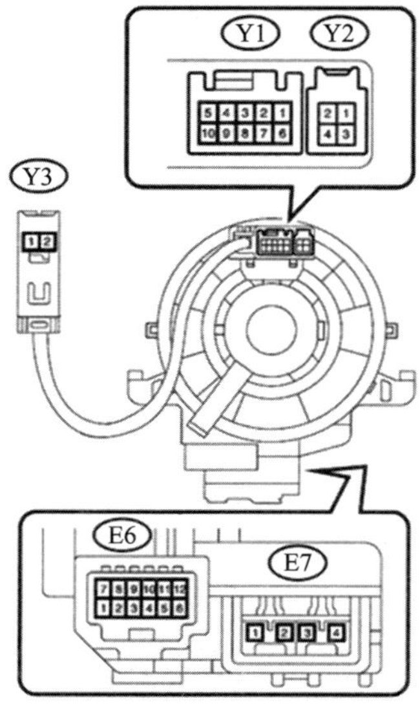

图 5－28　螺旋电缆端子

5. 检查线束

（1）轻轻地上下或者左右摆动电气配线以检查故障，主要检查接头的根部，查看导线是否从端子中脱开，如果有这种情况，需要进行紧固或者更换新的配线。

（2）断开插接器，查看线头是否被锈蚀或腐蚀，如果有，则需要更换新的配线。

6. 检查电喇叭

（1）拆卸散热器上空气导流板，如图 5－29 所示。拆下 6 个卡子和散热器上空气导流板。

（2）拆卸散热器格栅防护罩。拆下 2 个散热器格栅防护罩。

（3）拆卸前保险杠总成。

① 沿前保险杠总成四周粘贴保护性胶带，如图 5－30 所示。

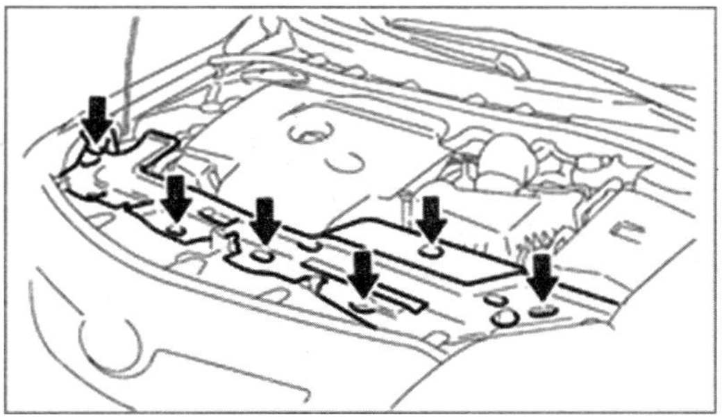

图 5-29　拆卸散热器上空气导流板

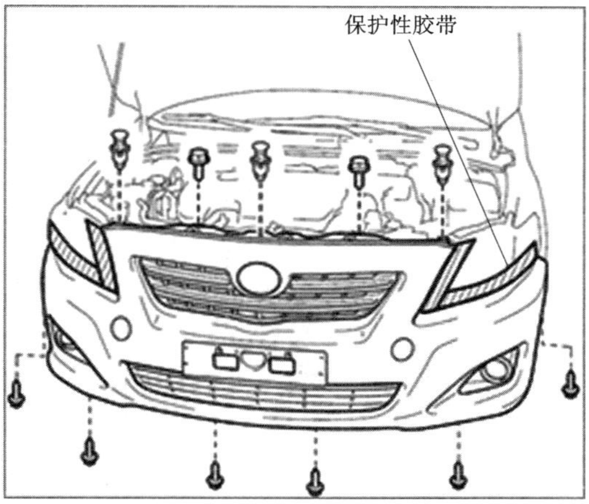

图 5-30　粘贴保护性胶带

② 拆下 6 个螺钉、2 个螺栓和 3 个卡子。

注意事项

带有前大灯清洗器系统的需排空清洗液。

(4) 拆卸低音喇叭总成。

① 断开连接器。

② 拆下螺栓和低音喇叭总成。

(5) 检查低音喇叭总成。

① 参照图 5-31 所示方式连接蓄电池与低音喇叭总成，如果喇叭鸣响，则说明其工作正常。

② 按照相同方式检查高音喇叭。

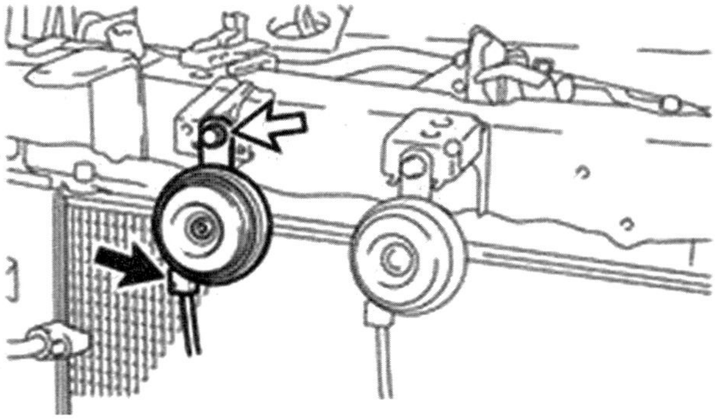

图 5-31　检查低音喇叭总成

(6) 安装高、低音喇叭。

按拆卸时相反顺序安装高、低音喇叭，如图 5-32 所示。

当诊断与维修工作结束后，用洁净的布将工具擦干净并放回工具箱，将废弃物分门别类地放入相应的垃圾桶，并将工作现场打扫干净。

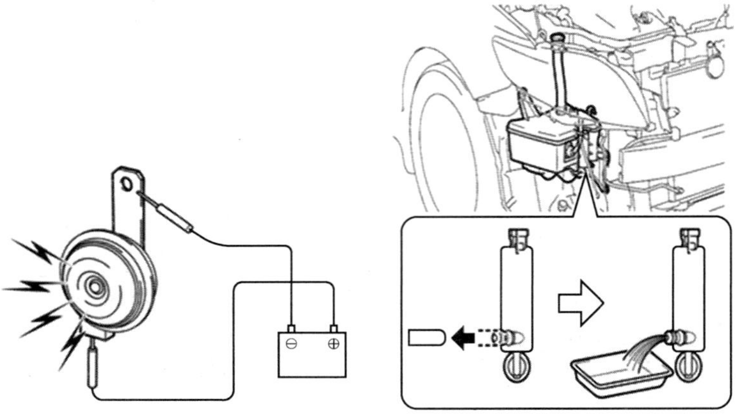

图 5－32　安装高、低音喇叭

任务小结

1. 喇叭结构

汽车喇叭主要由膜片、衔铁、线圈、触点以及共鸣片等几部分组成。

2. 喇叭常见故障

常见的喇叭故障如下：

（1）有时不响。

（2）声音沙哑。

（3）完全不响。

3. 喇叭不响故障原因

喇叭不响的故障原因主要有：喇叭按钮故障；保险丝故障；喇叭继电器故障；螺旋电缆故障；连接线路故障；喇叭本身故障。

4. 喇叭信号控制电路

2007 款卡罗拉 1.6 L/AT 轿车喇叭信号控制电路如图 5－33 所示。

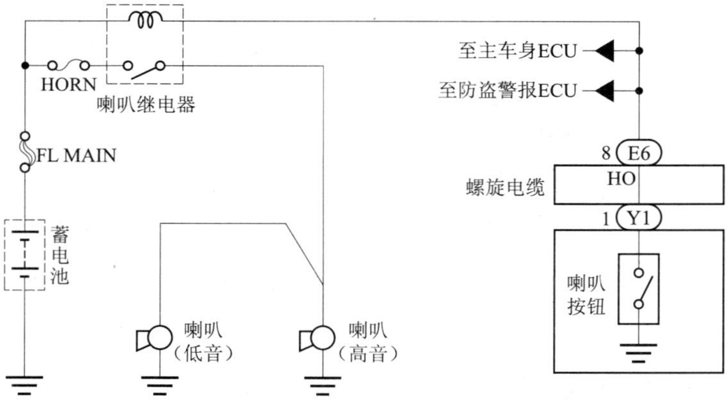

图 5－33　2007 款卡罗拉 1.6 L/AT 轿车喇叭信号控制电路

任务评价

（一）课堂练习

1. 判断题

（1）喇叭常见故障有：有时不响、声音沙哑和完全不响三种。（　　）

（2）喇叭的音量越响越好。（　　）

2. 选择题

（1）造成喇叭不响的故障原因有（　　）。

A. 喇叭按钮故障　B. 熔断丝烧断　C. 继电器故障　D. 以上都正确

（2）安装喇叭时标有字母“H”的是表示（　　）。

A. 低音喇叭　B. 双线制喇叭　C. 高音喇叭　D. 气喇叭

（3）电喇叭继电器搭铁或继电器触点烧结，均会导致电喇叭（　　）。

A. 不响　B. 声音异常　C. 音量过小　D. 长鸣

（二）技能评价

技能评价见表 5－12。

表 5－12　技能评价

序号	内容	分值	得分
1	能正确选用工具进行相关数据的测量	10	
2	检查喇叭按钮	10	
3	检查保险丝	10	
4	检查喇叭继电器	10	
5	检查螺旋电缆	10	
6	检查线束	10	
7	拆卸喇叭	10	
8	检查喇叭	20	
9	安装喇叭	10	
总分		100	

（注：操作规范即得分，操作错误或未进行操作即 0 分）

项目六

辅助电气设备检修

项目导入 Project introduction

汽车电气设备除了前面任务中介绍的电源系统、起动系统、照明与信号系统和空调系统之外，还包括辅助电气设备，诸如雨刮器、中控门锁、电动车窗和电动后视镜、电动座椅等，它们提高了汽车行驶的安全性、可靠性和舒适性。

本项目主要是通过检查雨刮器、电动车窗、中控门锁、电动座椅和电动后视镜的实践操作，使学生认知这些辅助电气设备的构造和工作原理以及相应的检修方法的。

学习目标 Learning target

素养目标：

1. 了解安全操作要求，养成安全文明操作的习惯。
2. 养成组员之间互相协作的习惯。
3. 实施操作结束后，清洁工具，并将工具设备归位，清洁场地。

技能目标：

按照标准工艺流程，完成相应的辅助电气设备的检修作业项目。

知识目标：

1. 能够认知辅助电气设备的结构和工作原理。
2. 了解辅助电气设备的常见故障现象和原因。

学习任务 Learning tasks

学习任务 1

- 雨刮器检修

学习任务 2

- 电动车窗检修

学习任务 3

- 中控门锁检修

学习任务 4

- 电动座椅检修

学习任务 5

- 电动后视镜检修

学习任务 6

- 安全气囊检修

学习任务 1　雨刮系统检修

任务目标和学习重点

任务目标

1. 能够描述雨刮器的结构和工作原理。
2. 按照标准工艺流程对雨刮器进行检修。

学习重点

雨刮器的工作原理及其检修的任务实施。

知识准备

1. 雨刮器

为了保证雨、雪天时驾驶员有良好的视线，汽车上都装有雨刮器。图 6－1 所示为电动雨刮器的结构。

雨刮器电动机主要由电枢、永久磁铁、电刷、触点、涡轮和铜环组成，如图 6－2 所示。

2. 雨刮器的工作原理

通过控制雨刮器开关，可实现雨刮器的停机复位、低速运转、高速运转、间歇运转、间歇控制和喷水器工作，其工作过程如下：

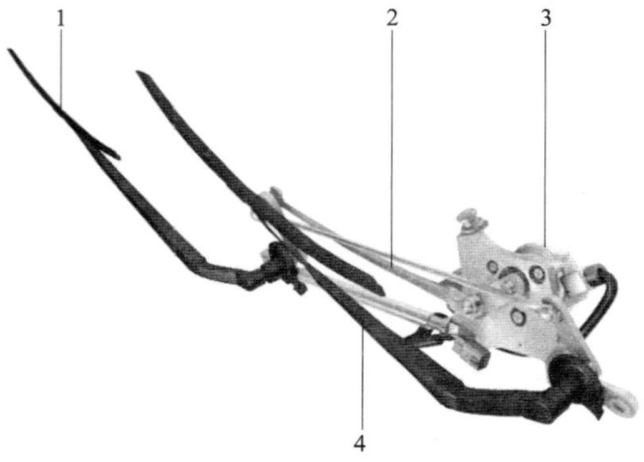

图 6-1　电动雨刮器结构

1—刮水片；2—刮水器传动机构；
3—电动机；4—刮水片摇臂

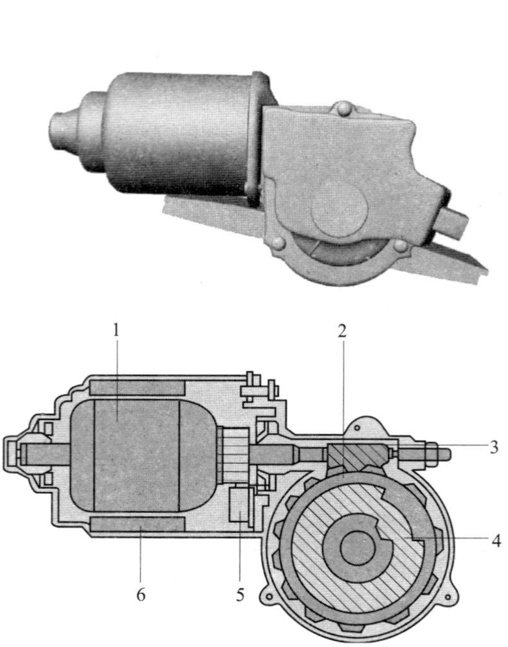

图 6-2　雨刮器电动机组成

1—电枢；2—触点；3—涡轮；4—铜环；
5—电刷；6—永久磁铁

如果在任意时刻刮水结束后，刮水片没有停到适当位置，则自动复位开关触片将接触，电流继续流入电枢，其电路为蓄电池（+）→电源开关→雨刮器电动机→雨刮器开关→自动复位开关触片→搭铁→蓄电池（-），由此电动机仍以低速运行。当刮水片摆到适当位置后，自动复位开关触片分离，切断电动机的搭铁线，电动机迅速停止运转，使刮水片复位到风窗玻璃的下部。

电源开关接通后，当雨刮器开关置于“LO”挡时，电流从蓄电池（+）→电源开关→熔断器→雨刮器电动机→雨刮器开关→自动复位开关触片→搭铁→蓄电池（-），雨刮器电动机通电，如图 6-3 所示。因为电路中与雨刮器电动机串联的电枢绕组较多，故电枢在永久磁场作用下低速运转。

电源开关接通后，当雨刮器开关置于“HL”挡时，电流从蓄电池（+）→电源开关→熔断器→雨刮器开关→雨刮器电动机→搭铁→蓄电池（-），雨刮器电动机通电，如图 6-4 所示。因为电路中与雨刮器电动机串联的电枢绕组较少，故电枢在永久磁场作用下高速运转。

电源开关接通后，当雨刮器开关置于“INT”挡时，雨刮器电动机就在间歇继电器的控制下工作，此时电路为蓄电池（+）→电源开关→熔断器→间歇继电器→雨刮器电动机→搭铁→蓄电池（-），雨刮器电动机通电，按每 2~12 s 刮水一次的规律自动停止和刮水，如图 6-5 所示。

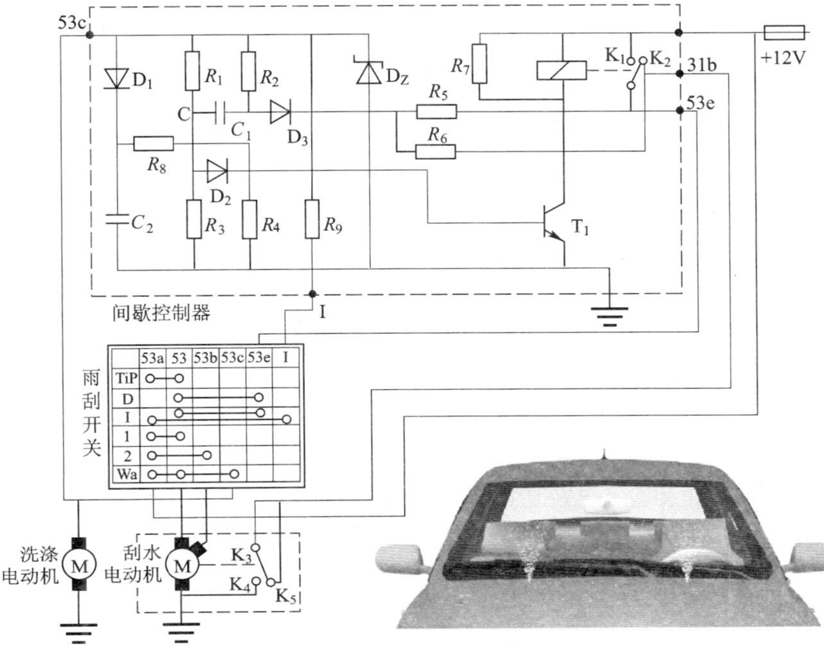

图 6－3　雨刮器低速挡电路

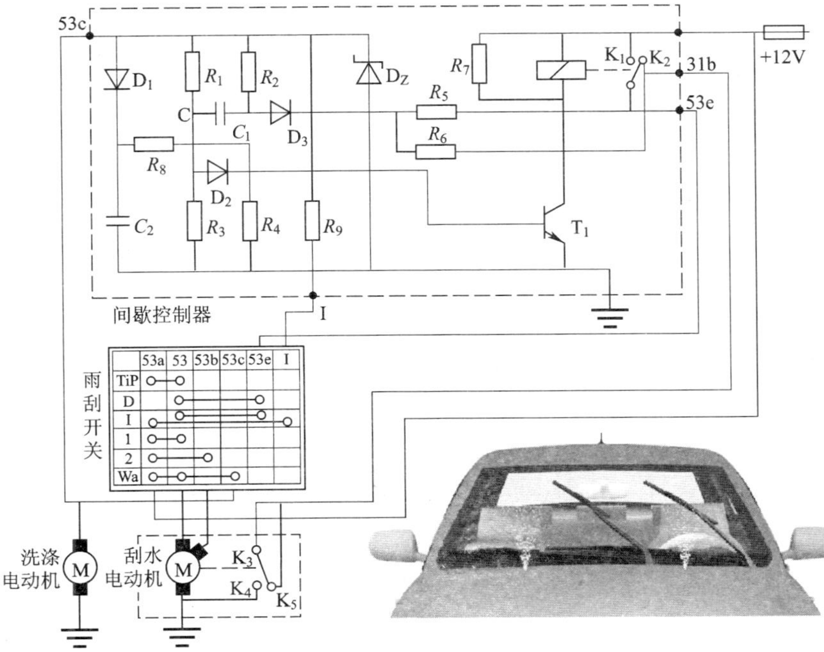

图 6－4　雨刮器高速挡电路

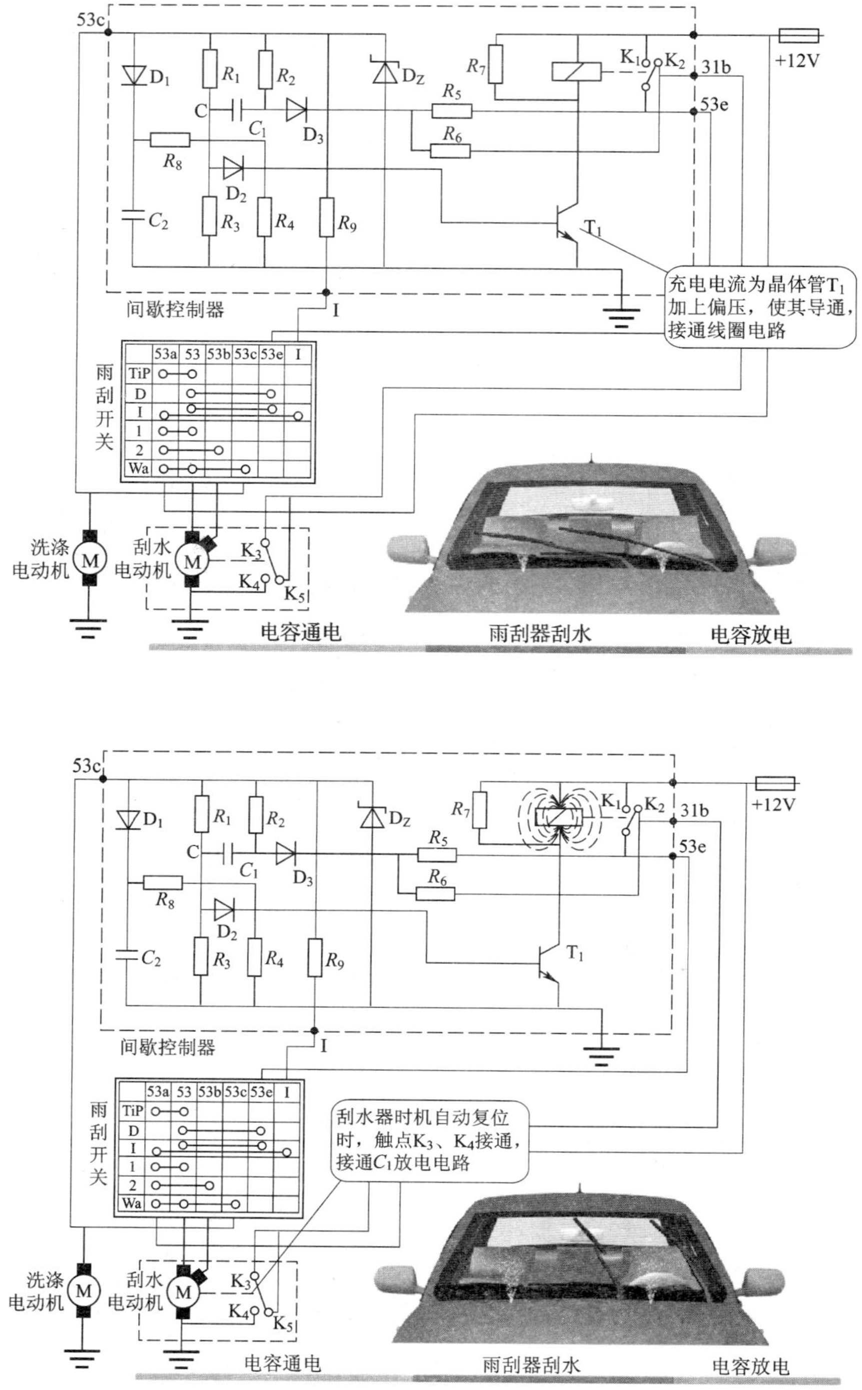

图 6-5　雨刮器间歇挡电路

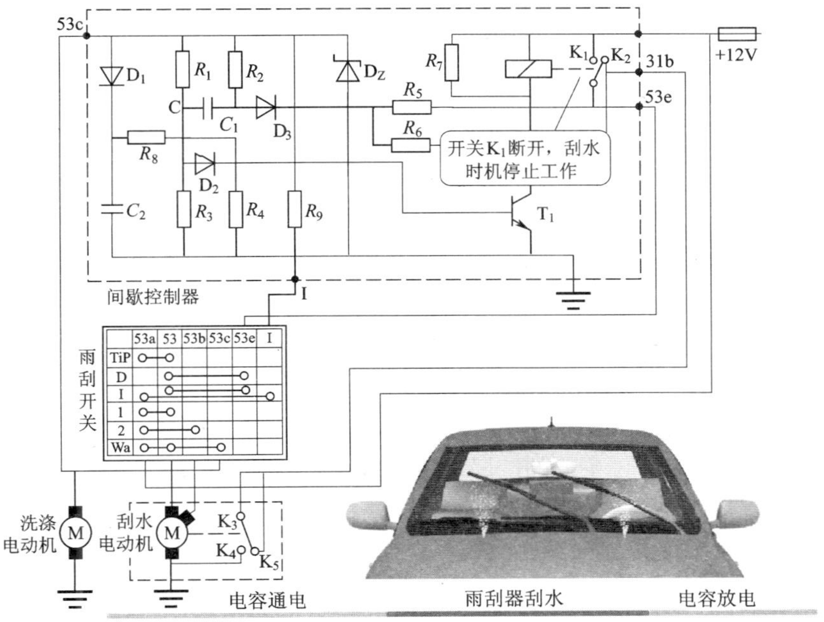

图 6－5　雨刮器间歇挡电路（续）

电源开关接通后，当雨刮器开关置于“PULL”挡时，雨刮器电动机就在间歇继电器的控制下工作，此时电路为蓄电池（＋）→电源开关→熔断器→雨刮器开关→雨刮器电动机→洗涤电动机→搭铁→蓄电池（－），雨刮器电动机通电，按每 2～12 s 刮水一次的规律自动停止和刮水，如图 6－6 所示。

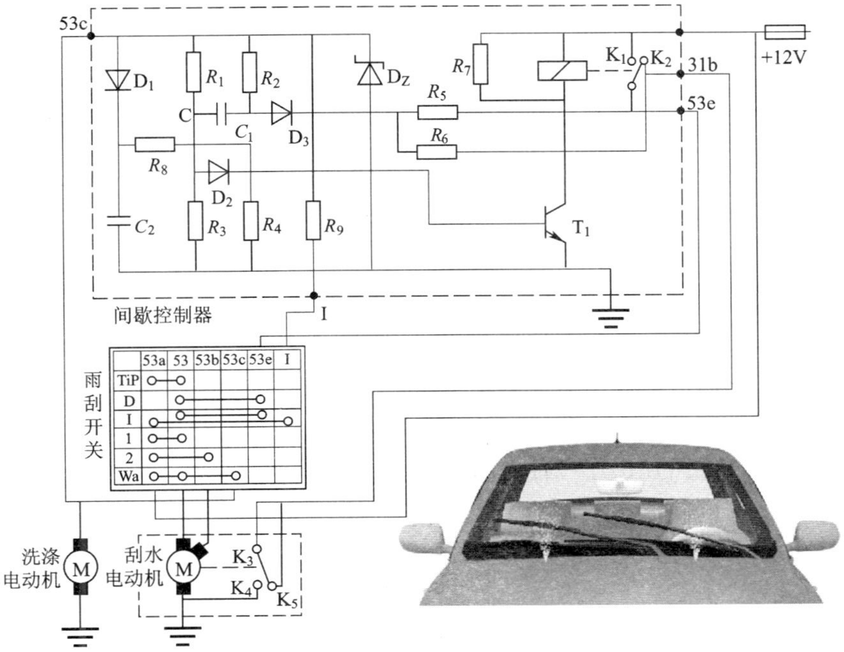

图 6－6　喷水器工作电路

3. 雨刮器常见故障现象

雨刮器不工作是电气部分的典型故障，其主要有四个典型故障现象。

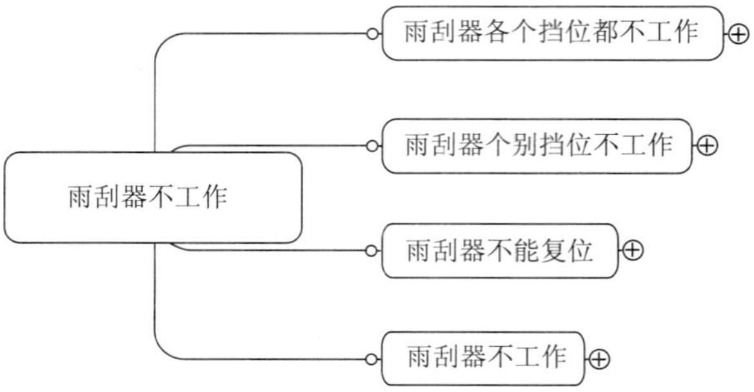

当发现雨刮器不工作时，主要的故障原因可能有：

（1）熔断器断路；

（2）雨刮开关损坏；

（3）雨刮电动机烧毁；

（4）机械传动部分连接处锈蚀或松脱；

（5）控制线路有断路或短路。

任务实施

（一）实施方案

1. 质量要求

参照厂家的质量标准要求。

2. 组织方式

每四位同学一组，检修2007款卡罗拉1.6 L/AT轿车上的蓄电池，按照企业岗位操作规范进行作业。

每组作业时间为90分钟。

3. 作业准备

（1）技术要求与注意事项。

① 注意万能表使用中应选择合适的挡位。

② 使用电路图册时，要注意避免破损，电路图应与使用车型相对应。

③ 一般来说，汽车蓄电池电源线搭铁电源为12 V，发电机正常输出电压不超过14 V。

④ 注意防止电气线路在操作过程中的短路。

⑤ 维修手册所述的其他相关要求。

（2）设备器材：常用工具（一套）、万用表，如图6－7所示。

（3）场地设施：理实一体化教室、废气排放装置和消防设施等。

（4）设备设施：2007款卡罗拉1.6 L/AT轿车、工具车、零件车、垃圾桶等。

（5）安全防护：车轮挡块、室内三件套等。

（6）耗材：干净抹布、常用工具、试灯、导线、汽车电路图册、汽车维修手册等。

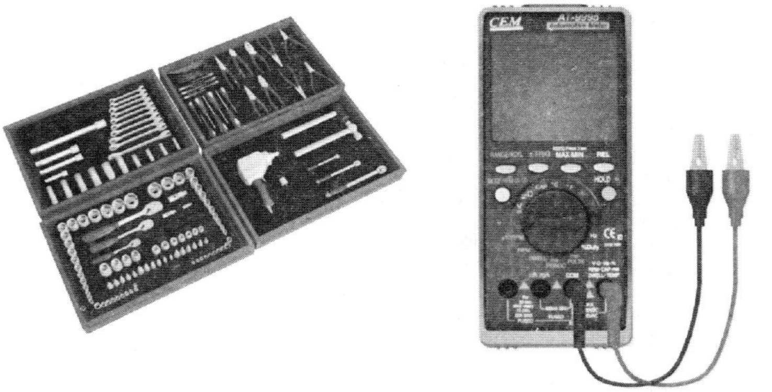

（a）　　　　　　　　　　（b）

图 6－7　设备器材

（a）常用工具（一套）；（b）万用表

（二）操作步骤

1．检测熔断器

打开驾驶室中的仪表板接线盒（见图 6－8），选用缠有保护胶带的一字螺丝刀撬开仪表板接线盒装饰盖，找到雨刮保险丝（见图 6－9），然后用熔断器夹将其取下。

图 6－8　打开仪表板接线盒

图 6－9　找到雨刮保险丝

目测熔断器是否烧坏，如果无法目测，则选用数字万用表测量熔断器两插脚之间的电阻，如测得的阻值为0，则说明熔断器已烧坏，需要进行更换。如图6－10和图6－11所示。

图6－10　烧坏的保险丝

图6－11　完好的保险丝

更换熔断器之前，先要查清电路是否过载，如果有则先要进行排除，否则新换的熔断器也将很快会被熔断。

2. 检查雨刮电动机

将雨刮电动机拆下来，测试各个挡位运转是否正常、运转速度是否正常，能否停止在规定位置，如果上述测试中有一项没通过，则更换雨刮电动机。

（1）雨刮电动机拆卸。

① 选用一字螺丝刀，用胶布将螺丝刀头部包好，然后拆卸刮水器臂端盖，如图6－12所示。

② 选用14 mm套筒、棘轮扳手拆卸刮水器臂锁止螺母，然后拆下刮水器臂和刮水片总成，如图6－13所示。

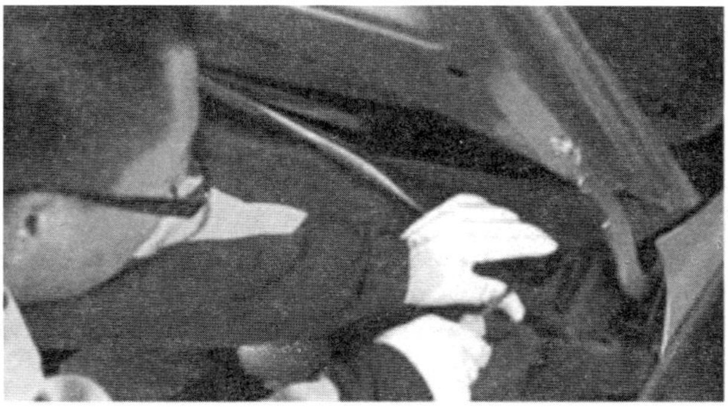

图 6－12 拆卸刮水器臂端盖

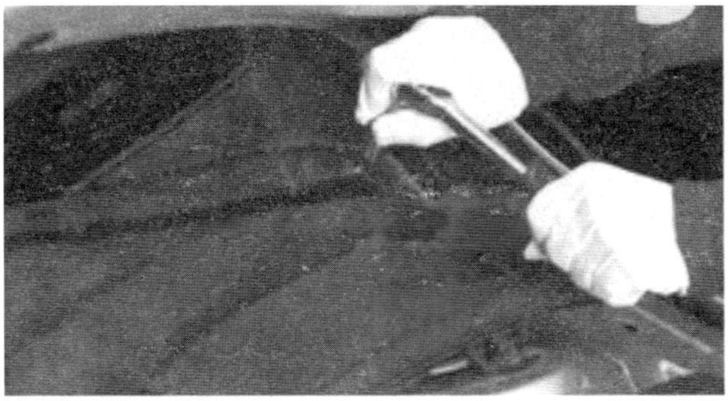

图 6－13 拆卸刮水器臂和刮水片总成

③ 脱开 7 个卡子并拆下发动机盖至前围上板密封，如图 6－14 所示。

图 6－14 拆下发动机盖至前围上板密封

注意事项

拆卸时注意密封条上的卡扣不要掉落。

④ 脱开卡子和 14 个卡爪，并拆下右前围板上通风栅板，用同样的方式拆下左前围板上通风栅板，如图 6－15 所示。

注意事项

在拆卸时不要碰到前挡风玻璃，以免造成不必要的损失。

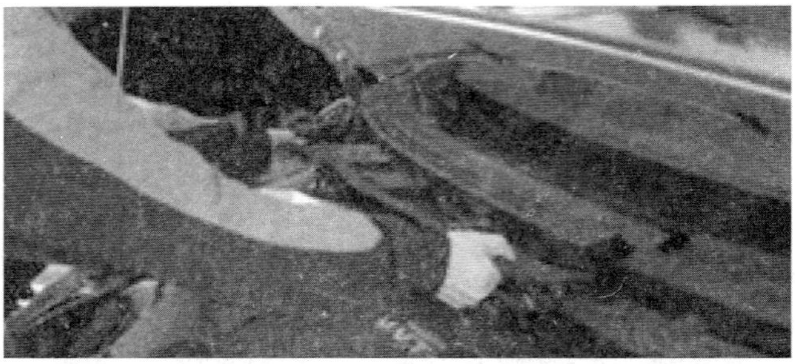

图 6－15 拆下左前围前围板上通风栅板

⑤ 松开雨刮电动机线束固定卡夹，断开线束连接器，如图 6－16 所示。

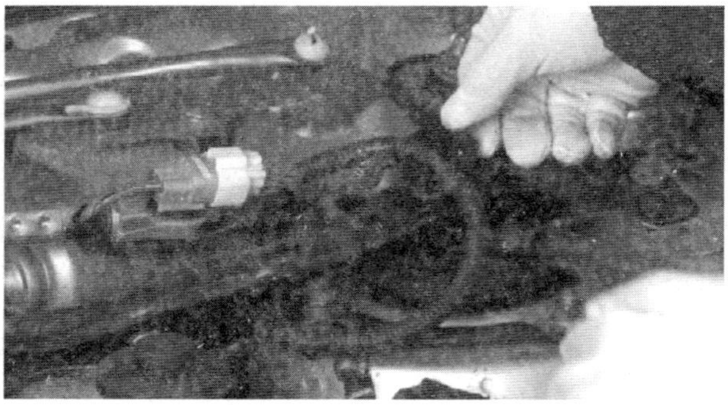

图 6－16 断开线束连接器

⑥ 选用 10 mm 套筒、棘轮扳手拆下 2 个螺栓与挡风玻璃雨刮电动机和连杆总成，如图 6－17 所示。

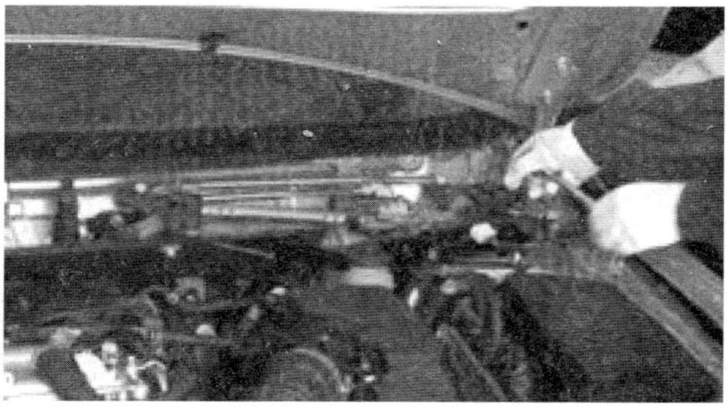

图 6－17 拆下雨刮电动机和连杆总成

（2）雨刮电动机检查。

① 检查刮水器的零件号是否完整、完好。找到雨刮电动机的线束端，按后续检测方法对雨刮电动机进行检查，如图 6－18 所示。

② 检查 LO 操作，如图 6－19 所示。

将蓄电池正极引线连接至端子 5，将蓄电池负极引线连接至端子 4，检查并确认电动机低速运行。正常：电动机低速（LO）运行。

③ 检查 HI 操作，如图 6－20 所示。

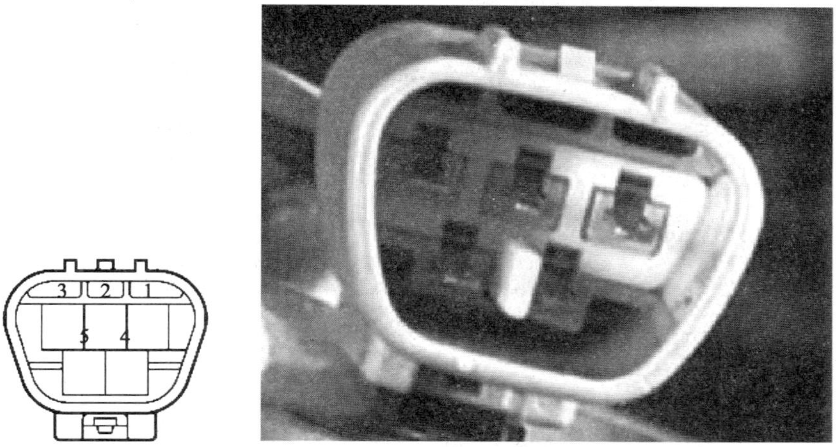

图 6－18　检查雨刮电动机

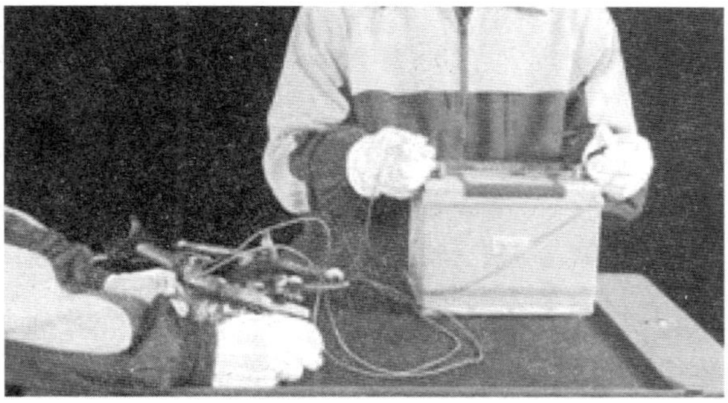

图 6－19　检查 LO

图 6－20　检查 HI

将蓄电池正极引线连接至端子 3，将蓄电池负极引线连接至端子 4，检查并确认电动机高速运行。正常：电动机高速（HI）运行。

④ 检查自动停止运行，如图 6－21 和图 6－22 所示。

将蓄电池正极引线连接至端子 5，将蓄电池负极引线连接至端子 4，电动机低速旋转时，断开端子 5，使雨刮电动机停止在除自动停止位置外的任何位置。

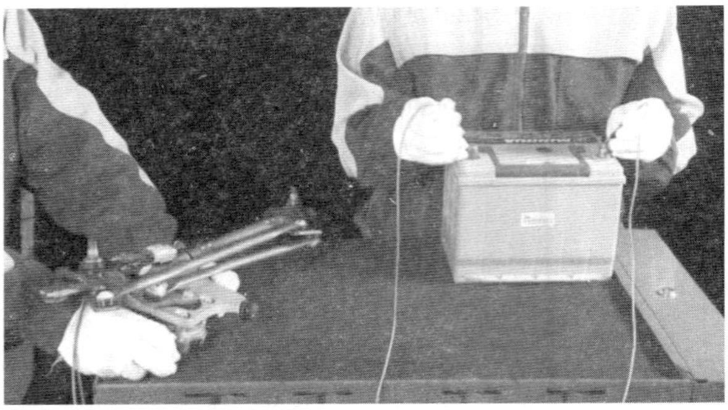

图 6－21 检查自动停止运行（1）

图 6－22 检查自动停止运行（2）

用 SST（SST 09843－18040）连接端子 1 和端子 5，然后将蓄电池正极引线连接至端子 2，将蓄电池负极引线连接至端子 4，以使电动机以低速重新起动。

检查并确认电动机在自动停止位置自动停止。

正常：电动机在自动停止位置自动停止。

注意事项

注意专用测试线的选择和使用，确认各端子的正确连接。

如果结果不符合规定，则更换电动机总成。

（3）雨刮电动机安装。

① 安装挡风玻璃雨刮电动机和连杆总成，如图 6－23 所示。

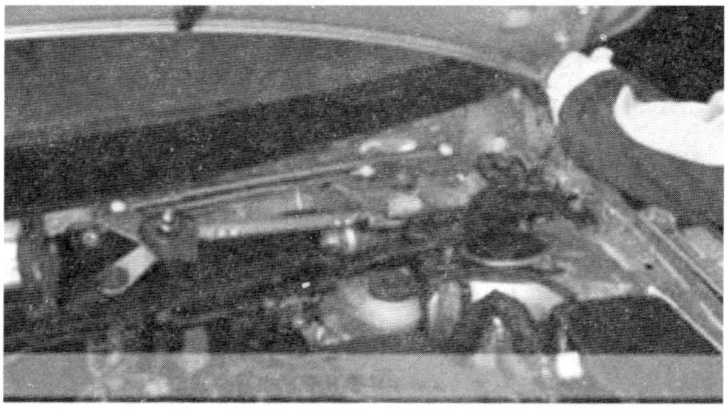

图 6－23 安装电动机和连杆总成

a. 对准挡风玻璃雨刮电动机和连杆总成安装位置，安装 2 个固定螺栓；
b. 选用 10 mm 套筒、接杆、扭力扳手，以规定扭矩（5.4 N · m）紧固 2 个固定螺栓。
② 安装挡风玻璃雨刮电动机线束连接器，如图 6－24 所示。

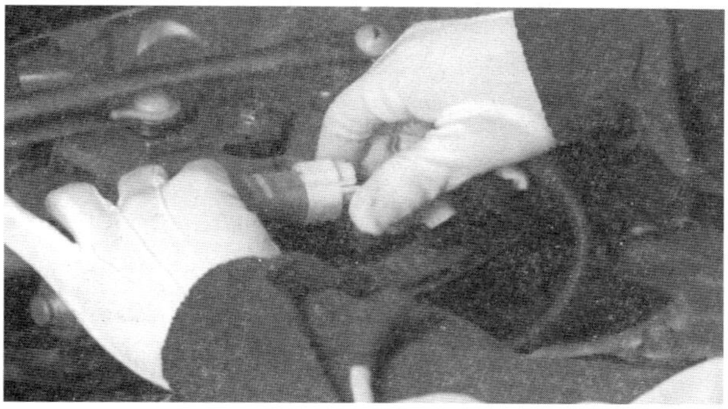

图 6－24　安装电动机线束连接器

a. 插接雨刮电动机线束连接器；
b. 卡上固定卡夹。
③ 安装左前、右前围板上通风栅板，如图 6－25 所示。

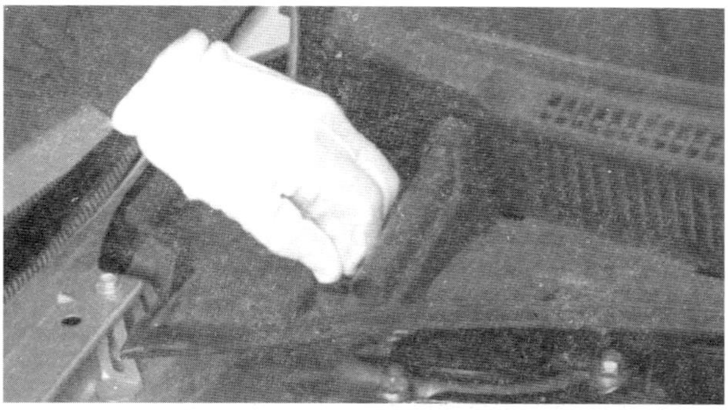

图 6－25　安装左前、右前围板上通风栅板

a. 接合卡子和 8 个卡爪，并安装左前围板上通风栅板；
b. 用同样的方法安装右前围板上通风栅板。
④ 安装发动机盖至前围上板密封，如图 6－26 所示。

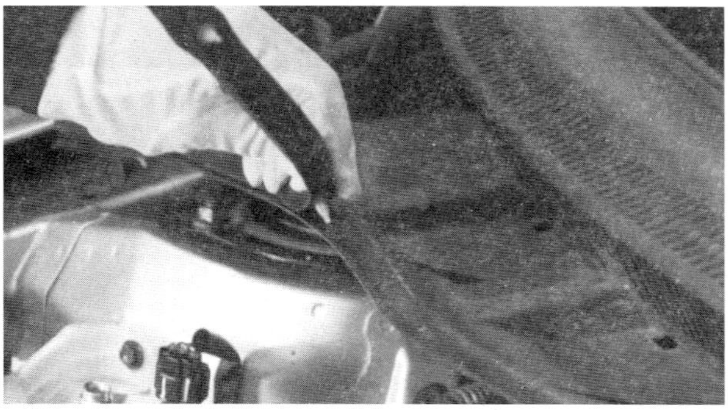

图 6－26　安装发动机盖至前围上板密封

接合7个卡子并安装发动机盖至前围上板密封。

⑤ 安装刮水器臂和刮水片总成，如图6－27所示。

图6－27　安装刮水器臂和刮水片总成

a. 对准安装位置安装，选用14 mm套筒、接杆、扭力扳手，以26 N·m的扭矩紧固雨刮器臂和刮水片总成固定螺栓。

b. 依次安装左前、右前2个雨刮器臂端盖。

注意事项

安装刮水器臂时，应把刮水器臂放在正确的安装位置。

3. 检查雨刮器开关

经过以上步骤的检查，雨刮器仍然不工作，则可能是雨刮开关有故障，将雨刮器开关从转向柱上拆下来进行检测，如果有故障，则更换雨刮器开关总成。

（1）雨刮器开关总成拆卸，如图6－28所示。

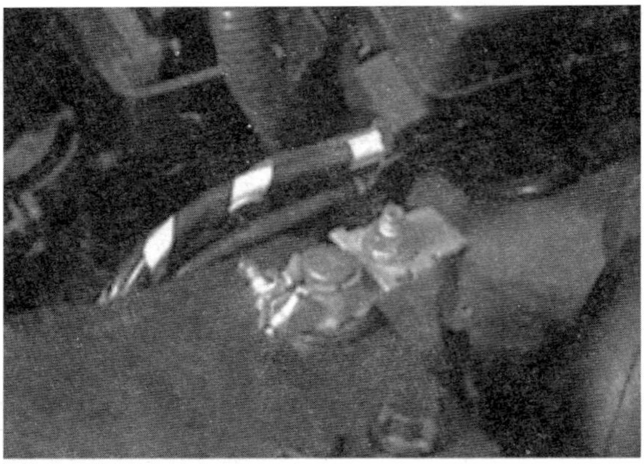

图6－28　雨刮器开关总成拆卸

① 前轮对准直行位置。

② 正确使用工具断开蓄电池负极端子电缆。

注意事项

断开蓄电池电缆后至少要等待90 s，防止气囊展开。

③ 拆卸转向盘装饰盖。

a. 拆卸转向盘下盖，如图6－29所示。

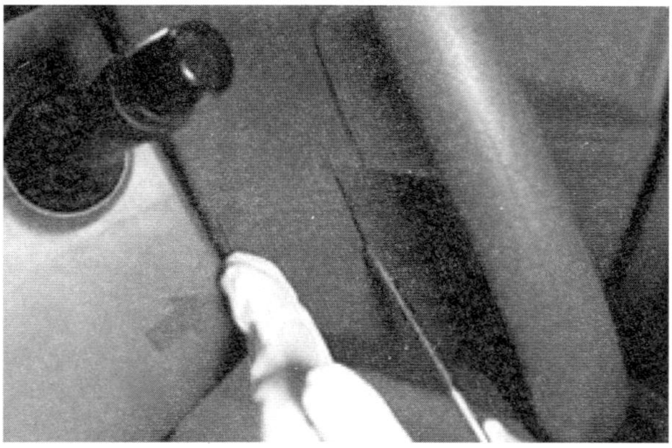

图 6－29　拆卸转向盘下盖

b. 扶住转向盘 3 号下盖下侧，用缠有保护胶带的一字螺丝刀沿 3 号下盖上侧接缝中部撬开卡爪，取下转向盘 3 号盖。

c. 用相同的方法拆卸转向盘 2 号下盖。

d. 松开转向盘装饰盖固定螺钉，如图 6－30 所示。

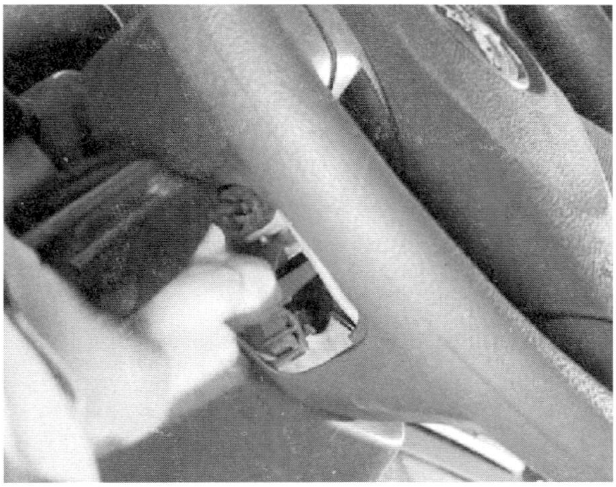

图 6－30　松开转向盘装饰盖固定螺钉

选用“TORX”T30 梅花套筒松开转向盘装饰盖 2 个“TORX”梅花螺钉，直至螺钉边沿的凹槽与螺钉座齐平。

e. 从转向盘总成中拉出转向盘装饰盖，并且用一只手支撑转向盘装饰盖。

f. 断开转向盘装饰盖上线束连接器，如图 6－31 所示。

使用头部缠有保护性胶带的螺丝刀，松开安全气囊连接器的锁扣，断开线束连接器。

g. 在转向盘装饰盖上断开喇叭连接器，取下转向盘装饰盖。

④ 拆卸转向盘总成。

a. 握紧转向盘，选用 19 mm 套筒、接杆、指针式扭力扳手松开转向盘总成固定螺母。

b. 在转向盘总成和转向主轴上做装配标记。

图 6－31　断开转向盘装饰盖上线束连接器

c. 按照维修手册规定，选用 SST（转向盘拆卸专用拉器）拆卸转向盘总成，如图 6－32 所示。

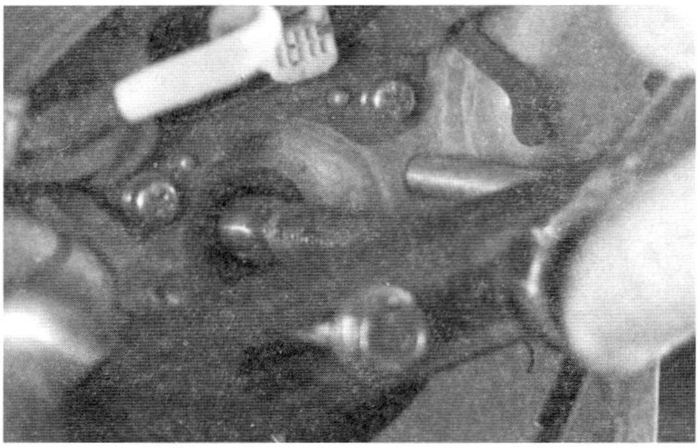

图 6－32　拆卸转向盘总成

⑤ 拆卸带转向角传感器的螺旋电缆。

a. 拆卸转向柱罩，如图 6－33 所示。

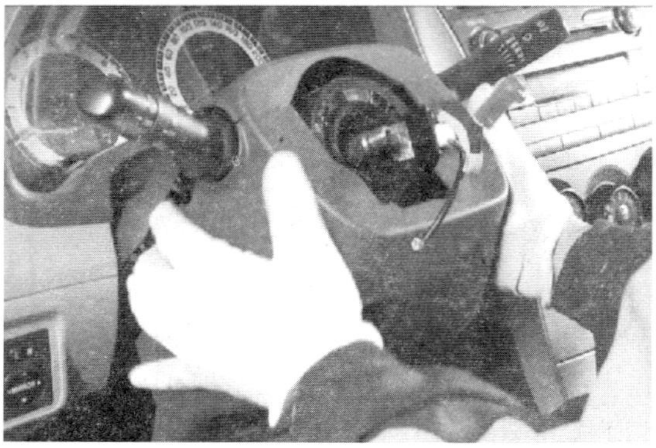

图 6－33　拆卸转向柱罩

用手拉动下转向柱罩的左右两侧，脱开上、下转向柱罩固定卡爪。

拆下下转向柱罩和上转向柱罩。

b. 断开带转向角传感器的螺旋电缆连接器。

按下带转向角传感器的螺旋电缆连接器锁扣，依次分离两个连接器，如图 6－34 所示。

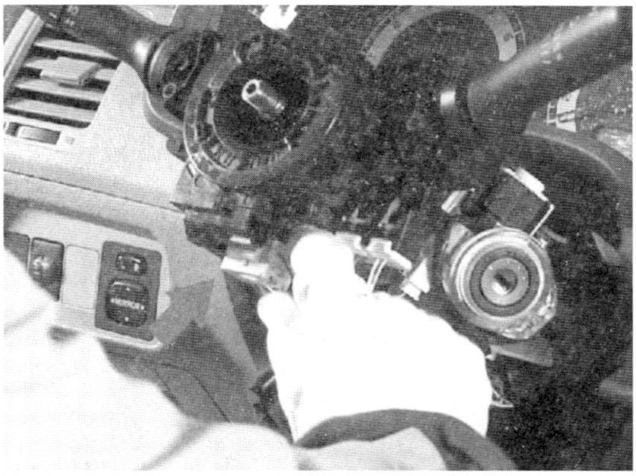

图 6-34　分离连接器

c. 拆卸带转向角传感器的螺旋电缆，如图 6-35 所示。

图 6-35　拆卸带转角传感器的螺旋电缆

依次脱开螺旋电缆 3 个固定卡爪，拆下带转向角传感器的螺旋电缆。

⑥ 拆卸挡风玻璃雨刮器开关。

a. 断开挡风玻璃雨刮器开关连接器，如图 6-36 所示。

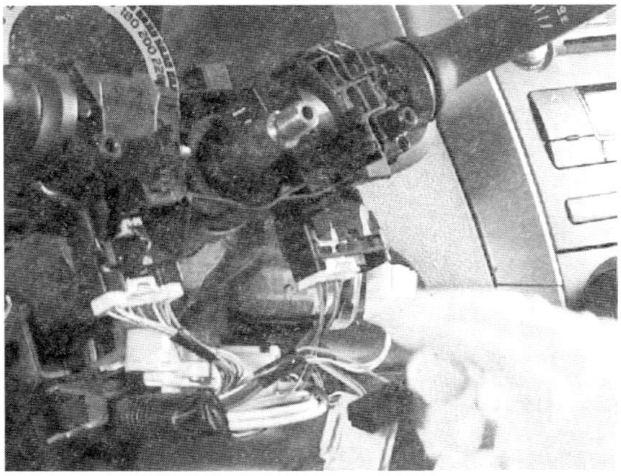

图 6-36　断开挡风玻璃雨刮器开关连接器

按下挡风玻璃雨刮器开关连接器锁扣，依次分离两个连接器。

b. 拆卸挡风玻璃雨刮器开关，如图 6 – 37 所示。

图 6 – 37　拆卸挡风玻璃雨刮器开关

选用头部缠有胶布的螺丝刀，按下挡风玻璃雨刮器开关固定锁扣，分离并拆下挡风玻璃雨刮器开关。

（2）雨刮器开关检查。

① 选用数字万用表检测雨刮器开关，如图 6 – 38 所示，根据表 6 – 1 中的值测量电阻。

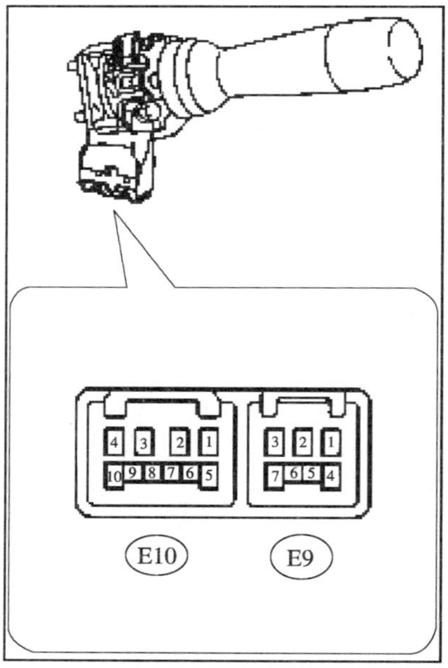

图 6 – 38　雨刮器开关

若测得的阻值与标准不相符，则更换雨刮器开关总成。

② 选用数字万用表检测清洗器开关，根据表 6 – 2 中的值测量电阻。

若测得的阻值与标准不相符，则更换雨刮器开关总成。

表 6－1　雨刮器开关规定状态电阻值

检测仪连接	开关状态	规定状态
E10－1（＋S）－E10－3（＋1）	INT	小于 1 Ω
	OFF	
E10－2（＋B）－E10－3（＋1）	MIST	
	LO	
E10－2（＋B）－E10－4（＋2）	HI	

表 6－2　清洗器开关规定状态电阻值

检测仪连接	开关状态	规定状态
E9－2（EW）－E9－3（WF）	ON	小于 1 Ω
	OFF	10 kΩ 或更大

（3）雨刮器开关安装。

① 安装挡风玻璃雨刮器开关。

a. 对准组合开关安装位置，安装挡风玻璃雨刮器开关，并使固定锁扣锁止牢固，如图 6－39 所示。

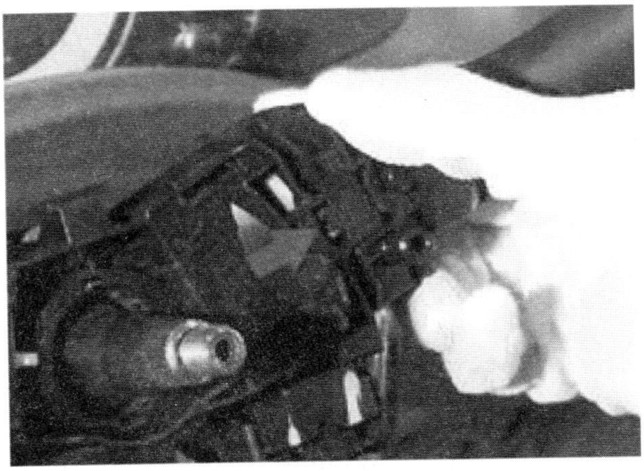

图 6－39　安装挡风玻璃雨刮器开关

b. 依次插接挡风玻璃雨刮器开关两个线束连接器，确保连接器锁止可靠，如图 6－40 所示。

② 安装带转向角传感器的螺旋电缆。

a. 安装带转向角传感器的螺旋电缆，检查并确认车辆前轮正对前方，并将转向信号灯开关置于空挡位置，如图 6－41 所示。

图 6-40　插入雨刮器两个线束

图 6-41　检查转向信号灯开关置于空挡位置

b. 确认安装位置，安装带转向角传感器的螺旋电缆，依次接合 3 个固定卡爪，确保螺旋电缆安装牢固。

c. 连接带转向角传感器的螺旋电缆连接器，依次插接螺旋电缆的两个线束连接器，确保连接器锁止可靠。

d. 安装转向柱罩，如图 6-42 所示。

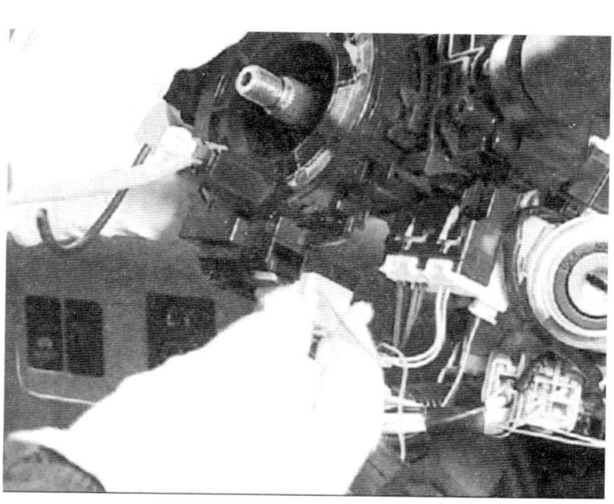

图 6-42　安装转向柱罩

对好上、下转向柱罩安装位置，安装上、下转向柱罩。

接合上、下转向柱罩的固定卡爪，使上、下转向柱罩完全配合。

③ 安装转向盘总成，如图 6－43 所示。

图 6－43　安装转向盘总成

a. 调整螺旋电缆至合适位置，对准转向盘总成和转向主轴上的装配标记，将转向盘压入。

b. 旋入转向盘固定螺母。

选用 19 mm 套筒、接杆、扭力扳手，以维修手册规定 50 N·m 的扭矩紧固转向盘固定螺母。

④ 安装转向盘装饰盖和下盖。

a. 安装转向盘装饰盖。

用一只手支撑转向盘装饰盖，将气囊连接器连接至转向盘装饰盖上，并保证锁扣锁止可靠。

将喇叭线束连接器连接到转向盘装饰盖上，保证连接到位。

对好转向盘装饰盖安装位置，将转向盘装饰盖安装在转向盘总成上。向下轻压转向盘装饰盖，使用 T30 梅花套筒对称紧固转向盘装饰盖 2 个固定螺钉。

b. 安装转向盘下盖。

对准卡爪位置，将转向盘 3 号下盖推入到位。

⑤ 检查喇叭及中心点。

a. 检查喇叭。

确认点火开关处于“OFF”位置，连接蓄电池负极电缆，按喇叭开关，确定喇叭可以响。

b. 检查转向盘中心点。

再次确认两前轮处于直行时，转向盘处于中心点。

4. 检查机械传动部分

机械传动部分主要检查连杆总成是否与雨刮器松脱，如有，应紧固。检查部件连接处是否锈蚀，应及时清理并涂抹润滑脂。

5. 检查控制线路

经过以上步骤的检测与维修之后，如果雨刮器还是不工作，则故障点在控制线路上，线路常见故障为：连接器接头松动或断开、线头锈蚀以及导线断路等。如果发现上述情况，应进行紧固或更换。

6. 竣工检查

诊断与维修工作结束后，用洁净的布将工具擦干净并放回工具箱，将废弃物分门别类地放入相应的垃圾桶，将工作现场打扫干净。

起动发动机，检查车辆运行是否正常；打开雨刮器开关后，检查雨刮器工作是否正常。

任务小结

1. 雨刮器的结构（见图 6－44）

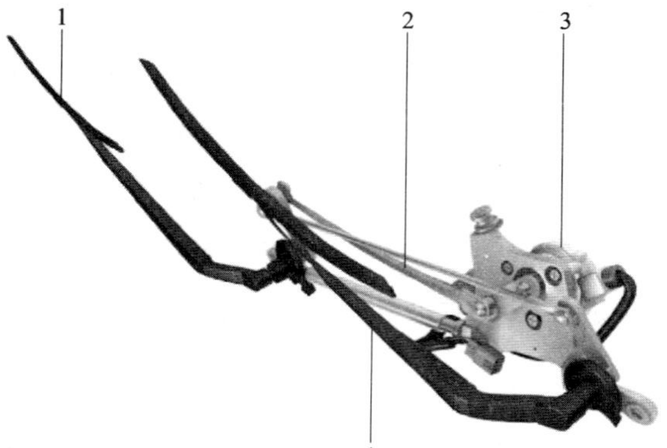

图 6－44 雨刮器结构

1—刮水片；2—雨刮器传动机构；3—电动机；4—刮水片摇臂

2. 雨刮器工作原理

雨刮器刮水片的摆动速度由雨刮电动机的转速决定。电动机通过改变正负电刷之间串联的线圈数实现变速。

3. 雨刮器常见故障现象

雨刮器不工作是电气部分的典型故障，其主要有四个典型故障现象。

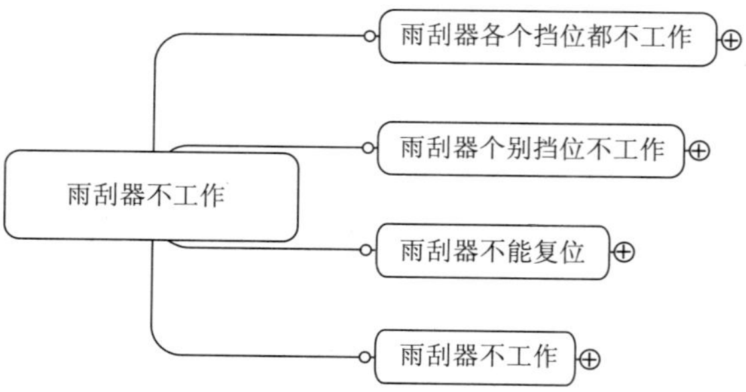

4. 雨刮器检修

（1）检查熔断器。

（2）检查雨刮器开关。

（3）检查雨刮电动机。

(4) 检查机械传动部分。

(5) 检查控制线路。

任务评价

(一) 课堂练习

1. 判断题

(1) 晴天刮除挡风玻璃上的灰尘时，应先接通雨刮器，再接通洗涤器。 (　　)

(2) 拆卸雨刮开关时，断开蓄电池负极端子后至少要等 60 s 再进行后续操作。 (　　)

(3) 顺时针转动自动停止器盖可延长雨刮片停止位置。 (　　)

2. 单选题

(1) 汽车上的电动雨刮器都设有 (　　)。

A. 自动复位装置　　B. 电脑控制装置

C. 自动断水装置　　D. 自动开启装置

(2) 若雨刮器低速挡不工作，则不需要检查的项目是 (　　)。

A. 保险丝　　B. 雨刮电动机　　C. 雨刮器开关　　D. 雨刮系统控制线路

(3) 以卡罗拉为例，检查雨刮电动机 LO 位操作时，需对电动机连接器哪两个端子供电？(　　)。

A. 端子 2，端子 3　　B. 端子 3，端子 4

C. 端子 3，端子 5　　D. 端子 4，端子 5

(4) 以卡罗拉为例，当雨刮器开关置于高速挡时，端子 E10－2 与 E10－4 之间的正常电阻值为 (　　)。

A. 小于 1 Ω　　B. 1 Ω　　C. 大于 1 Ω　　D. ∞

(5) 以卡罗拉为例，打开清洗器开关时，端子 E9－2 与 E9－3 之间的正常电阻值为 (　　)。

A. 小于 1 Ω　　B. 1 Ω　　C. 大于 1 Ω　　D. ∞

(6) 打开喷水器开关，雨刮器会自动刮水 (　　) 次。

A. 1～2　　B. 2～3　　C. 3～4　　D. 4～5

(二) 技能评价

技能评价见表 6－3。

表 6－3　技能评价

序号	内容	分值	得分
1	按规定时间完成项目作业	5	
2	能选用适当的工具	10	
3	能正确排除熔断器故障	15	
4	能正确拆卸检查雨刮电动机	20	

续表

序号	内容	分值	得分
5	能正确拆卸检查雨刮器开关总成	15	
6	能正确排除机械传动部分故障	15	
7	能正确排除线路及开关故障	15	
8	检查故障是否排除并及时清理工具和工作现场	5	
总分		100	

（注：操作正确即得分，操作错误或未进行操作即0分）

学习任务2　电动车窗检修

任务目标和学习重点

任务目标

1. 能够熟知电动车窗的组成。
2. 了解电动车窗的工作原理。
3. 能够规范操作对电动车窗进行维修。

学习重点

电动车窗检修的任务实施。

知识准备

1. 电动车窗的组成

电动车窗就是用伺服电动机驱动玻璃的升降，它取代了传统的转动摇柄升降玻璃，使得玻璃的升降更加轻松。装有电动车窗的车，在各个车门都装有玻璃升降开关，向上按玻璃上升，向下按玻璃下降。在驾驶员侧的车门上，还有一个总开关，可以控制各个车门玻璃的升降，并可关闭全车的玻璃升降机构。

电动车窗主要由车窗玻璃、车窗玻璃升降器、电动机和控制开关等组成，如图6－45所示。

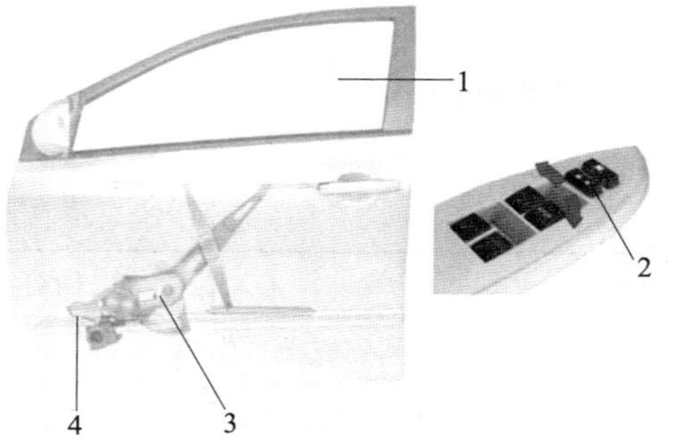

图6－45　电动车窗的组成
1—车窗玻璃；2—控制开关；3—升降器；4—电动机

2. 电动车窗各部分的功用

电动车窗上电动机的作用是为车窗玻璃的升降提供动力。它是双向的，有永磁型和双绕组型两种。每个车门各有一个电动机，通过开关控制电动机中的电流方向从而控制玻璃的升降。

控制开关一般有两套，一套为总开关，装在仪表盘或驾驶员侧的车门上，这样，驾驶员就可以控制每个车窗的升降；另一套为分开关，分别安装在每个车窗上，这样，乘客也可以对各个车窗进行升降控制。由于所有车窗的电动机都要通过总开关搭铁，所以如果总开关断开，分开关就不能起作用。

升降器是电动车窗的核心部件，它带动车窗玻璃的升降。常见的电动车窗升降机构有绳轮式、交臂式和软轴式等几种，图 6－45 中的升降器为交臂式升降器。

3. 电动车窗工作原理

当接通点火开关后，门窗继电器触点闭合，电动门电路与电源接通，将组合开关或分开关与“上”位接通，电流流进车窗电动机，电动机旋转带动升降器，使门窗玻璃上升；将组合开关或分开关与“下”位接通，流进车窗电动机的电流改变方向，电动机的旋转方向因而改变，升降器带动门窗玻璃下降。当门窗玻璃上升或下降到终点时，断路开关切断一段时间，然后再恢复到接通状态。图 6－46 所示为电动车窗工作电路图。

4. 电动车窗常见故障

车窗不升降是电气中的常见问题，在检测过程中，应遵循故障诊断原则与排除思路，进行所有可能原因的分析。当发现电动车窗不升降时，主要的故障原因可能有：

（1）电动车窗电路故障。

（2）电动车窗开关故障。

（3）电动机故障。

任务实施

（一）实施方案

1. 质量要求

参照厂家的质量标准要求。

2. 组织方式

每四位同学一组，检修卡罗拉车上的电动车窗，按照企业岗位操作规范进行作业。

每组作业时间为 90 分钟。

3. 作业准备

（1）技术要求与标准。

① 注意在使用万能表时，应选择合适的挡位。

② 使用电路图册时，要注意避免破损，电路图应与使用车型相对应。

③ 注意电气线路在操作过程中的短路。

④ 维修手册所述的其他相关要求。

（2）设备器材：常用工具（一套）、万用表，如图 6－47 所示。

（3）场地设施：理实一体化教室、废气排放装置、消防设施等。

（4）设备设施：2007 款卡罗拉 1.6L/AT 轿车、工具车、零件车、垃圾桶等。

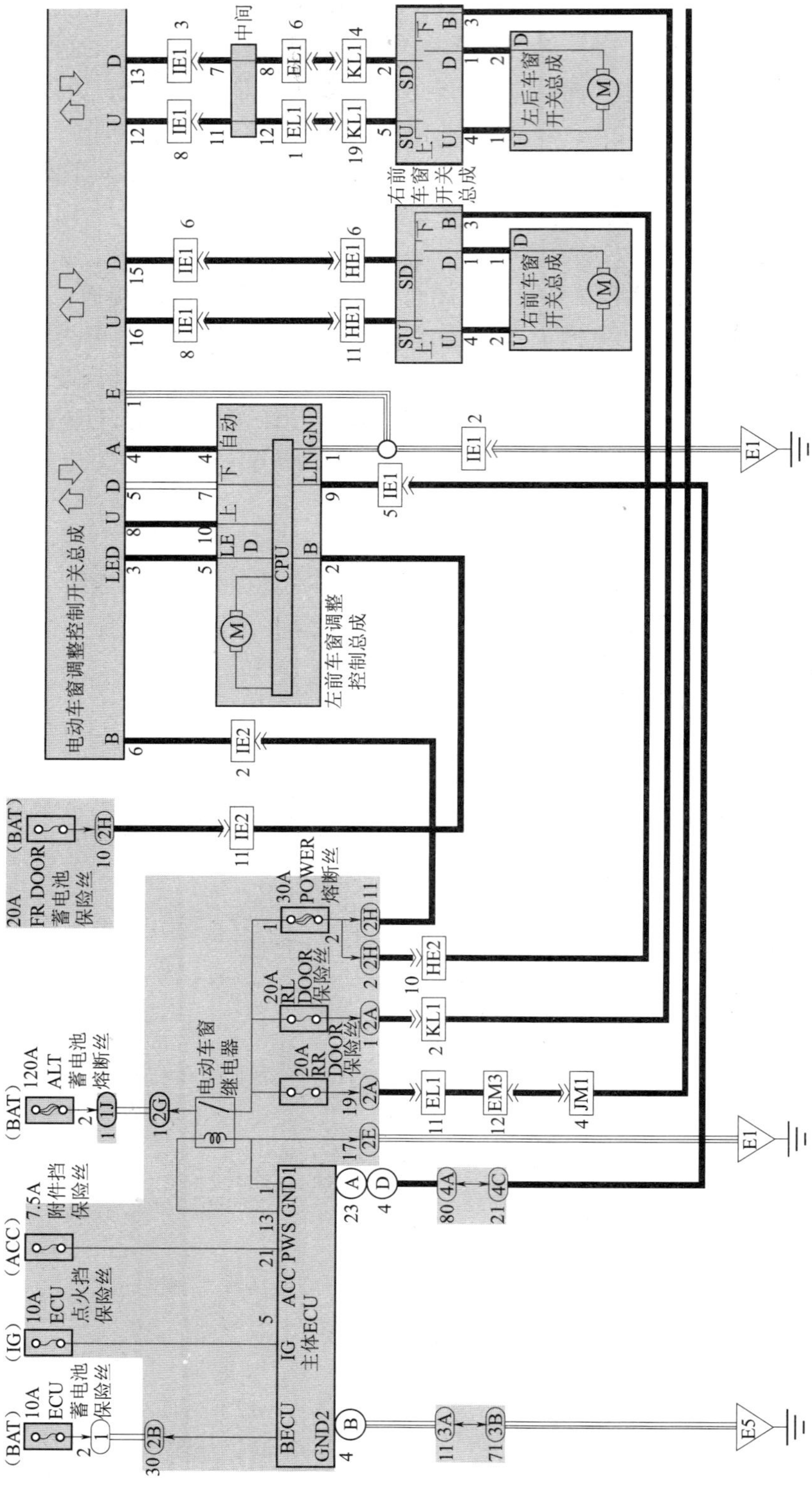

图6-46 电动车窗工作电路

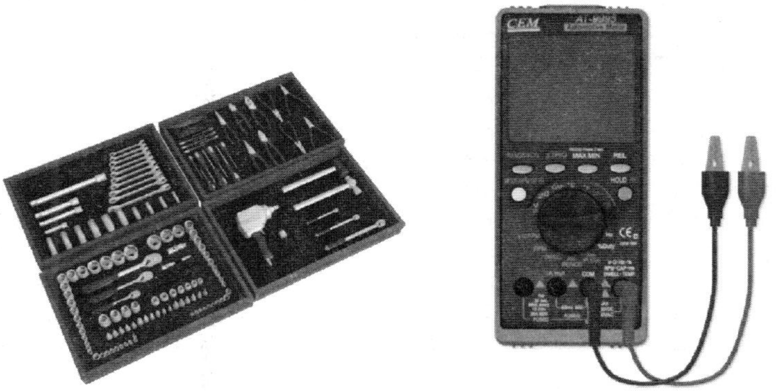

（a）　　　　　　（b）

图 6－47　工具设备

（a）常用工具（一套）；（b）万用表

（5）安全防护：车轮挡块、室内三件套等。

（6）耗材：干净抹布、汽车电路图册、汽车维修手册等。

（二）操作步骤

1. 电动车窗电路检修

检测电动车窗电路线路有无松动，连接处有无腐蚀，如有异常，应及时紧固或修复。

（1）检查电动车窗开关电源电路（前排乘客侧）。

断开线束连接器 H7（见图 6－48），选用数字万用表，检查线束连接器中端子 3 与车身搭铁之间的电压值，标准电压值应为 11～14 V，如果所测得的阻值不符合标准，则更换线束或连接器。

（2）检查电动车窗开关至电动机间的线路（前排乘客侧）。

断开连接器 H7 和 H8（见图 6－49），选用数字万用表测量，标准电阻见表 6－4。

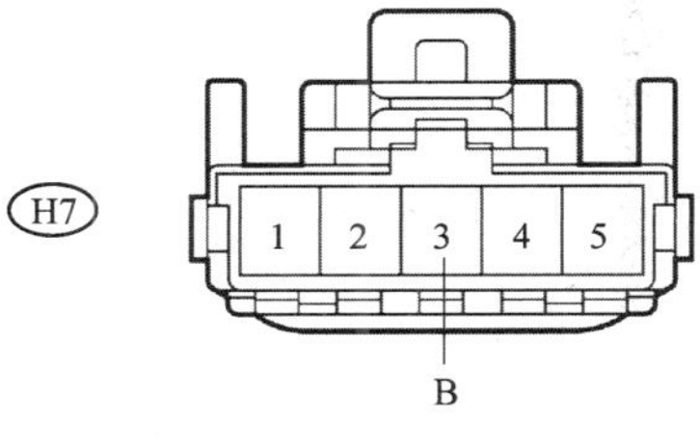

图 6－48　线束连接器 H7

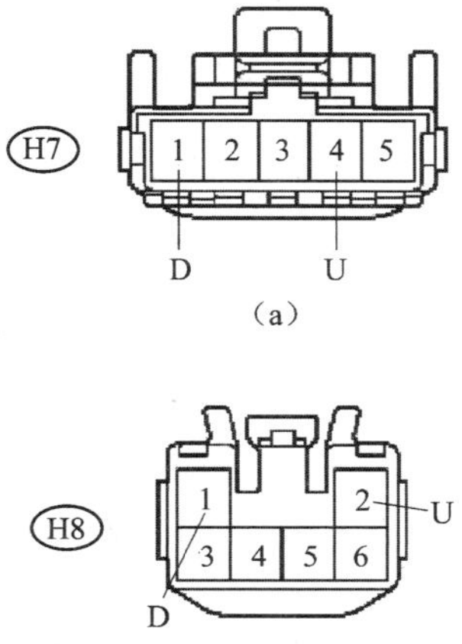

图 6－49　线束连接器 H8

（a）线束连接器前视图（至电动车窗开关）；

（b）线束连接器前视图（至电动车窗升降器电动机）

表 6－4 标准电阻

检测仪连接	条件	规定状态
H7-4（U）- H8-2（U）	始终	<1 Ω
H7-1（D）- H8-1（D）	始终	<1 Ω
H7-4（U）- 车身搭铁	始终	10 kΩ 或更大
H7-1（D）- 车身搭铁	始终	10 kΩ 或更大

如果测得的数据与标准不符，则更换线束。

2. 电动车窗开关检修

（1）拆卸电动车窗开关。

① 拆卸前扶手座上板，如图 6－50 所示。

使用头部缠有保护胶带的螺丝刀，脱开 2 个卡子和 6 个卡爪，拆下前扶手座上板，断开连接器。

② 拆卸电动车窗升降器开关总成（前排乘客侧），如图 6－51 所示。

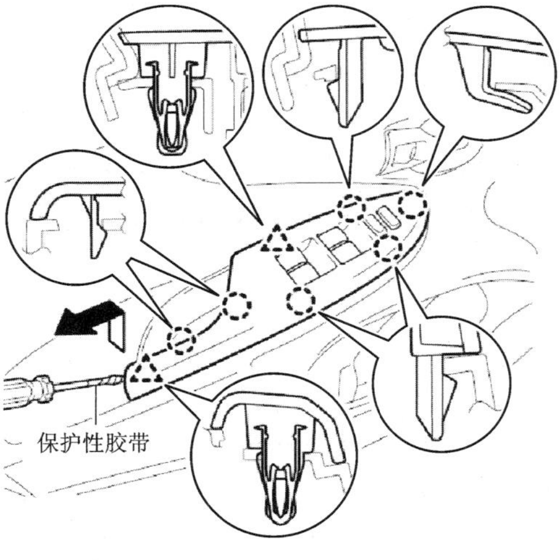

图 6－50 拆卸前扶手座上板

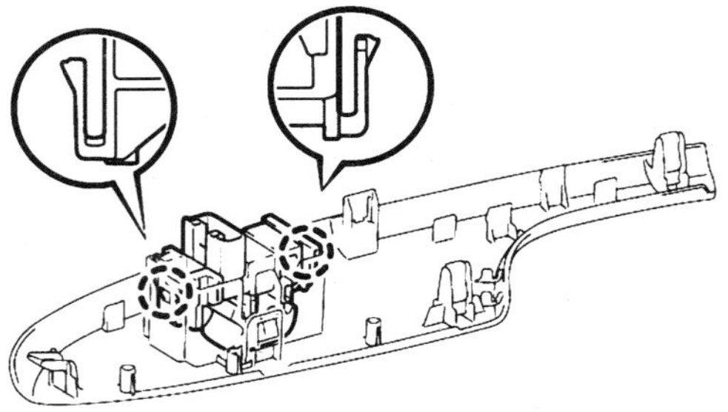

图 6－51 拆卸电动车窗升降器开关总成

使用头部缠有保护胶带的螺丝刀，脱开 2 个卡爪并拆下电动车窗升降器开关总成。

（2）检查电动车窗开关（前排乘客侧）。

选用数字万用表测量各端子之间的电阻值并记录数据，如图 6－52 所示。操作开关时，根据表 6－5 中的数值测量电阻。

如果测得的电阻值不符合标准，则更换电动车窗开关。

（3）安装电动车窗开关。

按拆卸电动车窗开关时的相反操作步骤安装电动车窗开关。

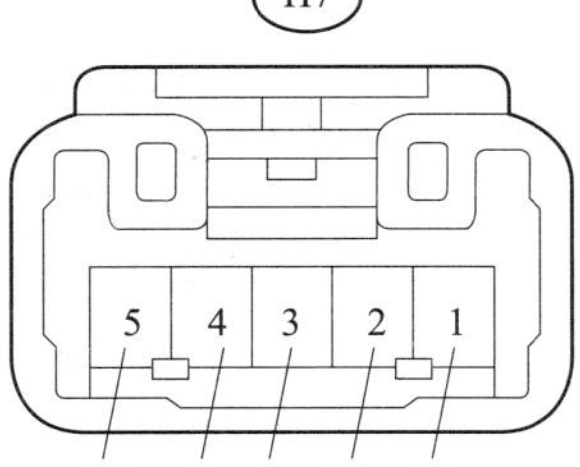

图 6－52 线束连接器 H7

表 6－5　标准电阻

检测仪连接	开关状态	规定状态
1（D）-2（SD）	UP	小于 1 Ω
3（B）-4（U）		小于 1 Ω
1（D）-2（SD）	OFF	小于 1 Ω
4（U）-5（SU）		小于 1 Ω
4（U）-5（SU）	DOWN	小于 1 Ω
1（D）-3（B）		小于 1 Ω

3．电动车窗电动机检修

（1）拆卸电动机（前排乘客侧）。

① 从蓄电池负极端子断开电缆。

② 拆卸前门内把手框。

使用头部缠有保护胶带的螺丝刀，脱开 3 个卡爪，并拆下前门内把手框。

③ 拆卸前扶手座上板。

使用头部缠有保护胶带的螺丝刀，脱开 2 个卡子和 6 个卡爪，并拆下前扶手座上板，断开连接器。

④ 拆卸电动车窗升降器主开关总成。

使用头部缠有保护胶带的螺丝刀，脱开 2 个卡爪，并拆下电动车窗升降器开关总成。

⑤ 拆卸门控灯总成（带门控灯）。

使用头部缠有保护胶带的螺丝刀，脱开卡爪并拆下门控灯总成，断开连接器。

⑥ 拆卸前门装饰板分总成。

a．使用头部缠有保护胶带的螺丝刀，脱开卡爪并断开车门扶手盖。

b．拆下 2 个螺钉。

c．使用卡子拆卸工具，脱开 9 个卡子。

d．脱开 5 个卡爪并从前门玻璃内密封条上分开前门装饰板分总成。

e．脱开 2 个卡爪，并断开前门内把手分总成。

⑦ 拆卸前门内把手分总成。

断开前门锁止遥控拉索和前门内侧锁止拉索，并拆下前门内把手分总成。

⑧ 拆卸前门下门框支架装饰条。

脱开卡子和卡夹，并拆下前门下门框支架装饰条，断开连接器。

⑨ 拆卸前 2 号扬声器总成。

⑩ 拆卸前门玻璃内密封条。

⑪ 拆卸前 1 号扬声器总成，并从前门板上拆下前门玻璃内密封条。

⑫ 拆卸车门装饰板支架。

拆下 2 个螺钉和车门装饰板支架。

⑬ 拆卸前门检修孔盖。

断开连接器，拆下前门检修孔盖。

注意事项

去除车门上残留的丁基胶带。

⑭ 拆卸带盖的车外后视镜总成。

⑮ 拆卸前门玻璃分总成。

a. 连接蓄电池负极端子。

b. 连接电动车窗升降器主开关总成，并移动前门玻璃分总成以便能看到车门玻璃螺栓。

c. 断开蓄电池负极端子和电动车窗升降器主开关总成。

d. 拆下 2 个螺栓。

注意事项

拆下螺栓后，车门玻璃可能掉落，造成损坏。

⑯ 拆下前门玻璃分总成。

注意事项

不要损坏车门玻璃。

⑰ 拆卸前门窗升降器分总成。

a. 断开连接器。

b. 松开临时螺栓。

注意事项

不要拆下临时螺栓。如果拆下临时螺栓，前门窗升降器可能掉落，造成损坏。

c. 拆下 5 个螺栓。

将前门窗升降器分总成和前电动车窗升降器电动机总成作为一个单元拆下。从前门窗升降器分总成上拆下临时螺栓。

⑰ 拆卸前电动车窗升降器电动机总成。

（2）检测电动机（前排乘客侧）。

根据表 6－6，向电动机连接器施加蓄电池电压，观察电动机减速机构输出轴旋转情况，如图 6－53 所示。

表 6－6　测量条件

测量条件	规定状态
蓄电池（＋）接端子 2 蓄电池（－）接端子 1	电动机齿轮顺时针旋转
蓄电池（＋）接端子 1 蓄电池（－）接端子 2	电动机齿轮逆时针旋转

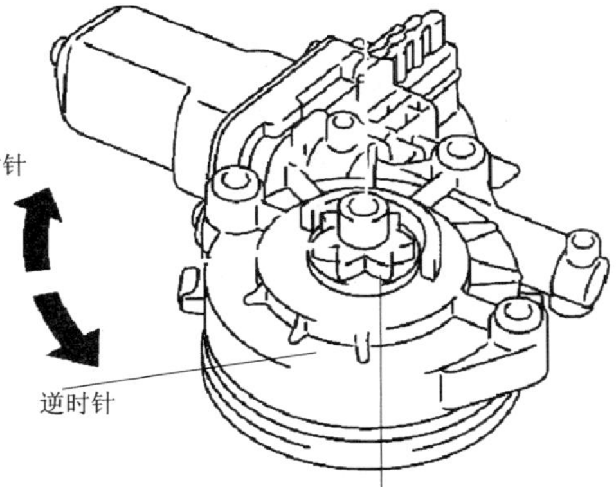

图 6－53　检测传感器搭铁电路

如有异常，则需更换电动机。

注意事项

不要对除端子 1 和 2 外的任何端子施加蓄电池电压。

（3）安装电动机。

① 安装前电动车窗升降器电动机总成。

螺栓紧固扭矩：5.4 N·m。

注意事项

安装电动车窗升降器电动机时，升降器臂须低于中间位置。

当自攻螺钉插入时，新的前门窗升降器使用自攻螺钉钻出新的安装孔。

② 安装前门窗升降器分总成。

a. 将通用润滑脂涂抹在前门窗升降器分总成的滑动部分。

b. 将临时螺栓安装到前门窗升降器分总成上。

c. 临时安装前门窗升降器分总成。

d. 紧固临时螺栓及其他 5 个螺栓，以安装前门窗升降器分总成。

螺栓紧固扭矩：8.0 N·m。

e. 连接连接器。

③ 安装前门玻璃分总成。

a. 沿着前门玻璃升降槽将前门玻璃分总成插入前门板内。

b. 用 2 个螺栓安装前门玻璃分总成。

螺栓紧固扭矩：8.0 N·m

④ 安装带盖的车外后视镜总成。

⑤ 安装前门检修孔盖。

a. 将丁基胶带粘贴在前车门板上。

b. 将前门锁止遥控拉索和后门内侧锁止拉索穿过一个新的前门检修孔盖。

c. 使用前门板上的参考点连接前门检修孔盖。

注意事项

牢固安装前门检修孔盖，避免出现褶皱和气泡。

d. 连接连接器。

⑥ 安装车门装饰板支架。

⑦ 安装前 1 号扬声器总成。

⑧ 安装前门玻璃内密封条。

⑨ 安装前 2 号扬声器总成。

⑩ 安装前门下门框支架装饰条。

a. 连接连接器。

b. 接合卡子和卡夹，并安装前门下门框支架装饰条。

⑪ 安装前门内把手分总成。

a. 将前门锁止遥控拉索和前门内侧锁止拉索连接到前门内把手分总成上。

b. 接合 2 个卡爪，并安装前门内把手分总成。

⑫ 安装前门装饰板分总成。

a. 用前门玻璃内密封条上的 5 个卡爪接合前门装饰板。

b. 接合 9 个卡子，将前门装饰板安装到前门板上。

c. 安装 2 个螺钉。

d. 接合卡爪，连接车门扶手盖。

⑬ 拆卸门控灯总成（带门控灯）

a. 连接连接器。

b. 接合卡爪，安装门控灯总成。

⑭ 安装电动车窗升降器主开关总成。

⑮ 安装前扶手座上板。

a. 连接连接器。

b. 接合 2 个卡子和 6 个卡爪，安装前扶手座上板。

⑯ 安装前门内把手框。

⑰ 将电缆连接到蓄电池负极端子。

注意事项

断开蓄电池电缆后重新连接时，某些系统需要初始化。

4. 竣工检查

诊断与维修工作结束后，用洁净的布将工具擦干净并放回工具箱，将废弃物分门别类地放入相应的垃圾桶，将工作现场打扫干净。

起动发动机，检查车辆运行是否正常；检查电动车窗是否正常工作。

任务小结

1. 电动车窗组成

电动车窗主要由车窗玻璃、车窗玻璃升降器、电动机和控制开关等组成。

2. 电动车窗工作原理

电动车窗的升降可以由总开关和单独车窗开关分别控制，车窗的升降是通过控制开关改变电动机的电路流向，从而使电动机的运转方向发生变化来实现的。

3. 电动车窗常见故障

车窗不升降是电气中的常见问题，在检测过程中，应遵循故障诊断原则与排除思路，进行所有可能原因的分析。当发现电动车窗不升降时，主要的故障原因可能有：

（1）电动车窗电路故障；

（2）电动车窗开关故障；

（3）电动机故障。

4. 电动车窗的检修

（1）电动车窗电路检修。

（2）电动车窗开关检修。

（3）电动车窗电动机检修。

任务评价

（一）课堂练习

1. 判断题

（1）电动车窗的操作开关分为安全开关和升降开关，安全开关能控制所有车门的车窗。（　　）

（2）电动车窗的升降主要是利用电动机的正转和反转来实现的。（　　）

（3）驾驶员侧车窗有手动和自动控制功能。（　　）

（4）操作电动车窗时，如果出现某个机械部位卡死，则会引起熔断丝烧断或热敏开关断开，从而避免电动机烧坏。（　　）

（5）电动车窗的主开关接地失效会导致所有车窗均不能动作。（　　）

2. 单选题

（1）对于电动车窗玻璃升降电动机来说，下列说法错误的是（　　）。

A. 每个车门必须设有一个分控制开关，但主控制开关可不设

B. 在电路中必须设有断电器，当玻璃达到上下极限时自动切断电路

C. 玻璃升降电动机是可逆的，改变通电方向就可以改变转动方向

D. 车上可装一个延时开关，在点火开关断开约 10 min 后，仍有电流供应

（2）不管使用主开关还是分开关，乘员侧电动车窗不能升降，甲认为故障出在失效的主开关，乙认为故障出在磨损的电动机。你认为（　　）。

A. 甲正确　　B. 乙正确　　C. 甲乙都正确　　D. 甲乙都不正确

（3）以卡罗拉为例，将电动机连接器端子 1 连接蓄电池正极，端子 2 连接蓄电池负极，

电动机齿轮会（　　）。

A. 顺时针旋转　　B. 逆时针旋转

C. 不转　　D. 可能顺时针旋转，可能逆时针旋转

（二）技能评价

技能评价见表 6－7。

表 6－7　技能评价

序号	内容	分值	得分
1	能选用适当的工具	10	
2	检查电动车窗电路线路	10	
3	检查开关电源电路	10	
4	检查电动车窗开关至电动机间的线路	20	
5	检查电动车窗开关	20	
6	检查电动车窗电动机	20	
7	竣工检查	10	
总分		100	

（注：操作规范即得分，操作错误或未进行操作即 0 分）

学习任务 3　中控门锁检修

任务目标和学习重点

任务目标

1. 了解中控门锁的功用。
2. 能够理解中控门锁的工作原理。
3. 了解中控门锁常见故障以及维修方法。
4. 能够规范完成中控门锁的检修工作。

学习重点

中控门锁检修的任务实施。

知识准备

1. 中控门锁组成

门锁是锁止车门的机构，是保证汽车行驶安全的一项重要措施。对门锁的一般要求是：门锁不仅能将车门可靠锁紧或打开，而且当门锁在锁止位置时，操作外手柄均不能打开车门。为了提高汽车使用的安全性和方便性，现代汽车大多安装中控门锁控制系统。中控门锁控制系统主要由控制开关、门锁执行机构和门锁控制器三部分组成，如图 6－54 所示。

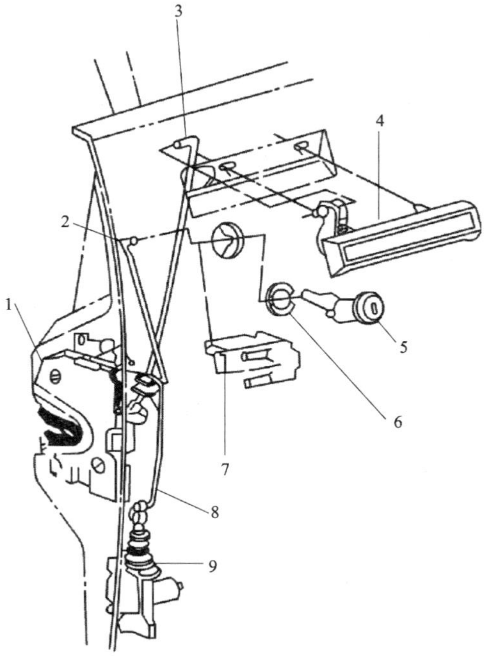

图 6－54 中控门锁组成

1—门锁总成；2—锁芯至门锁连杆；3—外门锁手把至门锁连杆；4—外门锁手把；5—锁芯；6—垫圈；
7—锁芯定位架；8—门锁连杆；9—门锁电动机

1）门锁开关

大多数中控门锁开关都是由总开关和分开关组成的，总开关装在驾驶员身旁车门上，驾驶员操作总开关可将全车所有车门锁住或打开；分开关装在其他各个车门上，可单独控制一个车门。如图 6－55 所示。

图 6－55 中控门锁开关

2）门锁执行机构

门锁执行机构的作用是根据电路中电流方向的不同而实现闭锁或开锁。常见的门锁执行机构有电磁线圈、直流电动机或永磁式旋转电动机。两种结构都是通过改变极性转换其运动方向来实现门锁的开、关动作的。

（1）电磁式门锁执行机构。

这种汽车电控门锁的开启和锁闭均由电磁铁驱动，其结构如图 6－56 所示。它内设两个线圈，分别用来开启和锁闭门锁。门锁集中操作按钮平时处于中间位置，用手按压即可开启或锁闭车门。

（2）电动机式门锁执行机构。

电动机式门锁由可逆式电动机、传动装置及锁体总成构成，如图 6－57 所示。其工作原理为：由电动机带动齿轮齿条副或螺杆螺母副进而驱动锁体总成，实现车门的锁闭或开启动作。

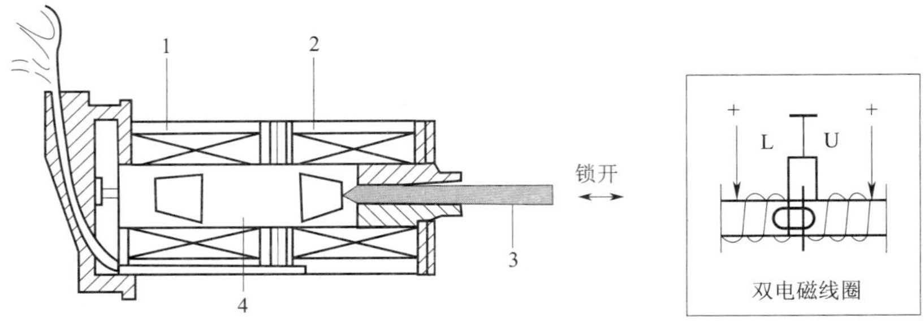

图 6－56　电磁式门锁执行机构

1—锁门线圈；2—开锁线圈；3—锁扣连杆；4—衔铁

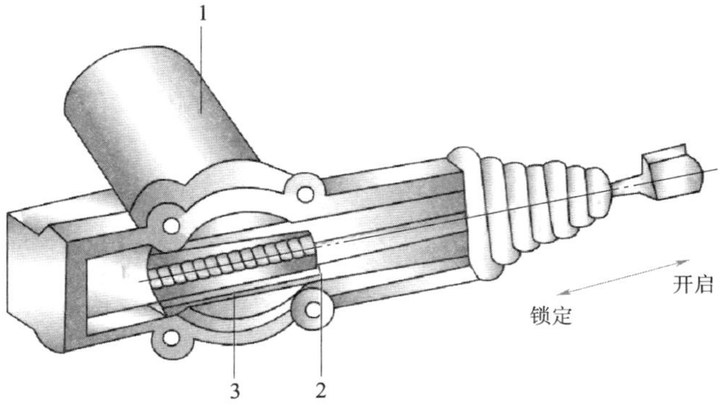

图 6－57　电动机式门锁执行机构

1—电动机；2—齿条；3—齿轮

3）中央门锁控制器

中央门锁控制器为门锁执行机构提供开锁和闭锁脉冲电流，有晶体管式门锁控制器、电容式门锁控制器和车速感应式门锁控制器。

（1）晶体管式门锁控制器。

门锁控制器内部设有闭锁和开锁两个继电器，由晶体管开关电路控制，利用电容器的充、放电过程，控制一定的脉冲电流持续时间，使门锁执行机构完成闭锁和开锁动作。如图 6－58 所示。

（2）电容式门锁控制器。

该系统利用充足电的电容器，在工作时继电器（开锁或闭锁继电器）串联接入电容器的放电回路，使其触点短时间闭合。当（正向或反向）转动车门钥匙时，相应的电路开关（闭锁或开锁）接通，电容器放电电流通过继电器线圈（开锁或闭锁继电器）搭铁，线圈产生电磁吸力，触点闭合，接通执行机构电磁线圈的电路，完成闭锁或开锁的动作。当电容器放电完毕后，继电器触点打开，中央门锁系统停止工作。此时另一只电容器被充电，为下一次操纵做好准备，如图 6－59 所示。

（3）车速感应式门锁控制器。

在中央门锁系统中加装一车速（10 km/h）感应开关，当汽车行驶速度达 10 km/h 以上时，若车门未闭锁，不需要驾驶员操纵，门锁控制器将自动关闭。如果个别车门要自行开门或锁门，可单独操作。

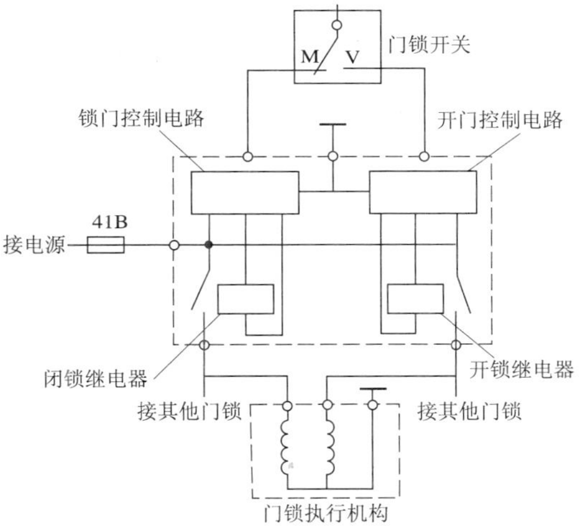

图 6－58　晶体管式中央门锁系统

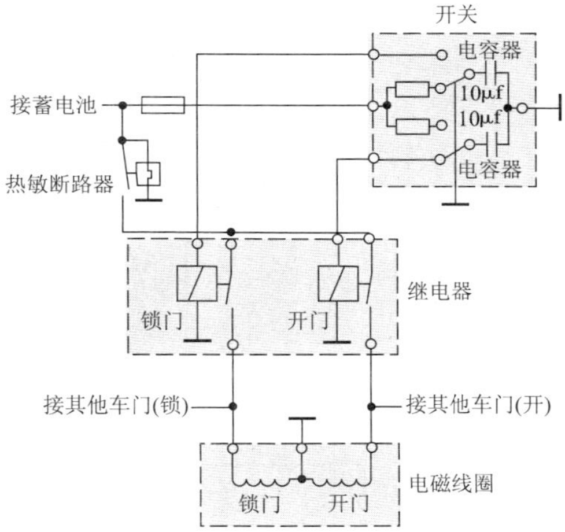

图 6－59　电容控制的中央门锁系统

2. 中控门锁功能

（1）能对车门及行李舱进行集中控制。当驾驶员对左前门进行控制（锁门、开门）时，汽车所有的门锁及行李舱能同时实现相同的控制效果。

（2）单独控制。在中控门锁系统不工作时，乘客仍可使用各车门的机械锁扣开关车门。

3. 中控门锁工作原理

驾驶人员或乘客可以通过门锁开关接通或断开门锁继电器，门锁继电器包括锁止和开锁两个继电器。当门锁开关都不闭合时，所有电动机两端都通过继电器直接搭铁，电动机不运转；当门锁开关接通开锁时，开锁继电器线圈通电，继电器吸合，电源电压经闭合的开锁继电器动合触点施加于电动机，电动机电枢另一端经锁定继电器动断触点接地，电动机转动，门锁打开。

当开关断开，回到中间位置时，开锁继电器失去作用。当开关在锁定位置时，电源给锁定继电器供电，继电器动作，其动合触点闭合，电源电压经此触点施加给所有门锁电动机。电动机电枢另一端经开锁继电器动断触点接地，电动机旋转并将车门锁住。

门锁电动机的转向是可逆的，其转动方向由流经电枢电流的方向决定，电动机通过两个继电器和电源构成回路而通电运转。各种继电器工作可以改变电动机中电流的方向，使门锁电动机的转向改变，实现开锁和锁定。

中控门锁系统控制原理如图 6－60 所示。

4. 中控门锁常见故障

中控门锁常见故障有：所有门锁均不工作和某个门锁不能工作。

1）全部门锁都不能工作

可能的原因：熔断器断路，继电器故障，门控开关触点烧蚀，搭铁点锈蚀或松动和连接线路断路等。

排除故障过程：首先检查熔断器是否良好，将门控开关接通，检查电动机接线极柱上的电压是否正常。若电压为零，应检查继电器和电源线路；如电压正常，则应检查搭铁线是否良好，若搭铁良好，应对开关和电动机进行检测。

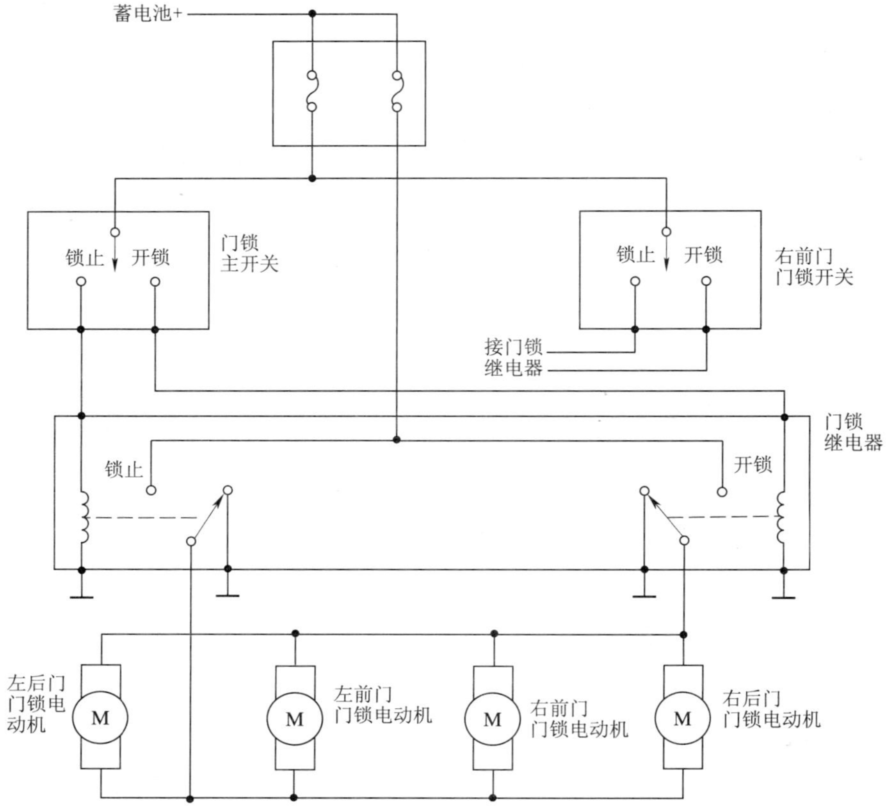

图 6－60　中控门锁系统控制原理

2）某个门锁不能工作

检查该门锁电动机是否损坏或对应开关、连接电缆线的线路是否正常，再检查开关和电动机。

任务实施

（一）实施方案

1. 质量要求

参照厂家的质量标准要求。

2. 组织方式

每四位同学一组，检修卡罗拉车上的中控门锁，按照企业岗位操作规范进行作业。

作业时间为 90 分钟。

3. 作业准备

（1）技术要求：检查门锁电动机电压时注意电压检查分为升压、降压两次检查。

（2）设备器材：常用工具（一套）、万用表，如图 6－61 所示。

（3）场地设施：理实一体化教室、废气排放装置、消防设施等。

（4）设备设施：2007 款卡罗拉 1. 6L/AT 轿车、工具车、零件车和垃圾桶等。

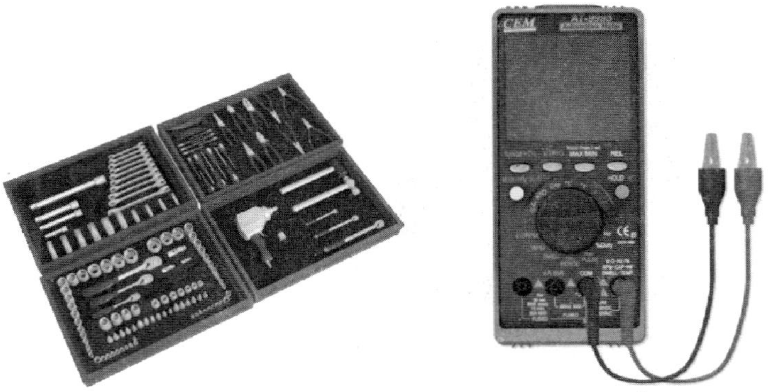

（a）　　　　　　　　　　　　（b）

图 6－61　设备器材

（a）常用工具（一套）；（b）万用表

（5）安全防护：车轮挡块、室内三件套等。

（6）耗材：干净抹布。

（二）操作步骤

1. 拆卸门板

（1）拆下扶手面板，如图 6－62 所示。

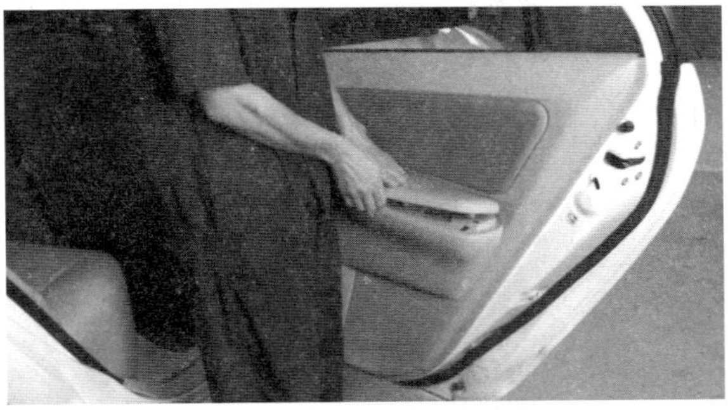

图 6－62　拆下扶手面板

（2）撬开螺栓装饰盖，如图 6－63 所示。

图 6－63　撬开螺栓装饰盖

（3）拆下玻璃升降开关并断开连接器，如图 6－64 所示。

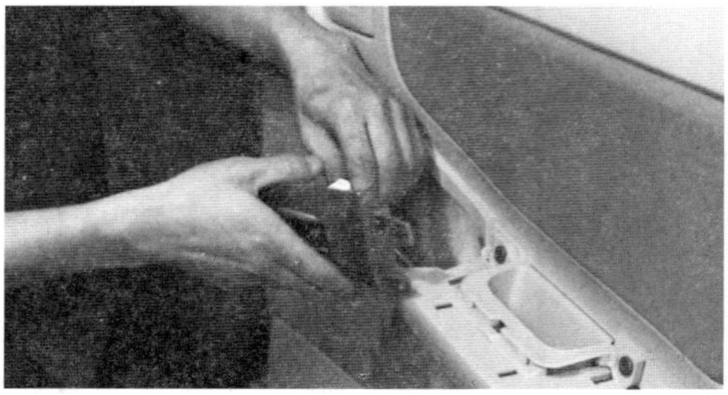

图 6－64　断开连接器

（4）选用十字螺丝刀，拆下 3 颗门板固定螺栓，如图 6－65 所示。

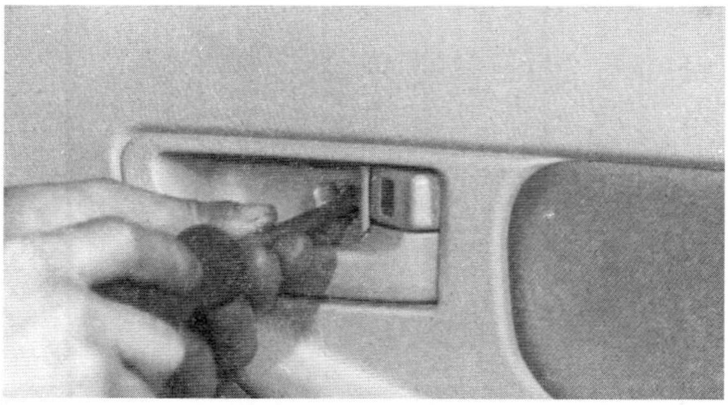

图 6－65　拆下门板固定螺栓

（5）拨开门板，使门板卡扣与车门分离，取下门板并放好，如图 6－66 所示。

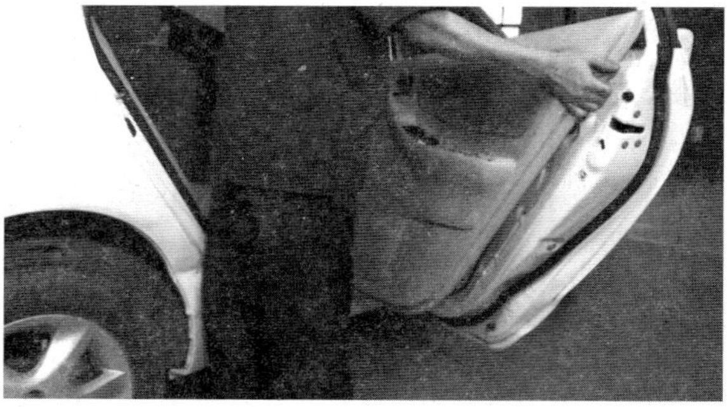

图 6－66　拆下门板

2. 检查门锁

（1）检查门锁电动机。

① 断开门锁连接器，如图 6－67 所示。

② 将万用表表笔连接线束 1 号端子，另一支表笔连接车门搭铁。按下“LOCK”键，观察电压升序变化，如图 6－68 所示。

③ 松开开关，观察电压降序变化，如图 6－69 所示。根据电压变化判断门锁电动机控制电路是否损坏。

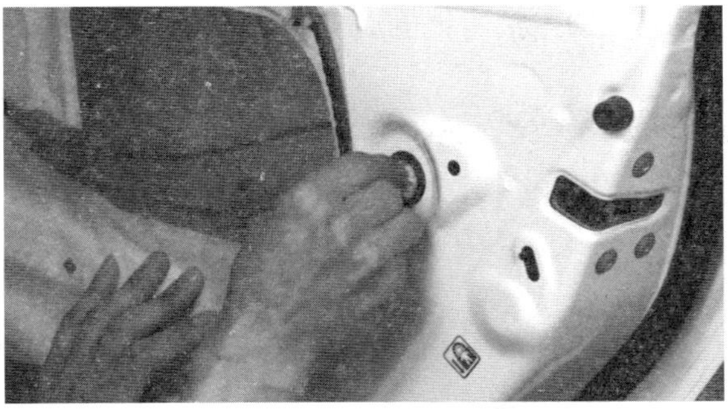

图 6－67　断开门锁连接器

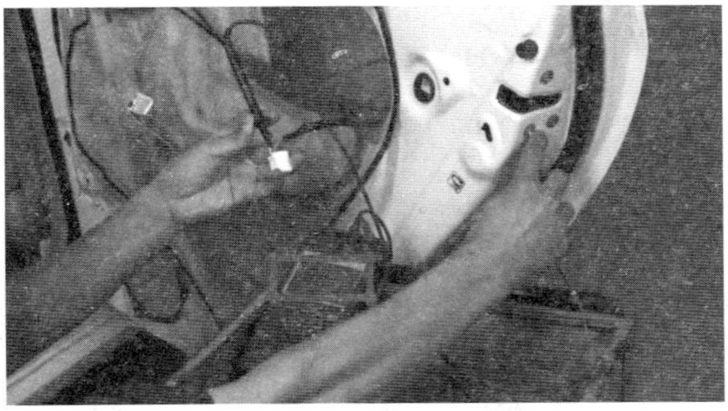

图 6－68　观察万用表升序变化

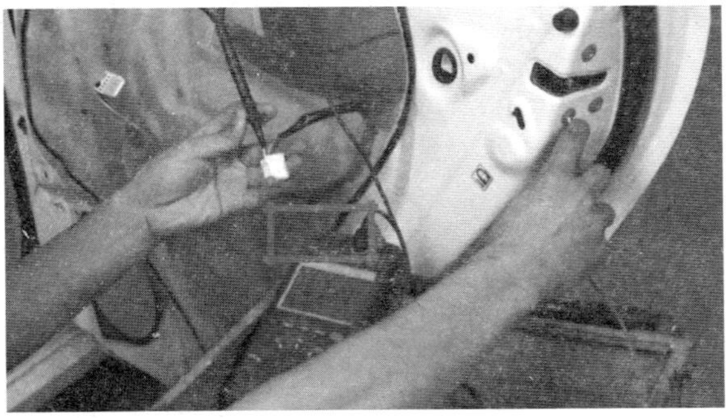

图 6－69　观察万用表降序变化

④ 按下开关“UNLOCK”键，以同样的方法测量另外一个线束端子，如图 6－70 所示。

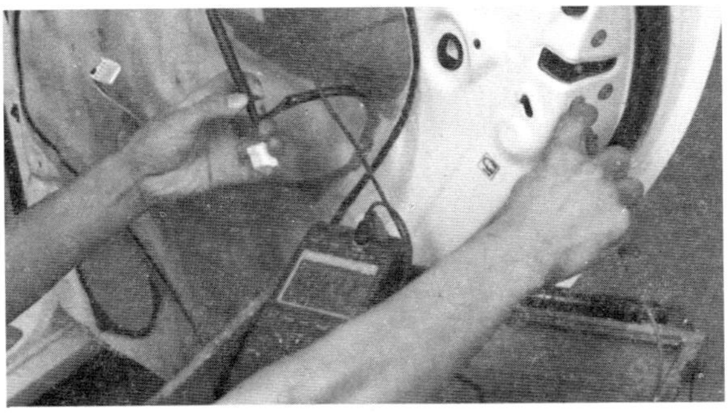

图 6－70　测量线束端子

⑤ 万用表的红、黑表笔分别连接门锁电动机的两个端子，如图 6－71 所示。

图 6－71　连接电动机两个端子

⑥ 测量门锁电动机的电阻值，检查门锁电动机是否损坏，如图 6－72 所示。

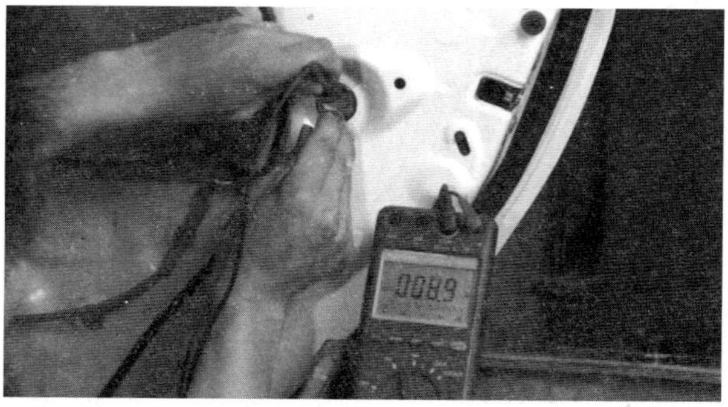

图 6－72　检查门锁电动机

（2）检查门锁机械结构。

① 选用十字螺丝刀锁止门锁锁舌。

② 拉起内拉手，检查门锁锁舌是否正常工作，如图 6－73 所示。

图 6－73　检查门锁锁舌

③ 按下儿童锁，检查内拉手应无法开启门锁，如图 6－74 所示。

④ 松开儿童锁，拉起外拉手，检查外拉手工作是否正常，如图 6－75 所示。

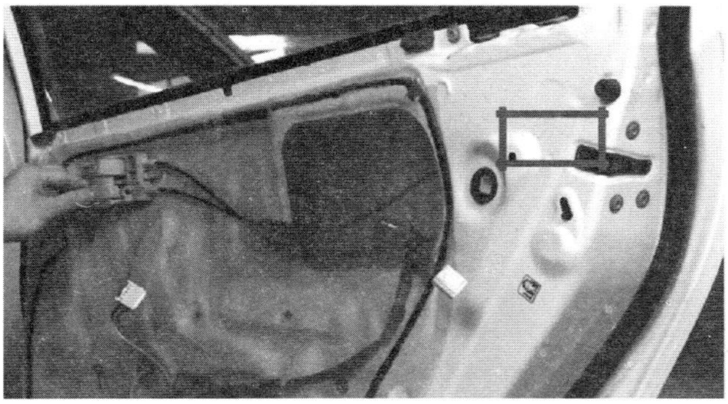

图 6－74　检查内拉手

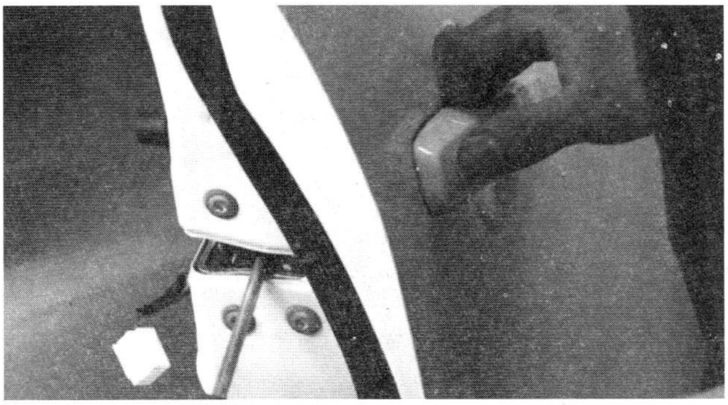

图 6－75　检查外拉手

⑤ 连接门锁电动机连接器，确保牢固，如图 6－76 所示。

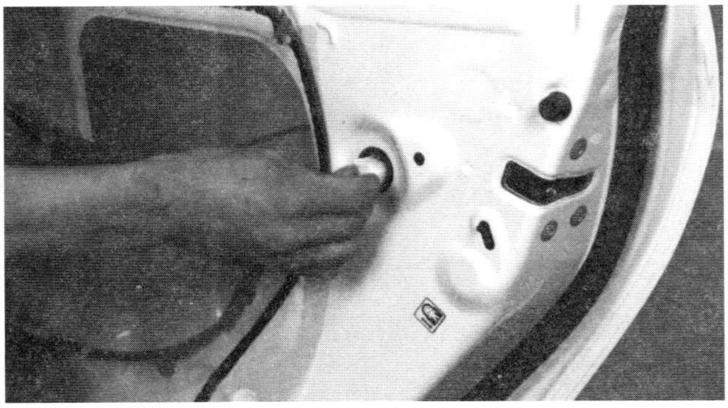

图 6－76　连接门锁电动机连接器

3. 安装门板

（1）将门板安装到车门上，确保位置正确。

（2）将门板卡扣安装到车门上，并确保安装牢固，如图 6－77 所示。

（3）安装 3 颗门板固定螺栓，并确保紧固，如图 6－78 所示。

（4）安装螺栓装饰盖，如图 6－79 所示。

图 6-77　门板卡扣安装到车门

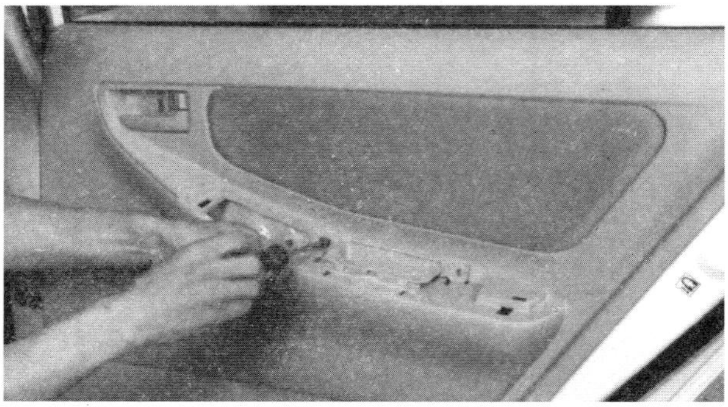

图 6-78　安装门板固定螺栓

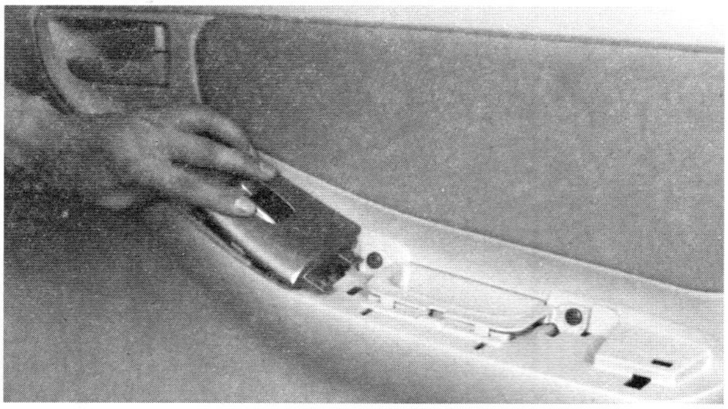

图 6-79　安装螺栓装饰盖

（5）正确安装玻璃升降器开关并连接插接器。

（6）安装扶手面板，并确保安装牢固。

4. 项目检查

通过以上步骤的检查与维修，在工作结束时进行维修质量的验证，查看车门故障是否排除。

任务小结

1. 中控门锁电气系统的结构

中控门锁由机械部分和电气部分组成。其中电气部分的主要结构有中控门锁执行机构和控制器。

2. 中控门锁的工作原理

控制器发出开闭信号→电动机转动→带动齿轮转动→通过齿轮与驱动杆上齿条啮合运动驱动驱动杆做直线运动。

3. 中控门锁常见故障及原因

中控门锁常见故障主要有所有门锁均不工作和某个门锁不能工作两种。全部门锁都不能工作，可能的原因是熔断器断路、继电器故障、门控开关触点烧蚀、搭铁点锈蚀或松动和连接线路断路等；某个门锁不能工作，则检查该门锁电动机是否损坏或对应开关、连接电缆线的线路是否正常。

4. 中控门锁结构检修步骤

（1）拆卸门板。

（2）检查门板电动机。

（3）安装门板。

（4）项目检查。

任务评价

（一）课堂练习

1. 判断题

（1）将驾驶员车门锁扣按下时，其他几个车门及行李舱门都能自动锁定；如果用钥匙锁门，也可同时锁好其他车门，但行李舱门不行。（　　）

（2）一般电磁线圈式执行机构有两个电磁线圈，其绕制方向相同，以便改变电流方向，使执行机构进行开启或锁止。（　　）

（3）若电动机接线极柱上的电压为零，表明电压线路有问题。（　　）

2. 单选题

（1）门锁执行机构常见的有三种，其中不包括（　　）。

A. 电磁线圈式　　B. 机械式

C. 电动机式　　D. 永磁式

（2）当门锁开关置于锁止（LOCK）位置时，触点闭合，门锁________，电磁铁中线圈通电，电磁铁心杆缩回，操纵门锁________车门。（　　）

A. 开启，打开　　B. 锁止，锁上

C. 开启，锁上　　D. 锁止，打开

（3）当门锁开关在________位置时，________线圈通电，继电器吸合，电源电压经闭合的开锁继电器动合触点施加于电动机，电动机电枢另一端经锁定继电器动断触点接地，电动机转动，门锁打开。（　　）

A. 锁定，开锁继电器　　B. 开锁，锁定继电器

C. 锁定，锁定继电器　　D. 开锁，开锁继电器

（4）全部门锁都不能工作可能的原因中不包括（　　）。

A. 熔断器断路　　B. 继电器故障
C. 门控开关触点烧蚀　　D. 前面电动机损坏

(二) 技能评价

技能评价见表6-8。

表6-8　技能评价

序号	内容	分值	得分
1	能选用适当的工具	10	
2	检查相关端子的电压	30	
3	检查门锁电动机电阻值	30	
4	检查门锁锁舌	10	
5	检查儿童锁	10	
6	检查门锁电动机连接器	10	
总分		100	

(注：操作规范即得分，操作错误或未进行操作即0分)

学习任务4　电动座椅检修

任务目标和学习重点

任务目标

1. 掌握电动座椅的组成及各部分的功用。
2. 了解电动座椅的工作原理和电路控制过程。
3. 了解电动座椅常见故障产生的原因。
4. 能够规范完成电动座椅检测工作。

学习重点

1. 电动座椅的组成和功用。
2. 电动座椅检修的任务实施。

知识准备

1. 电动座椅的组成与功用

电动座椅又称自动座椅，是指以电动机为动力，通过传动装置和执行机构来调节座椅的各种位置，使驾驶员或乘员乘坐舒适的座椅。电动座椅如图6-80所示，具有前后滑动、上下升降、靠背倾角调节以及腰部支撑等功能。

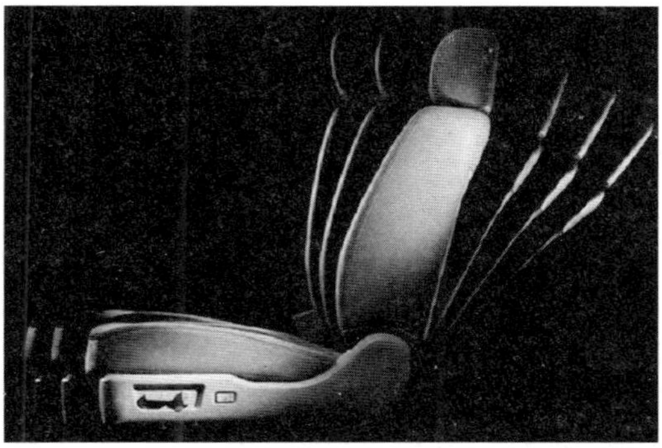

（a）

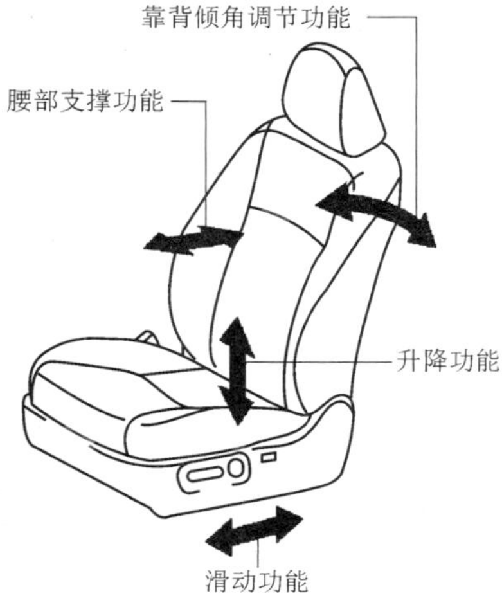

（b）

图 6 – 80　电动座椅的功用

（a）外观结构；（b）功用

电动座椅由座椅调节开关、电子控制器、电动机以及传动装置等组成，如图 6 – 81 所示。

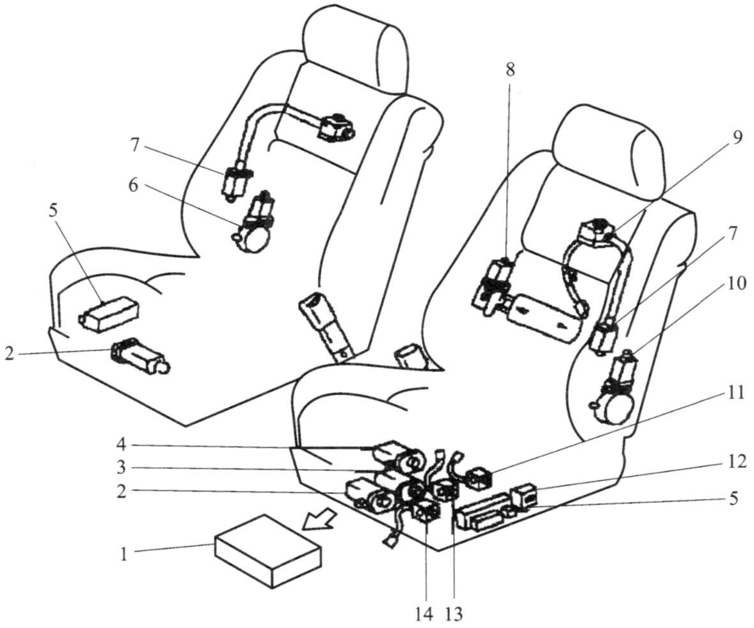

图 6 – 81　电动座椅的组成

1—电动座椅控制器；2—滑动电动机；3—前垂直电动机；4—后垂直电动机；5—电动座椅开关；
6—倾斜电动机；7—头枕电动机；8—腰垫电动机；9—位置传感器（头枕）；
10—倾斜电动机和位置传感器；11—位置传感器（后垂直）；12—腰垫开关；
13—位置传感器（前垂直）；14—位置传感器（滑动）

1）座椅调节开关

座椅开关主要指以下 3 种开关：滑动与垂直调节开关、靠背与头枕调节开关、腰部支撑调节开关，当它们接通时分别向 ECU 输入滑动、前垂直、后垂直、倾斜或头枕位置的信号。如图 6－82 所示。

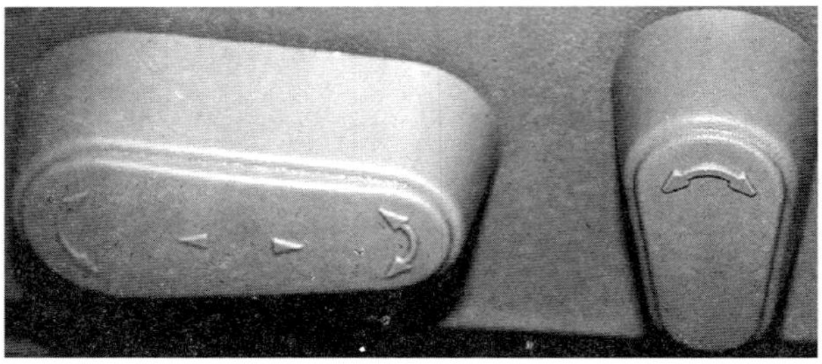

图 6－82　控制开关

2）电子控制器

座椅控制器控制电动座椅的电源通断、存储执行和复位动作。当收到来自电动座椅开关的输入信号后，控制器中的继电器动作，控制电动座椅运动。

3）电动机

电动机在来自控制器的电流的驱动下，为电动座椅的传动装置提供动力。大多数电动座椅采用永磁式电动机。此类电动机电枢的旋转方向随电流的方向改变而改变，可以调节电动座椅两个方向的移动，如图 6－83 所示。我们常说的六向移动座椅是使用三个电动机实现座椅六个不同方向的位置调整：上、下、前、后、前倾、后倾。很多高级轿车还增加了调整头枕、腰部头枕、腰部调节、扶手调节、座椅长度调节等功能，这些功能的增加都是为了使乘坐者更加舒服。所有这些功能的实现都必须通过电动机带动传动机构来实现。为了防止电动机过载，电动机内装有断路器。

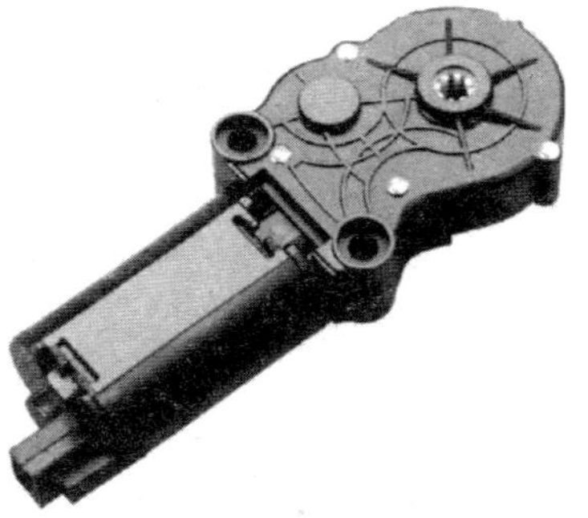

图 6－83　座椅电动机

4）传动装置

电动座椅的传动装置是把直流电动机产生的旋转运动转变为座椅的位置调整的装置。

前后调整传动机构如图 6－84 所示，由蜗杆、涡轮、齿条、导轨等组成，齿条装在导轨上。调整时，直流电动机产生的力矩经蜗杆传至两侧的蜗轮上，经齿条的带动，使座椅前后移动。

上下调整传动机构如图 6－85 所示，由蜗杆轴、蜗轮和心轴等组成。调整时，直流电动机产生的力矩带动蜗杆轴，驱动蜗轮转动，使心轴在蜗轮内旋进或旋出，带动座椅上下移动。

2. 电动座椅的工作原理和电路控制过程

下面以座椅的前后调节为例，介绍电路的控制过程，如图 6－86 所示。

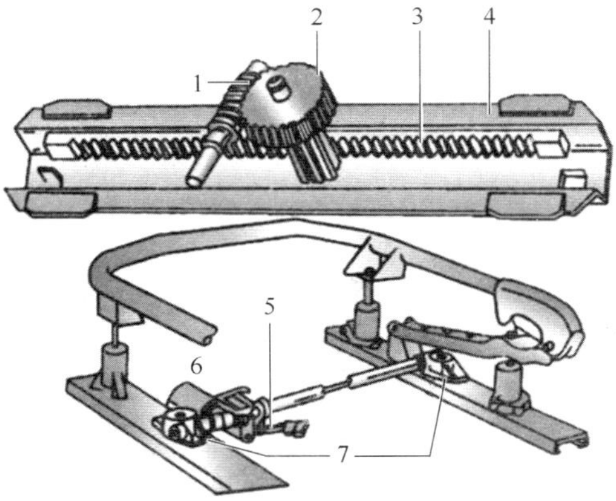

图 6－84　前后调整传动机构

1—蜗杆；2—蜗轮；3—齿条；4—导轨；5—位置传感器；
6—调整电动机；7—支撑导向器

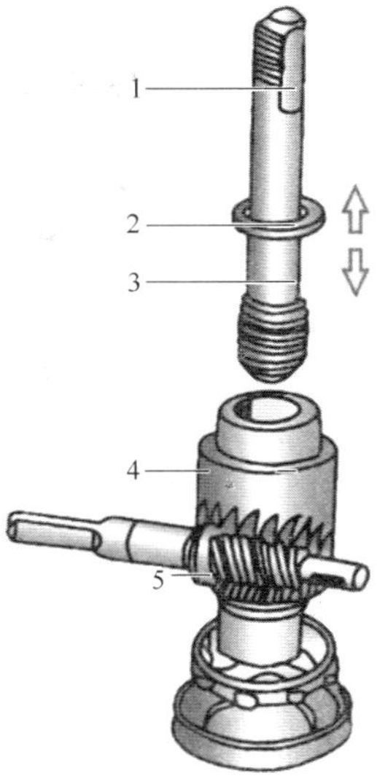

图 6－85　上下调整机构

1—铣平面；2—垫圈；3—心轴；
4—蜗轮；5—蜗杆轴

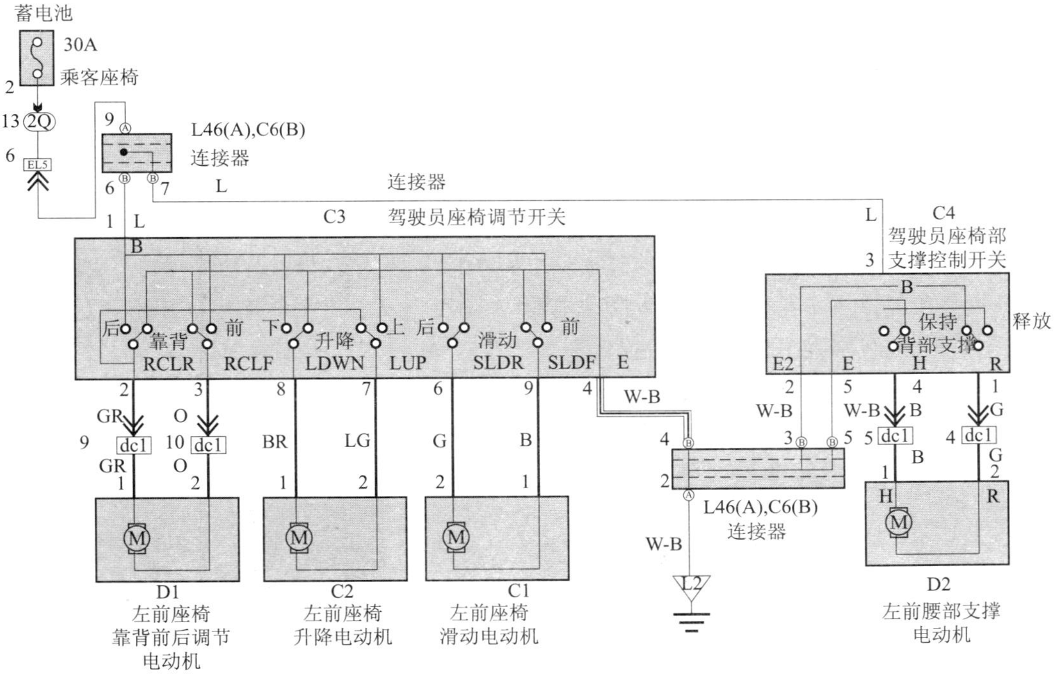

图 6－86　丰田卡罗拉电动座椅电路

按下座椅向前滑动键时，驾驶员座椅调节开关 C3 的 1－9 端接通、6－4 端接通，蓄电池正极→30 A 乘客座椅保险丝→驾驶员座椅调节开关端子 1→驾驶员座椅调节开关端子 9→左前座椅滑动电动机→驾驶员座椅调节开关端子 6→驾驶员座椅调节开关端子 4→连接器端子4→L2 搭铁→蓄电池负极，形成回路，此时电动机顺向转动，使座椅向前滑动。

按下座椅向后滑动键时，驾驶员座椅调节开关 C3 的 1－6 端接通、9－4 端接通，蓄电池正极→30 A 乘客座椅保险丝→驾驶员座椅调节开关 1 端→驾驶员座椅调节开关 6 端→左前座椅滑动电动机→驾驶员座椅调节开关 9 端→驾驶员座椅调节开关 4 端→连接器端子（4、2）→L2 搭铁→蓄电池负极，形成回路，此时电动机反向转动，使座椅向后滑动。

3. 电动座椅常见故障

电动座椅常见故障有：完全不动作或某个方向不能动作。

（1）电动座椅完全不动作的主要原因有：熔断器断路、线路断路、座椅开关有故障等。可以首先检查熔断器是否断路；若熔断器良好，则应检查线路连接是否正常，最后检查开关。

（2）电动座椅某个方向不能工作的主要原因：该方向对应的电动机损坏，开关、连接导线断路。可以先检查线路是否正常，再检查开关和电动机。

任务实施

（一）实施方案

1. 质量要求

参照厂家的质量标准要求。

2. 组织方式

每四位同学一组，检修 2007 款卡罗拉车 1.6 L/AT 轿车上的电动座椅，按照企业岗位操作规范进行作业。

每组作业时间为 90 分钟。

3. 作业准备

（1）技术要求与注意事项。

① 注意万能表使用中应选择合适的挡位。

② 使用电路图册时，要注意避免破损，电路图应与使用车型相对应。

③ 一般来说，汽车蓄电池电源线搭铁电源为 12 V，发电机正常输出电压不超过 14 V。

④ 注意电气线路在操作过程中的短路。

⑤ 维修手册所述的其他相关要求。

（2）设备器材：常用工具（一套）、万用表，如图 6－87 所示。

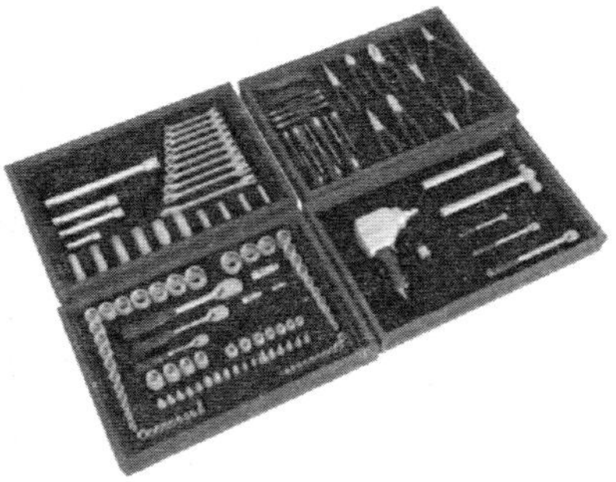

（a）

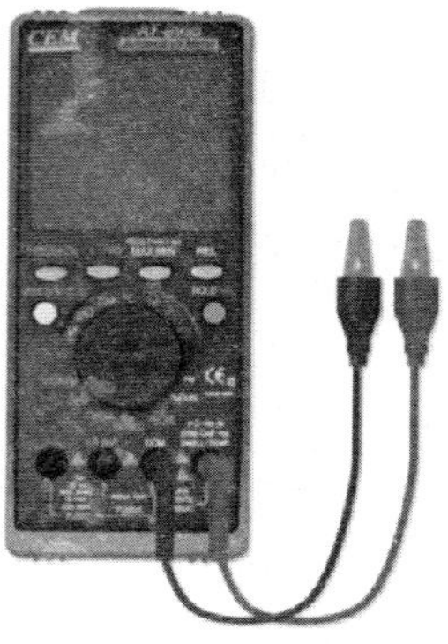

（b）

图 6－87 设备器材

（a）常用工具（一套）；（b）万用表

(3) 场地设施：理实一体化教室、废气排放装置、消防设施等。

(4) 设备设施：2007 款卡罗拉 1.6 L/AT 轿车、工具车、零件车、垃圾桶等。

(5) 安全防护：车轮挡块、室内三件套等。

(6) 耗材：干净抹布。

(二) 操作步骤

1. 检查线束和连接器

用万用表检查连接器端子 2 与搭铁 L2 间是否导通，否则应检查连接器以及 L2 的连接是否牢固；用万用表测连接器端子 9 与 6、7 之间电阻，检查连接器导通是否良好，否则应该更换连接器端子电缆。

2. 检查座椅开关

(1) 拆卸前排座椅头枕总成。

(2) 拆卸座椅外滑轨盖，如图 6-88 所示。

① 操作电动座椅开关旋钮并将座椅移动到最前位置。

② 脱开 2 个卡爪并拆下座椅外滑轨盖。

(3) 拆卸座椅内滑轨盖，如图 6-89 所示。

① 脱开卡爪。

② 脱开导销并拆下座椅内滑轨盖。

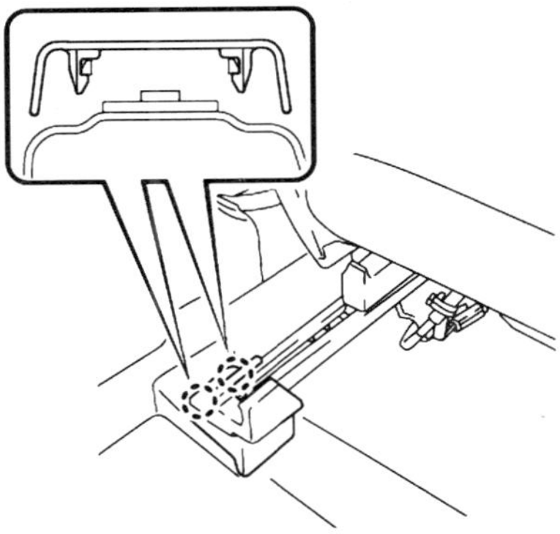

图 6-88 拆卸座椅外滑轨盖

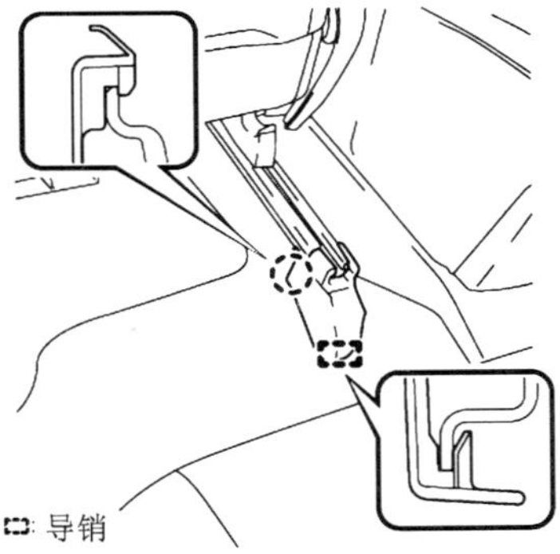

导销

图 6-89 拆卸座椅内滑轨盖

(4) 拆卸座椅总成。

① 拆下座椅后侧的 2 个螺栓。

② 操作电动座椅开关旋钮并将座椅移动到最后位置，如图 6-90 所示。

③ 拆下座椅前侧的 2 个螺栓，如图 6-91 所示。

④ 操作电动座椅开关旋钮并将座椅移动到中间位置。同时，操作电动座椅开关旋钮并将座椅靠背移动到直立位置。

⑤ 将电缆从蓄电池负极端子上拆掉。

⑥ 断开座椅下面的连接器。

⑦ 拆下座椅。

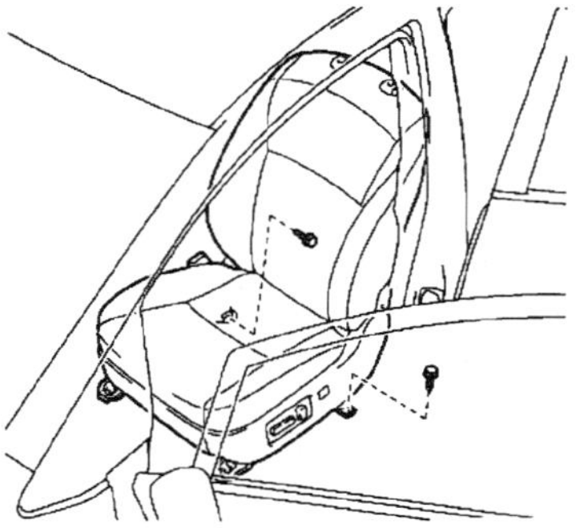

图 6-90　移动座椅到最后位置

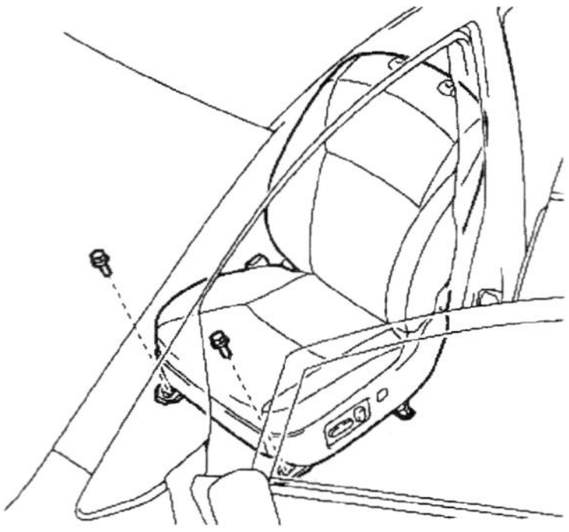

图 6-91　拆卸座椅前侧螺栓

注意事项

断开电缆后等待 90 min，以防止气囊展开。

断开蓄电池电缆后重新连接时，某些系统需要初始化。

小心不要损坏车身。

（5）拆卸电动座椅靠背倾角调节开关旋钮：使用缠有保护性胶带的螺丝刀，脱开 2 个卡爪并拆下电动座椅靠背倾角调节开关旋钮，如图 6-92 所示。

（6）拆卸电动座椅滑动和高度调节开关旋钮：使用缠有保护性胶带的螺丝刀，脱开 4 个卡爪并拆下电动座椅滑动和高度调节开关，如图 6-93 所示。

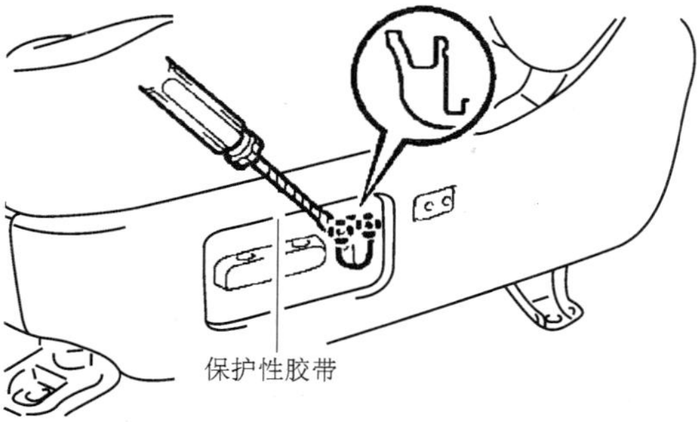

图 6-92　拆卸电动座椅靠背倾角调节开关旋钮

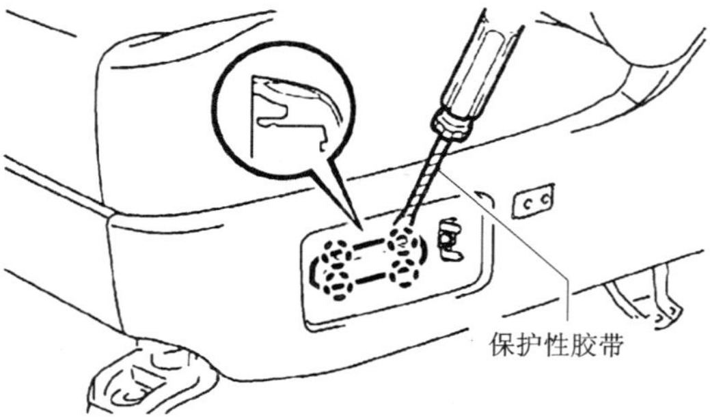

图 6-93　拆卸电动座椅滑动和高度调节开关旋钮

（7）拆卸前排座椅坐垫护板总成。

① 拆下挂钩，如图 6-94 所示。

② 拆下 5 个螺钉，如图 6-95 所示。

③ 脱开卡爪和导销，并拆下座椅坐垫护板总成。

④ 从电动座椅腰部开关上断开连接器。

（8）拆卸前排座椅坐垫 1 号内护板。

① 拆下螺钉。

② 脱开 2 个卡爪并拆下前排座椅 1 号坐垫内护板，如图 6-96 所示。

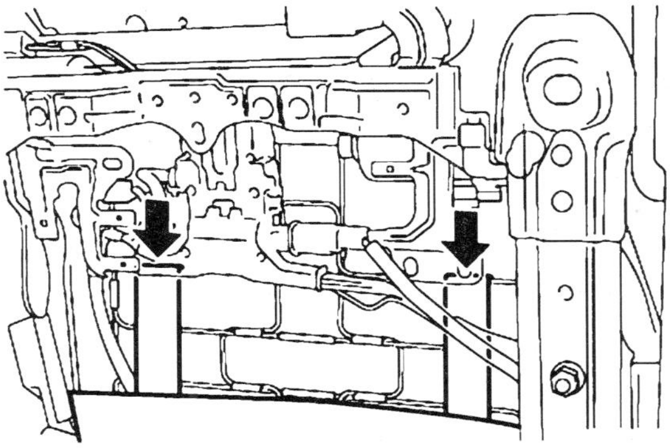

图 6－94　拆下挂钩

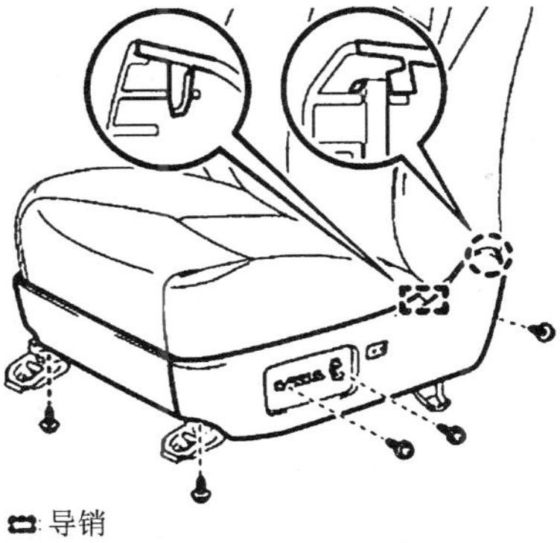

图 6－95　拆下螺钉

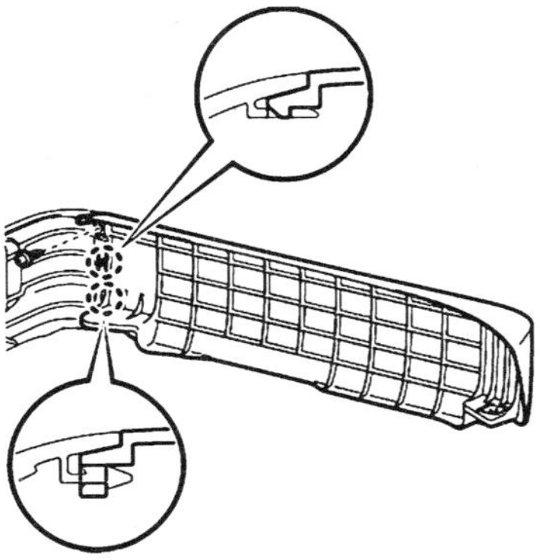

图 6－96　脱开前排座椅

（9）拆卸前排电动座椅腰部开关：拆下 2 个螺钉和前排电动座椅腰部开关，如图 6－97 所示。

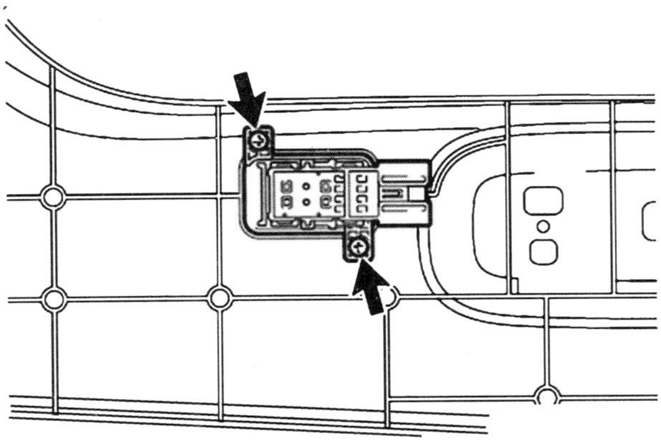

图 6－97　拆卸前排电动座椅腰部开关

（10）拆卸电动座椅开关。

① 拆下 3 个螺钉，如图 6－98 所示。

② 断开连接器并拆下电动座椅开关。

（11）检查电动座椅开关：当操作每个开关时，如图6－99所示，测量指定端子之间的电阻。

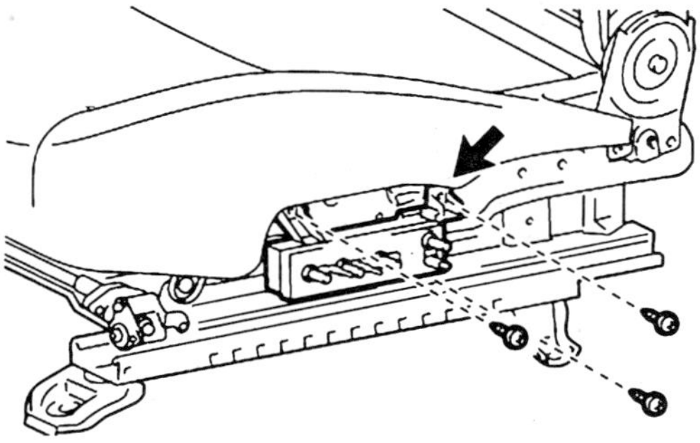

图6－98　拆卸螺钉

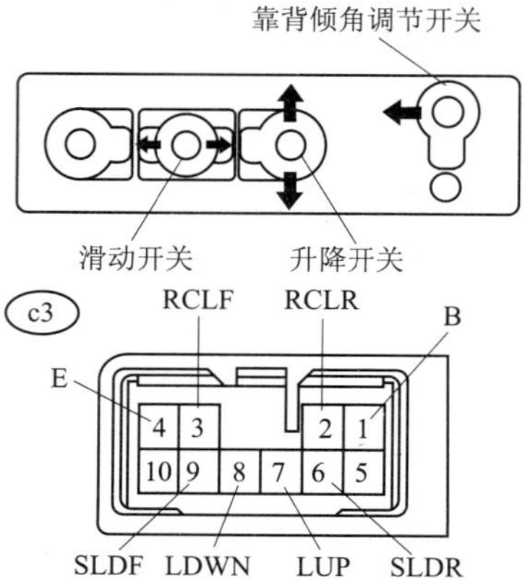

图6－99　检查电动座椅开关

① 标准电阻（滑动开关）见表6－9，如果结果不符合规定，则更换开关。

表6－9　标准电阻

检测仪连接	开关状态	规定状态
c3－1（B）－c3－9（SLDF）	前	小于1 Ω
c3－4（E）－c3－6（SLDR）	前	小于1 Ω
c3－1（B）－c3－6（SLDR）	前	10 kΩ或更大
c3－4（E）－c3－9（SLDF）	前	10 kΩ或更大
c3－4（E）－c3－6（SLDR）	OFF	小于1 Ω
c3－4（E）－c3－9（SLDF）	OFF	小于1 Ω
c3－1（B）－c3－6（SLDR）	OFF	10 kΩ或更大
c3－1（B）－c3－9（SLDF）	OFF	10 kΩ或更大
c3－1（B）－c3－6（SLDR）	后	小于1 Ω
c3－4（E）－c3－9（SLDF）	后	小于1 Ω
c3－1（B）－c3－9（SLDF）	后	10 kΩ或更大
c3－4（E）－c3－6（SLDR）	后	10 kΩ或更大

② 标准电阻（升降开关）见表6－10，如果结果不符合规定，则更换开关。

表6－10　标准电阻

检测仪连接	开关状态	规定状态
c3－1（B）－c3－7（LUP）	开	小于1 Ω
c3－4（E）－c3－8（LDWN）	开	小于1 Ω
c3－1（B）－c3－8（LDWN）	开	10 kΩ或更大

检测仪连接	开关状态	规定状态
c3－4（E）－c3－7（LUP）	开	10 kΩ 或更大
c3－4（E）－c3－7（LUP）	OFF	小于 1 Ω
c3－4（E）－c3－8（LDWN）	OFF	小于 1 Ω
c3－1（B）－c3－7（LUP）	OFF	10 kΩ 或更大
c3－1（B）－c3－8（LDWN）	OFF	10 kΩ 或更大
c3－1（B）－c3－8（LDWN）	关	小于 1 Ω
c3－4（E）－c3－7（LUP）	关	小于 1 Ω
c3－1（B）－c3－7（LUP）	关	10 kΩ 或更大
c3－4（E）－c3－8（LDWN）	关	10 kΩ 或更大

③ 标准电阻（靠背倾角调节开关）见表 6－11，如果结果不符合规定，更换开关。

表 6－11　标准电阻

检测仪连接	开关状态	规定状态
c3－1（B）－c3－3（RCLF）	开	小于 1 Ω
c3－4（E）－c3－2（RCLR）	开	小于 1 Ω
c3－1（B）－c3－2（RCLR）	开	10 kΩ 或更大
c3－4（E）－c3－3（RCLF）	开	10 kΩ 或更大
c3－4（E）－c3－2（RCLR）	OFF	小于 1 Ω
c3－4（E）－c3－3（RCLF）	OFF	小于 1 Ω
c3－1（B）－c3－3（RCLF）	OFF	10 kΩ 或更大
c3－1（B）－c3－2（RCLR）	OFF	10 kΩ 或更大
c3－1（B）－c3－2（RCLR）	关	小于 1 Ω
c3－4（E）－c3－3（RCLF）	关	小于 1 Ω
c3－1（B）－c3－3（RCLF）	关	10 kΩ 或更大
c3－4（E）－c3－2（RCLR）	关	10 kΩ 或更大

3. 检查电动机

（1）拆卸前排座椅坐垫内护板。

① 拆下螺钉。

② 脱开卡爪和导销。

③ 脱开导销并拆下前排座椅坐垫内护板。

（2）拆卸带软垫的前排座椅坐垫护面：拆下挂钩和带软垫的前排座椅坐垫护面，如图 6－100 所示。

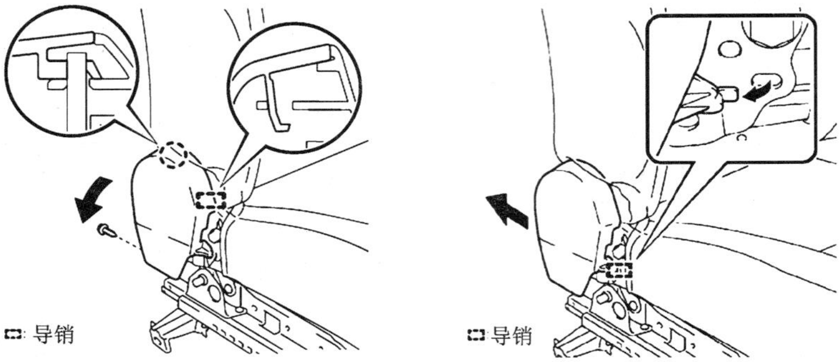

图 6－100　拆卸挂钩和带软垫的前排座椅坐垫护面

（3）拆卸分离式前排座椅坐垫护面：拆下 12 个卡圈和分离式前排座椅坐垫护面，如图 6－101 所示。

（4）拆卸带软垫的前排座椅靠背护面。

① 拆下 3 个卡圈。

② 脱开卡夹。

③ 断开连接器，如图 6－102 所示。

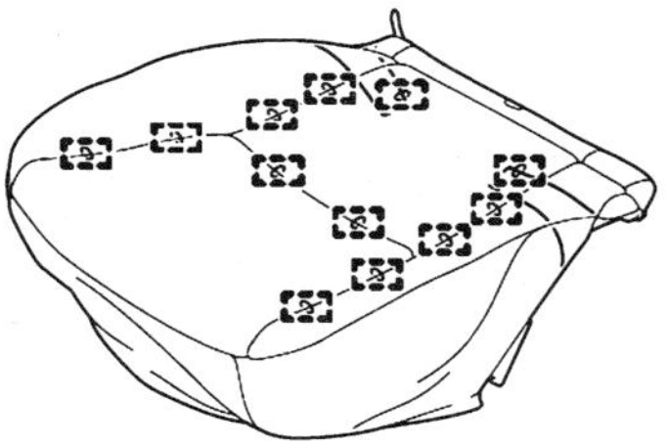

图 6－101　拆卸 12 个卡圈和分离式前排座椅坐垫护面

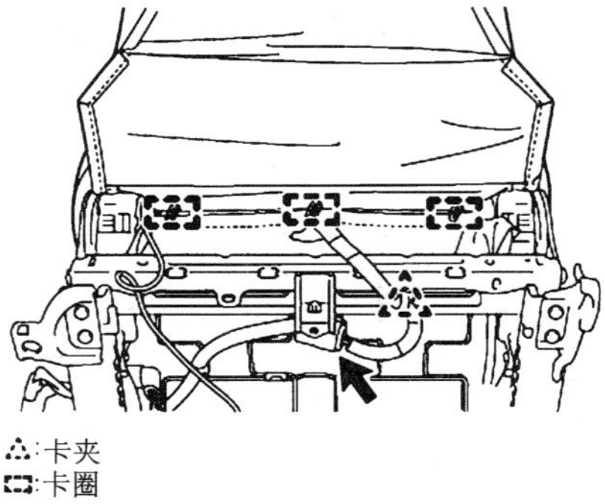

图 6－102　断开连接器

④ 拆卸 5 个卡圈，如图 6－103 所示。

⑤ 翻开分离式前排座椅靠背护面，以便拆下螺母，并脱开分离式前排座椅靠背护面支架，如图 6－104 所示。

⑥ 脱开 4 个卡爪并拆下 2 个前排座椅头枕支架，如图 6－105 所示。

⑦ 将带软垫的分离式前排座椅靠背护面从带调节器的前排座椅骨架总成上拆下。

（5）拆卸分离式前排座椅靠背护面：拆下 6 个卡圈和分离式前排座椅靠背护面，如图 6－106 所示。

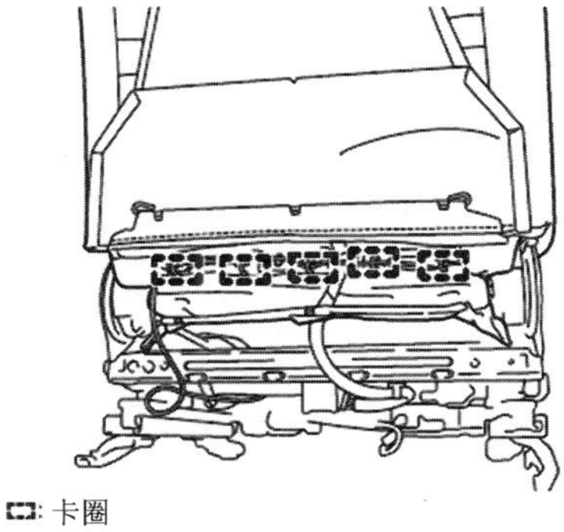

图 6－103　拆卸 5 个卡圈

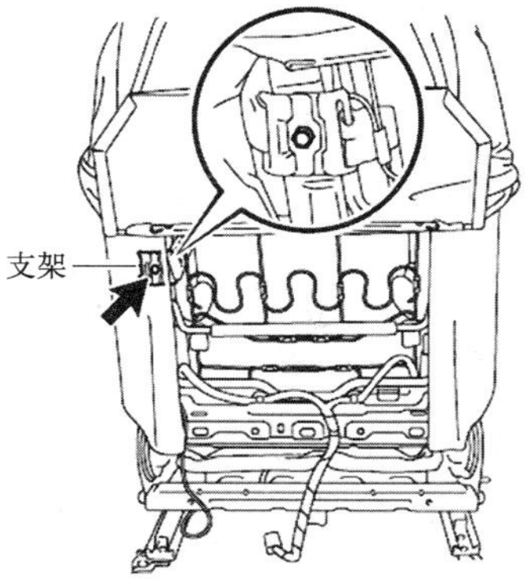

图 6－104　脱开分离式前排座椅靠背

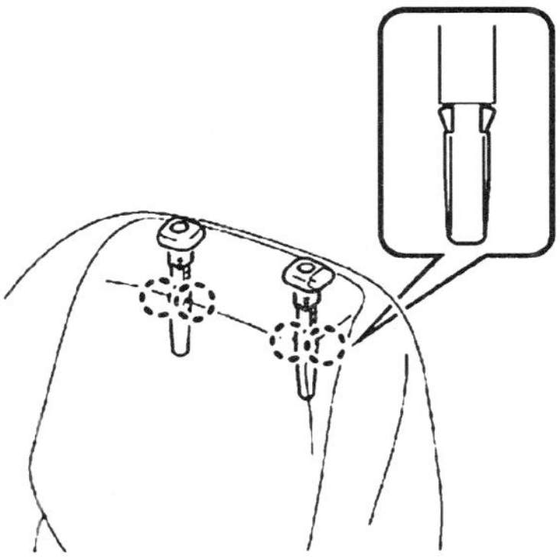

图 6－105　脱开卡爪并拆下

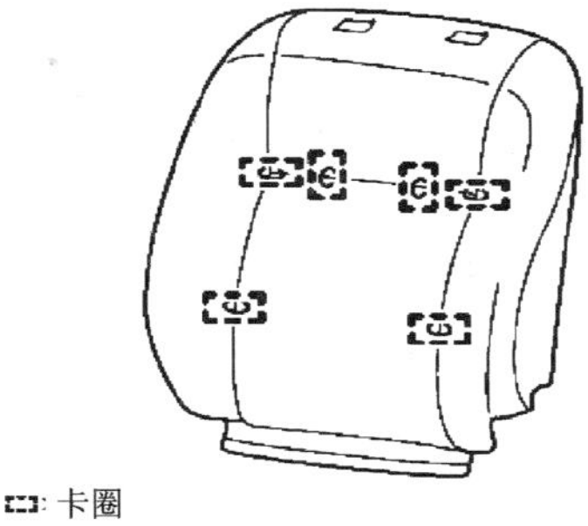

图 6－106　拆卸分离式前排座椅靠背护面

（6）拆卸腰部支撑调节器总成。

① 断开连接器，如图 6－107 所示。

② 拆下 2 个螺钉和腰部支撑调节器总成。

（7）拆卸左侧座椅靠背倾角调节器内盖。

① 拆下螺钉，如图 6－108 所示。

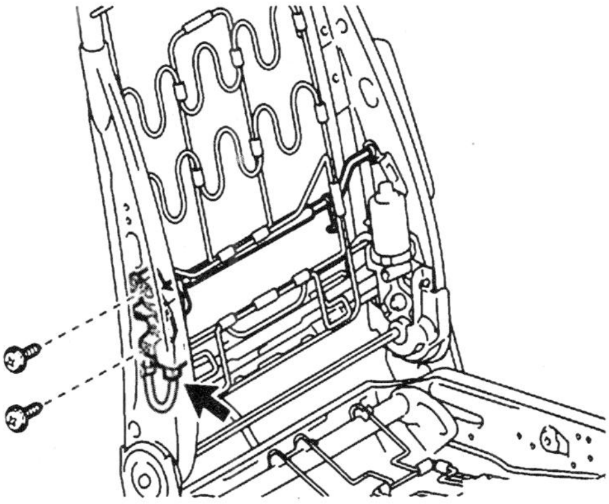

图 6－107　拆下调节器总成

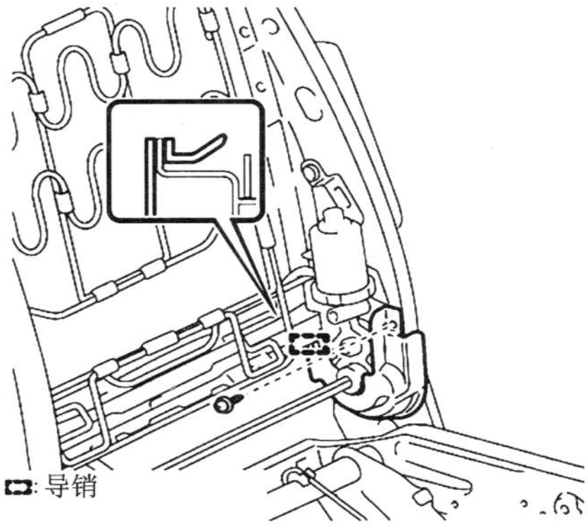

图 6－108　拆下螺钉

② 脱开导销，并拆下左侧座椅靠背倾角调节器内盖，如图 6－109 所示。

(8) 拆卸右侧座椅靠背倾角调节器内盖。

① 拆下螺钉。

② 脱开导销，并拆下右侧座椅靠背倾角调节器内盖，如图 6－110 所示。

图 6－109 脱开导销

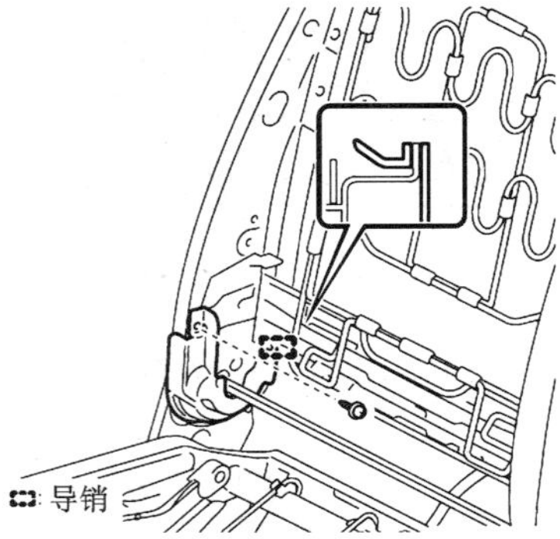

图 6－110 拆下右侧座椅靠背倾角调节器内盖

(9) 拆卸前排左侧座椅坐垫下护板。

① 拆下螺钉。

② 脱开 4 个卡爪，并拆下前排左侧座椅坐垫下护板，如图 6－111 所示。

(10) 拆卸前排右侧座椅坐垫下护板。

① 拆下螺钉。

② 脱开 4 个卡爪，并拆下前排右侧座椅坐垫下护板。

(11) 拆卸 1 号前排座椅线束。

脱开 6 个卡夹，断开 3 个连接器并拆下 1 号前排座椅线束，如图 6－112 所示。

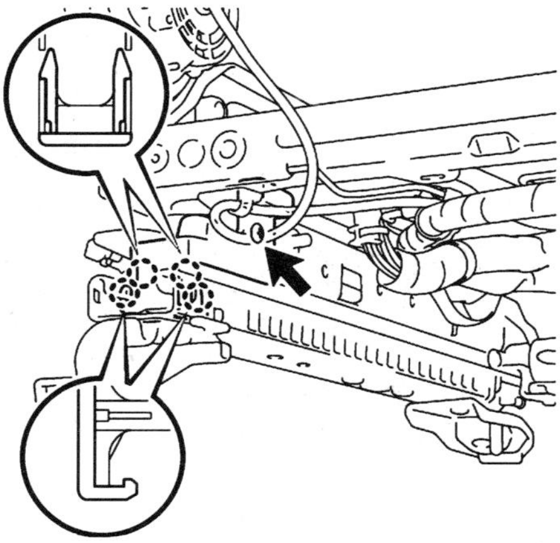

图 6－111 脱开 4 个卡爪

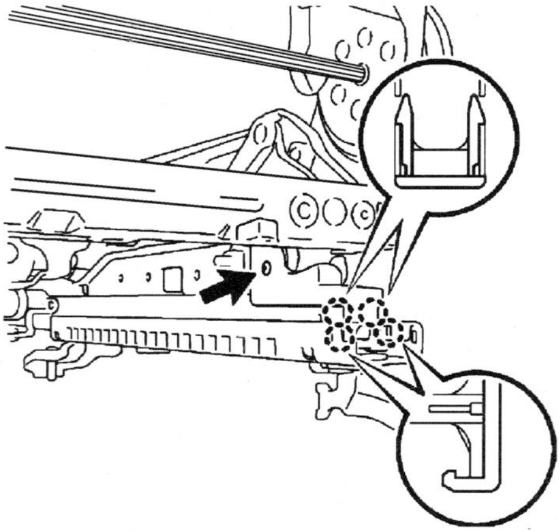

图 6－112 拆卸 1 号前排座椅线束

(12) 拆卸 2 号前排座椅线束。

① 脱开 3 个卡夹。

② 断开连接器并拆下 2 号前排座椅线束，如图 6－113 所示。

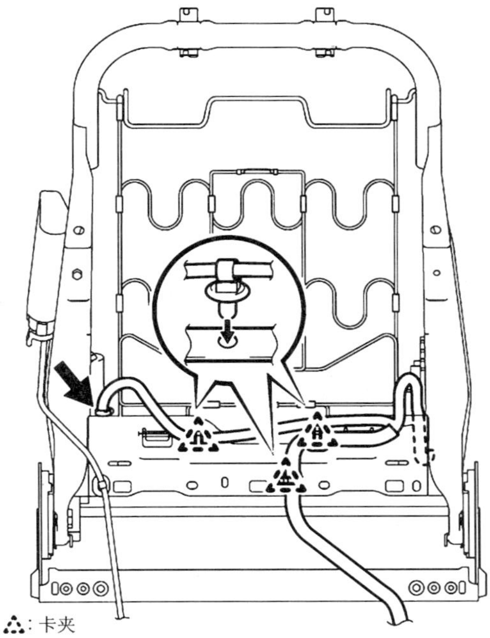

图 6-113　拆卸前排座椅线束

(13) 检查座椅滑动调节电动机。

将蓄电池连接至滑动调节电动机连接器端子（见图 6-114），检查座椅骨架是否能平顺移动。如果结果不符合规定，则更换前排座椅总成。

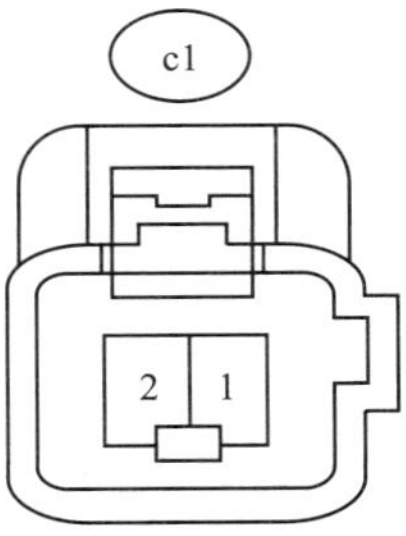

图 6-114　滑动电动机连接器端子

连接滑动调节电动机连接器端子时座椅移动情况见表 6-12。

(14) 检查座椅升降器电动机。

将蓄电池连接至升降器电动机连接器端子（见图 6-115），检查座椅骨架是否平顺移动。如果结果不符合规定，则更换前排座椅总成。

表 6-12　连接滑动调节电动机连接器端子时座椅移动情况

测量条件	运转方向
蓄电池正极（+）→c1-1；蓄电池负极（-）→c1-2	前
蓄电池正极（+）→c1-2；蓄电池负极（-）→c1-1	后

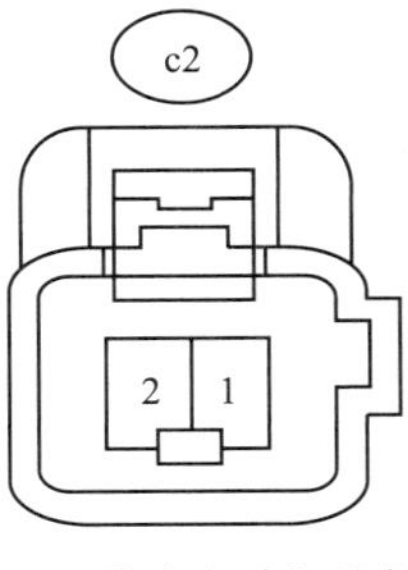

图 6-115　升降电动机连接器端子

连接升降器电动机连接器端子时座椅移动情况见表 6－13。

表 6－13　连接升降器电动机连接器端子时座椅移动情况

测量条件	运转方向
蓄电池正极（+）→c2－2　蓄电池负极（－）→c2－1	向上
蓄电池正极（+）→c2－1　蓄电池负极（－）→c2－2	向下

（15）检查座椅靠背倾角调节电动机。

将蓄电池连接至靠背倾角调节电动机连接器端子，如图 6－116 所示，检查座椅骨架是否能平顺移动。如果结果不符合规定，则更换前排座椅总成。

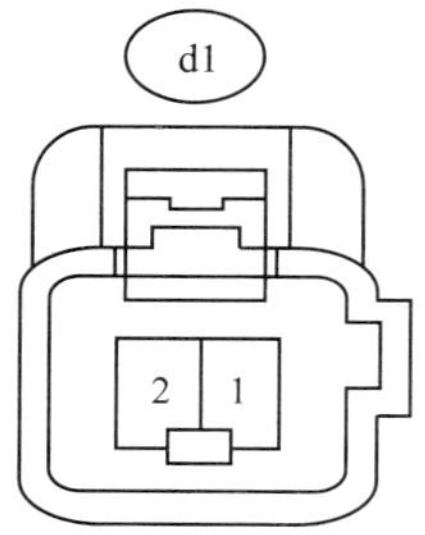

图 6－116　检查连接器端子

连接靠背倾角调节电动机连接器端子时座椅移动情况见表 6－14。

表 6－14　连接靠背倾角调节电动机连接器端子时座椅移动情况

测量条件	运转方向
蓄电池正极（+）→d1－2；蓄电池负极（－）→d1－1	前
蓄电池正极（+）→d1－1；蓄电池负极（－）→d1－2	后

（16）重新安装座椅：按照与拆卸相反的顺序安装座椅部件。

任务小结

1. 电动座椅的组成与功用

电动座椅由座椅调节开关、电子控制器（ECU）、电动机以及传动装置等组成，具有前后滑动、上下升降、靠背倾角调节以及腰部支撑等功能。

2. 电动座椅的工作原理

控制开关发出信号→电动座椅控制器→座椅位置调整电动机→传动装置。

3. 电动座椅常见故障

电动座椅常见故障有：完全不动作或某个方向不能动作。

4. 电动座椅检测步骤

（1）检测线束和连接器。

（2）检查座椅开关。

(3) 检查座椅电动机。

(4) 安装座椅。

任务评价

(一) 课堂练习

1. 判断题

(1) 电动座椅，不论是几向，都是靠一个电动机来驱动的。 ( )

(2) 卡罗拉轿车电动座椅采用的是三电动机式驱动。 ( )

(3) 如果连接器损坏，则电动座椅所有方向的调节均无效。 ( )

2. 单选题

(1) 下列不是电动座椅的组成部分的是 ( )。

A. 传动装置　B. 电动机　C. 车身 ECU

(2) 下列不是电动座椅能实现的功能的是 ( )。

A. 前后调节　B. 左右调节　C. 上下调节

(3) 关于电动座椅电动机的描述，下列错误的是 ( )。

A. 电动机一般为永磁式双向电动机

B. 电动机通过改变流进的电流方向来改变转动方向

C. 电动机不存在过载现象，因此不需要在线路上加熔断丝

(4) 如果电动座椅所有方向的调节都不能实现，则原因不可能是 ( )。

A. 保险丝熔断　B. 前后调节电动机损坏　C. 连接器损坏

(二) 技能评价

技能评价见表 6 – 15。

表 6 – 15 技能评价

序号	内容	分值	得分
1	能选用适当的工具	10	
2	检查线束和连接器	10	
3	拆卸座椅	20	
4	检查电动座椅开关	10	
5	检查座椅滑动调节电动机	10	
6	检查座椅升降器电动机	10	
7	检查座椅靠背倾角调节电动机	10	
8	安装座椅	20	
总分		100	

(注：操作正确即得分，操作错误或未进行操作即 0 分)

学习任务5 电动后视镜检修

任务目标和学习重点

任务目标

1. 熟知电动后视镜的组成与工作原理。
2. 了解电动后视镜出现故障的原因。
3. 能够规范完成电动后视镜拆卸与安装工作。
4. 能够规范完成电动后视镜检修工作。

学习重点

电动后视镜检修的任务实施。

知识准备

1. 电动后视镜组成

电动后视镜是汽车重要的安全部件，若电动后视镜无法调节，则将使驾驶员不能清楚地观察到车辆后方状况，影响行车安全。电动后视镜的组成如图 6－117 所示。

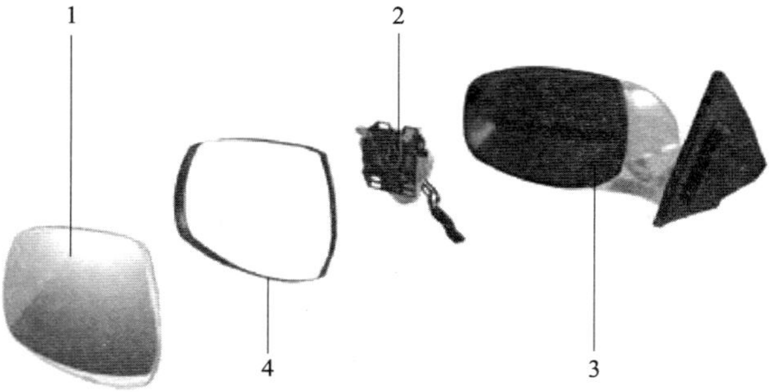

图 6－117 电动后视镜组成

1—后视镜片；2—驱动电动机；3—电动后视镜外壳；4—电动后视镜片固定架

2. 电动后视镜工作原理

电动后视镜的背后装有两套电动机和驱动器，可操纵反射镜上下及左右转动。通常上下方向的转动用一个电动机控制，左右方向的转动用另一个电动机控制。通过改变电动机的电流方向，即可完成后视镜的上下及左右调整。每个电动后视镜都有一个独立控制开关，开关杆可多方向移动，可使一个电动机工作或两个电动机同时工作，如图 6－118 所示。

3. 电动后视镜常见故障

电动后视镜是汽车重要的安全部件，其常见故障一般为后视镜无法调节。

造成电动后视镜无法调节的主要故障原因如下：

图 6－118　电动后视镜工作原理

（1）熔断器故障。

通过电路图可知，熔断器控制两侧的电动后视镜，如果熔断器熔断，两侧的后视镜将无法调节。

（2）后视镜电动机电路搭铁不良。

后视镜电动机电路搭铁不良，主要指后视镜的搭铁线连接处有松动或腐蚀。

（3）后视镜开关损坏。

后视镜开关是后视镜系统的控制部件。开关的常见故障有触点开关故障和机械故障。如为触点接触不良故障，则需要对开关中电路进行进一步测试；如为开关机械故障，则一般为开关插接器断裂等故障。

（4）后视镜电动机损坏。

后视镜之所以可以上、下、左、右的调节，主要是由于后视镜内的两个调节电动机通电之后的运动而实现的，所以调节电动机的烧坏和损毁会直接影响到后视镜是否可以正常的调节。一般情况下确定是后视镜电动机问题后，通常应更换后视镜调节电动机总成。

任务实施

（一）实施方案

1. 质量要求

参照厂家的质量标准要求。

2. 组织方式

每四位同学一组，检修卡罗拉车上的电动后视镜，按照企业岗位操作规范进行作业。

每组作业时间为 90 分钟。

3. 作业准备

（1）技术要求与标准。

① 进入实训场地前根据工作安全操作手册的要求穿戴好防护用品。

② 工具及拆下的零部件等都应整齐地放置在工具车及零件盘中。

（2）设备器材：常用工具（一套）、万用表，如图 6－119 所示。

（3）场地设施：理实一体化教室、废气排放装置、消防设施等。

（4）设备设施：2007 款卡罗拉 1.6 L/AT 轿车、工具车、零件车、垃圾桶等。

（5）安全防护：车轮挡块、室内三件套等。

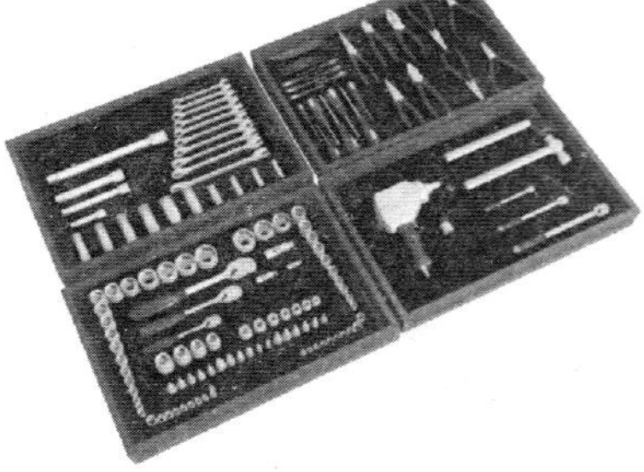

（a）

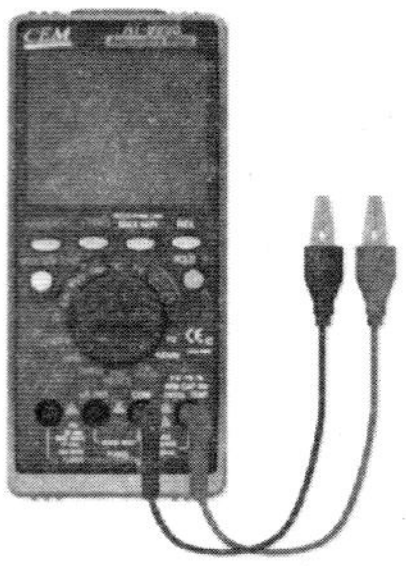

（b）

图 6－119　设备器材

（a）常用工具（一套）；（b）万用表

（6）耗材：干净抹布。

（二）操作步骤

1. 车外后视镜线路检修

检查车外后视镜电路是否搭铁不良、线路是否连接松动、插接器连接是否松动，如有异常，应修复或紧固。

2. 车外后视镜和开关检修

1）拆卸车外后视镜

（1）使用正确工具断开蓄电池负极电缆。

（2）拆卸前门内把手框，如图 6－120 所示。使用头部缠有保护胶带的螺丝刀，脱开 3 个卡爪并拆卸前门内把手框。

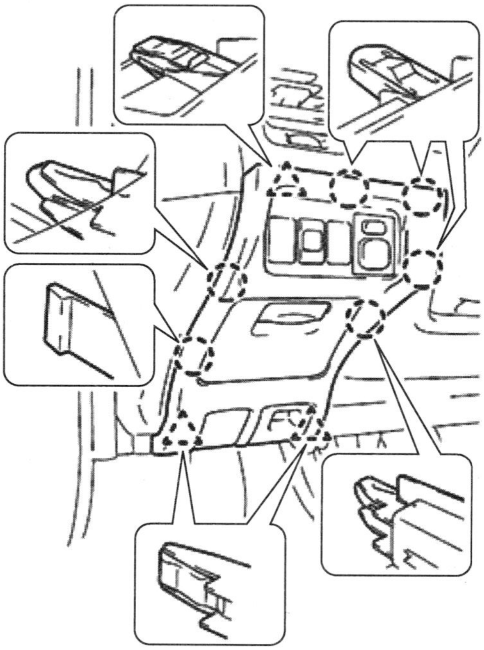

图 6－120　拆卸内把手框

（3）拆卸前扶手座上板，如图 6－121 所示。

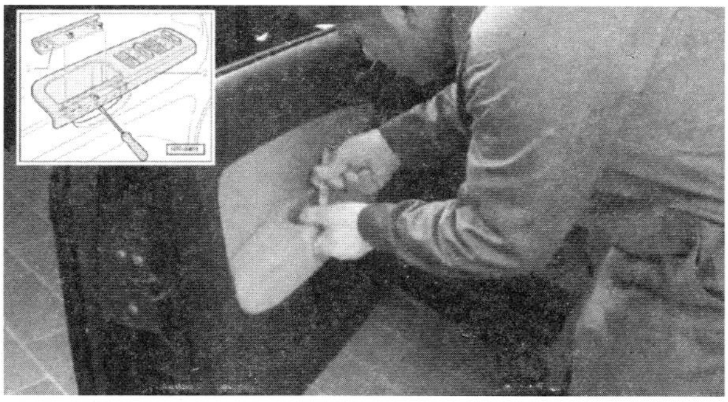

图 6－121　拆卸前扶手座上板

① 使用头部缠有保护胶带的螺丝刀，脱开 2 个卡子和 6 个卡爪，拆下前扶手座上板。
② 断开连接器。
（4）拆卸门控灯总成，如图 6－122 所示。

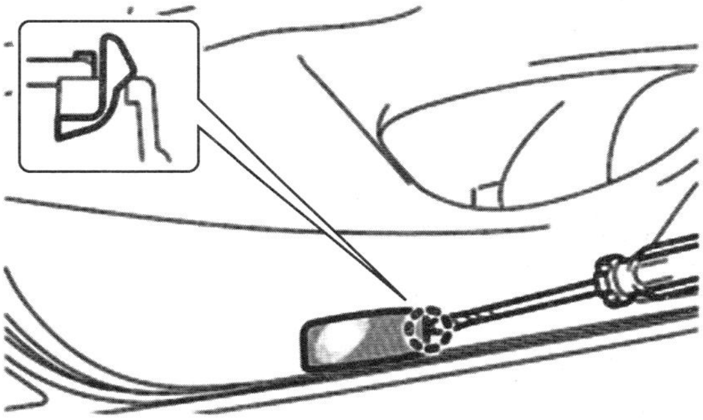

图 6－122　拆卸门控灯总成

① 使用头部缠有保护胶带的螺丝刀，脱开卡爪并拆下门控灯总成。
② 断开连接器。
（5）拆卸前门装饰板分总成，如图 6－123 所示。

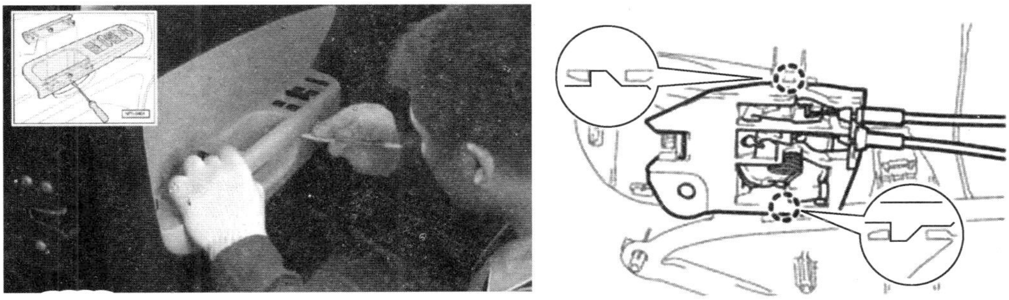

图 6－123　拆卸前门装饰板分总成

① 使用头部缠有保护胶带的螺丝刀，脱开卡爪并断开车门扶手盖。
② 拆下 2 个螺钉。

③ 使用卡子拆卸工具，脱开 9 个卡子。

④ 脱开 5 个卡爪并从前门玻璃内密封条上分开前门装饰板分总成。

⑤ 脱开 2 个卡爪，并断开前门内把手分总成。

（6）拆卸前门下门框支架装饰条。

① 脱开卡子和卡夹，并拆下前门下门框支架装饰条。

② 断开连接器，如图 6－124 所示。

图 6－124　断开线束连接器

（7）断开线束连接器，拆下 3 个固定螺栓，然后拆下带盖的车外后视镜总成，如图 6－125 所示。

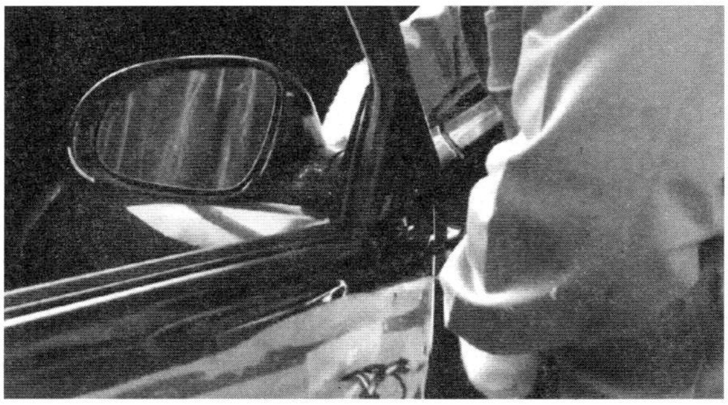

图 6－125　拆下后视镜总成

2）检查车外后视镜

（1）检查左侧车外后视镜总成。

① 断开后视镜连接器，如图 6－126 所示。

② 施加蓄电池电压并检查后视镜的工作情况。正确的检查结果参考表 6－16，如果结果不符合规定，则更换左侧车外后视镜总成。

③ 带后视镜加热器。

根据表 6－17 中的值测量电阻，将蓄电池正极（＋）端子连接至端子 1，并将蓄电池负极（－）端子连接至端子 2，然后检查并确认后视镜变暖，如图 6－127 所示。如果结果不符合规定，则更换车外后视镜。

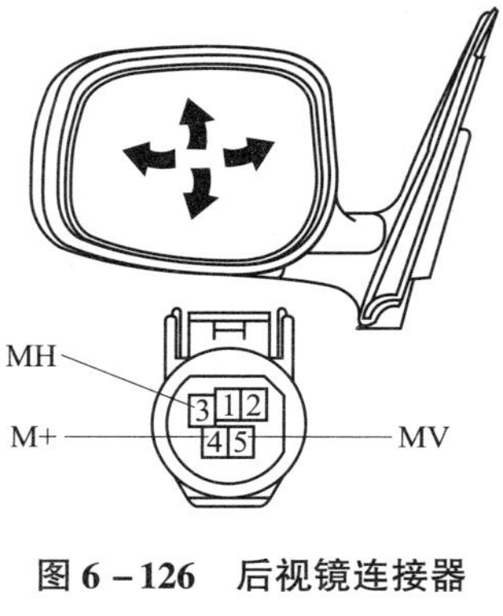

图 6－126　后视镜连接器

正常：短时间内后视镜变暖。

表 6－16　连接后视镜连接器端子时后视镜动作情况

测量条件	规定状态
蓄电池正极（＋）→端子 5（MV） 蓄电池负极（－）→端子 4（M＋）	上翻
蓄电池正极（＋）→端子 4（M＋） 蓄电池负极（－）→端子 5（MV）	下翻
蓄电池正极（＋）→端子 3（MH） 蓄电池负极（－）→端子 4（M＋）	左转
蓄电池正极（＋）→端子 4（M＋） 蓄电池负极（－）→端子 3（MH）	右转

表 6－17　标准电阻

检测仪连接	条件	规定状态
1（H＋）－2（H－）	25°C（77°F）	7.6～11.4 Ω

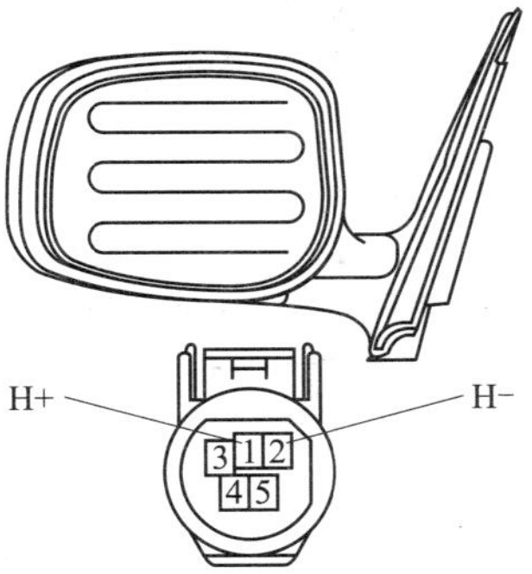

图 6－127　后视镜加热器端子

（2）检查右侧车外后视镜总成。

① 断开后视镜连接器，如图 6－128 所示。

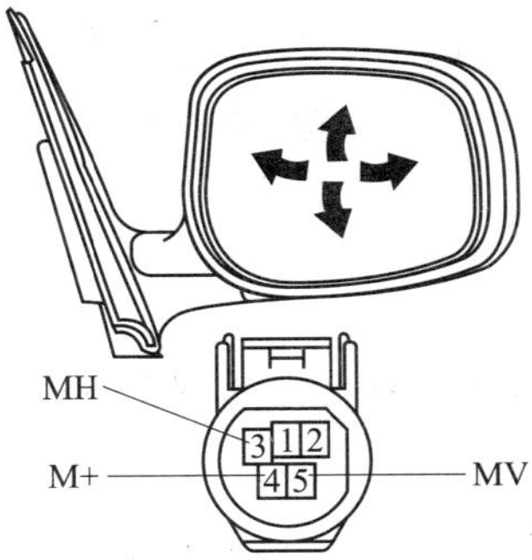

图 6－128　断开后视镜连接器

② 施加蓄电池电压并检查后视镜的工作情况。正确的检查结果参考表6－18，如果结果不符合规定，则更换右侧车外后视镜总成。

表6－18 施加蓄电池电压并检查后视镜的工作情况

测量条件	规定状态
蓄电池正极（＋）→端子5（MV） 蓄电池负极（－）→端子4（M＋）	上翻
蓄电池正极（＋）→端子4（M＋） 蓄电池负极（－）→端子5（MV）	下翻
蓄电池正极（＋）→端子3（MH） 蓄电池负极（－）→端子4（M＋）	左转
蓄电池正极（＋）→端子4（M＋） 蓄电池负极（－）→端子3（MH）	右转

③ 带后视镜加热器。

根据表6－19中的值测量电阻，将蓄电池正极（＋）端子连接至端子1，并将蓄电池负极（－）端子连接至端子2，然后检查并确认后视镜变暖，如图6－129所示。如果结果不符合规定，则更换车外后视镜。

正常：短时间内后视镜变暖。

表6－19 标准电阻

检测仪连接	条件	规定状态
1（H＋）－2（H－）	25°C（77°F）	7.6～11.4 Ω

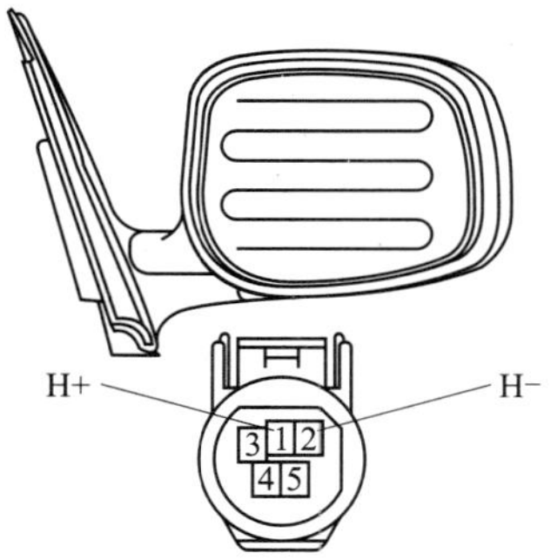

图6－129 后视镜加热器端子

3）检查后视镜开关

（1）左/右调整开关的L位置，如图6－130所示，参考表6－20中的值测量电阻。如果结果不符合规定，则更换开关总成。

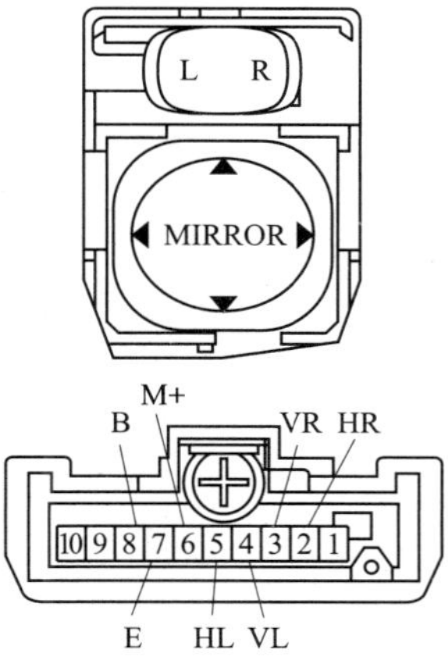

图 6－130　后视镜开关连接器

表 6－20　标准电阻（左侧）

检测仪连接	开关条件	规定状态
4（VL）－8（B） 6（M＋）－7（E）	UP	小于 1 Ω
	OFF	10 kΩ 或更大
4（VL）－7（E） 6（M＋）－8（B）	DOWN	小于 1 Ω
	OFF	10 kΩ 或更大
5（HL）－8（B） 6（M＋）－7（E）	LEFT	小于 1 Ω
	OFF	10 kΩ 或更大
5（HL）－7（E） 6（M＋）－8（B）	RIGHT	小于 1 Ω
	OFF	10 kΩ 或更大

（2）左/右调整开关的 R 位置：根据表 6－21 中的值测量电阻。如果结果不符合规定，则更换开关总成。

表 6－21　标准电阻（右侧）

检测仪连接	开关条件	规定状态
3（VR）－8（B） 6（M＋）－7（E）	UP	小于 1 Ω
	OFF	10 kΩ 或更大
3（VR）－7（E） 6（M＋）－8（B）	DOWN	小于 1 Ω
	OFF	10 kΩ 或更大
2（HR）－8（B） 6（M＋）－7（E）	LEFT	小于 1 Ω
	OFF	10 kΩ 或更大
2（HR）－7（E） 6（M＋）－8（B）	RIGHT	小于 1 Ω
	OFF	10 kΩ 或更大

4）安装车外后视镜

（1）安装带盖的车外后视镜总成，如图 6－131 所示。

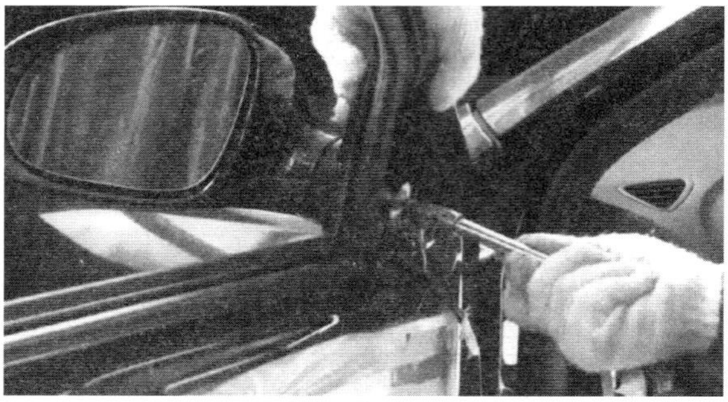

图 6－131　安装后视镜

① 接合卡爪，并暂时安装带盖的车外后视镜总成。

② 安装 3 个螺栓，扭矩为 9.0 N · m。

③ 连接连接器。

（2）安装前门下门框支架装饰条，如图 6－132 所示。

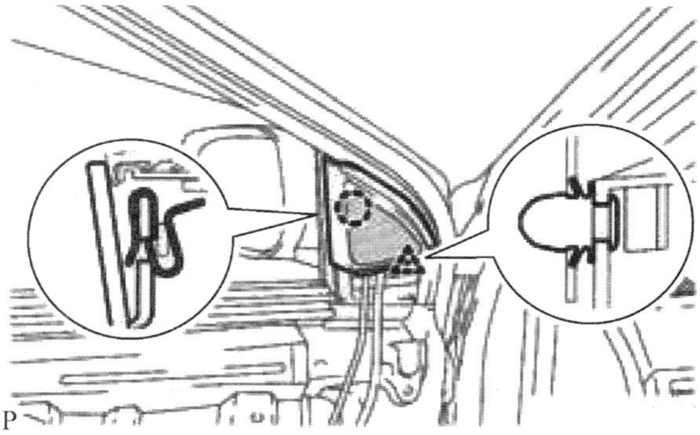

图 6－132　安装支架装饰条

① 连接连接器。

② 接合卡子和卡夹，并安装前门下门框支架装饰条。

（3）安装前门装饰板分总成，如图 6－133 所示。

图 6－133　安装前门装饰板分总成

① 用前门玻璃内密封条上的 5 个卡爪接合前门装饰板。

② 接合 9 个卡子，将前门装饰板安装到前门板上。

③ 安装 2 个螺钉。

（4）安装门控灯总成（带门控灯），如图 6 – 134 所示。

① 连接连接器。

② 接合卡爪，安装门控灯总成。

（5）安装前扶手座上板，如图 6 – 135 所示。

① 连接连接器。

② 接合 2 个卡子和 6 个卡爪，安装前扶手座上板。

（6）安装前门内把手框，如图 6 – 136 所示。接合 3 个卡爪，安装前门内把手框。

（7）安装蓄电池负极电缆。使用正确工具将电缆连接到蓄电池负极端子。

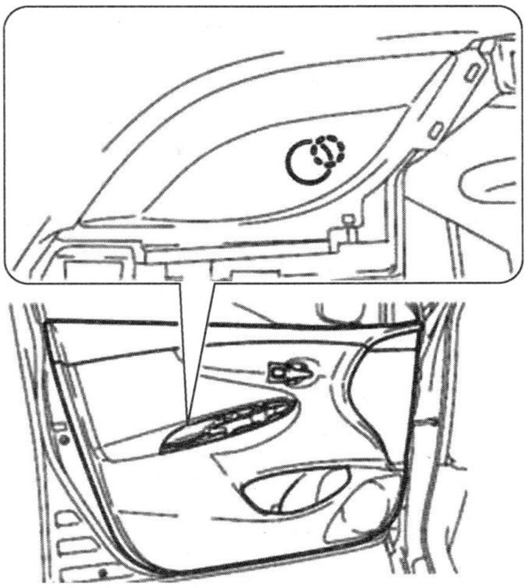

图 6 – 134　安装门控灯总成

图 6 – 135　安装扶手座上板

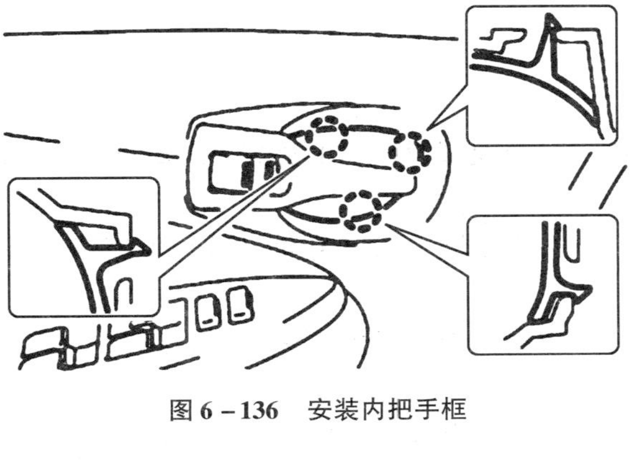

图 6 – 136　安装内把手框

3. 竣工检查

诊断与维修工作结束后，用洁净的布将工具擦干净并放回工具箱，将废弃物分门别类地放入相应的垃圾桶，并将工作现场打扫干净。

起动发动机，检查车辆运行是否正常；检查左侧后视镜和右侧后视镜是否可以上、下、左、右正常调节。

任务小结

1. 电动后视镜组成

电动后视镜主要由镜片、驱动电动机、外壳和调整开关等组成。

2. 电动后视镜工作原理

通过改变电动机的电流方向，即可完成后视镜的上下及左右调整。

3. 电动后视镜故障原因

（1）熔断器故障。

（2）后视镜电动机电路搭铁不良。

（3）后视镜开关损坏。

（4）后视镜电动机损坏。

4. 检修电动后视镜

（1）检查车外后视镜线路。

（2）检修车外后视镜开关。

① 拆卸车外后视镜开关。

② 检查车外后视镜开关。

③ 安装车外后视镜开关。

（3）检修车外后视镜。

① 拆卸车外后视镜。

② 检查车外后视镜。

③ 安装车外后视镜。

（4）竣工检查。

任务评价

（一）课堂练习

1. 判断题

（1）电动后视镜的控制原理是通过改变电流方向继而改变电动机的旋转方向，最终实现改变其运动方向的目的。（　　）

（2）测量车外后视镜开关 L 位置端子电阻，当开关置于“LEFT”时，规定状态为 10 kΩ 或更大。（　　）

（3）拆卸车外后视镜时，螺丝刀头部必须缠有保护胶带。（　　）

2. 单选题

（1）每个电动后视镜的后面都有（　　）个电动机驱动。

A. 1　　B. 2　　C. 3　　D. 4

（2）将蓄电池正极（+）引线连接到端子 5（MV）上，负极（-）引线连接到端子 4（M+）上，后视镜转动的正确方向为（　　）。

A. 上翻　　B. 下翻　　C. 左转　　D. 右转

（二）技能评价

技能评价见表 6－22。

表 6－22　技能评价

序号	内容	分值	得分
1	能选用适当的工具	10	
2	正确拆装后视镜开关	10	
3	检查车外后视镜线路	10	
4	检查车外后视镜开关 L 位置电阻	15	
5	检查车外后视镜开关 R 位置电阻	15	
6	正确拆装电动后视镜	20	
7	检查左、右侧电动后视镜工作情况	20	
总分		100	

（注：操作正确即得分，操作错误或未进行操作即 0 分）

学习任务 6　安全气囊检修

任务目标和学习重点

任务目标

1. 了解汽车安全气囊的功用。
2. 掌握汽车安全气囊系统的组成及其基本原理。
3. 掌握汽车安全气囊系统故障的检修方法。

学习重点

汽车安全气囊系统故障检修的任务实施。

知识准备

1. 汽车安全气囊的功用

安全气囊系统（Supplemental Restraint System，简称 SRS）是为了减少汽车发生碰撞时由于巨大惯性力所造成的对驾驶员和乘客的伤害而装设的一种被动安全系统。当汽车遭受碰撞导致减速度急剧变化时，气囊能够迅速膨胀，在驾驶员和乘客与车内构件之间迅速铺垫一个气垫，利用气囊排气节流的阻尼作用来吸收人体惯性力产生的动能，从而减轻人体受伤害的程度，如图 6－137 所示。

图 6－137 汽车安全气囊

2. 汽车安全气囊系统的组成

安全气囊系统是一种辅助保护系统，主要由安全气囊传感器、安全气囊电子控制装置、SRS 警告灯和气囊组件四部分组成，如图 6－138 所示。

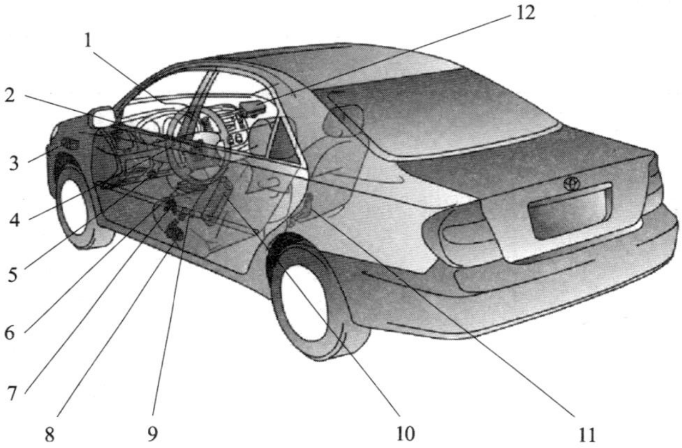

图 6－138 汽车安全气囊系统组成

1—SRS 警告信号灯；2—螺旋电缆；3—前空气囊传感器；4—驾驶员空气囊总成；5—电子控制装置（ECU）；6—中央空气囊传感器总成；7—侧面空气囊传感器；8—座椅安全带预张紧器；9—座位位置空气囊传感器；10—侧面空气囊总成；11—防护帘空气囊传感器；12—前乘客空气囊总成

1）传感器

根据传感器所承担的任务不同分为两种：第一种是碰撞信号传感器，主要用来感测汽车碰撞所受到的冲击信号，将汽车碰撞时的减速度输入安全气囊电子控制装置；第二种是防护碰撞传感器，主要用来防止非碰撞状况引起安全气囊误动作，其控制着气囊点火器电源电路，通常设置在安全气囊 ECU 内部。

安全气囊的触发条件：当车辆发生碰撞，某个防护碰撞传感器与任意一个碰撞信号传感器同时接通时，点火引爆电路才能接通。

2）安全气囊 ECU

安全气囊 ECU 大多安装在仪表台中央的下端，其作用是根据各个传感器的信号来控制气囊的触发，并对系统故障进行自我诊断。

在汽车行驶过程中，安全气囊 ECU 不断接收碰撞信号传感器与防护碰撞传感器传来的车速变化信号，进行分析判断后，确定是否发生碰撞。当判断结果满足气囊触发条件时，立即运行控制点火的程序，并向点火电路发出指令引爆点火剂，使安全气囊充气。

安全气囊有两个电源，一个是汽车电源（蓄电池和发电机），另一个是紧急辅助电源。当汽车电源与安全气囊 ECU 之间的电路切断后，紧急辅助电源在一定的时间内维持安全气囊系统的供电，保持其正常功能。

3）SRS 警告灯

SRS 警告灯受控于安全气囊控制单元，通过是否点亮指示系统的工作状态。打开点火开关约 2 s，警告灯开始自检，如果系统没有故障，则警告灯熄灭。在自检的过程中，警告灯点亮，如果系统有故障或者发生碰撞，则警告灯常亮。

4）安全气囊组件

安全气囊总成由点火器、气体发生剂、过滤器和气囊充气设备等组成，如图 6－139 所示。

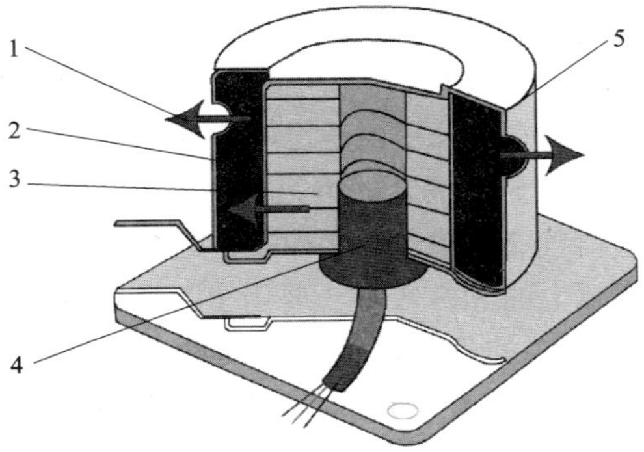

图 6－139　安全气囊组件

1—氮气；2—过滤器；3—叠氮化钠；4—点火器；5—安全气囊充气设备

3. 汽车安全气囊系统的基本原理

当汽车受到一定角度范围内（根据气囊传感器工作情况决定）的高速碰撞时，安装在汽车上的碰撞信号传感器和与安全气囊 ECU 安装在一起的防护碰撞传感器就会检测到汽车突然减速的信号，使传感器触点闭合，将减速信号传送到安全气囊 ECU；安全气囊 ECU 中预先设置的程序经过对传感器所检测的信号进行计算和逻辑判断，必要时立即向安全气囊组件内的电热点火器发出点火指令，引爆点火器，点火剂受热爆炸。点火剂引爆时，迅速产生大量的热量，气体发生剂（叠氮化钠）受热分解释放大量氮气充入气囊，气囊便冲开气囊组件的装饰盖板鼓向驾驶员或乘客，使驾驶员或乘客头部和胸部压在充满气体的气囊上，将人体与车内构件之间的碰撞变为弹性碰撞，并通过气囊产生变形来吸收人体碰撞时产生的动能，达到保护人体的目的。其基本原理如图 6－140 所示。

4. 汽车安全气囊系统维修的注意事项

SRS 系统出现故障时，如果不按照正确顺序进行维修，可能会使 SRS 在维修过程中意外展开，造成严重事故。另外，如果维修 SRS 时出现错误，在需要时，SRS 可能无法工作。以丰田卡罗拉为例，检修安全气囊需要注意以下事项：

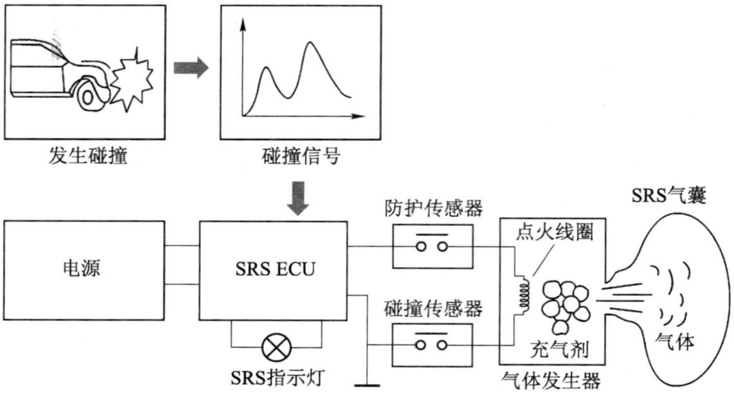

图 6－140　安全气囊系统的基本原理

（1）开始维修前，将点火开关置于“OFF”位置，并将负极（－）电缆从蓄电池上断开后，等待至少 90 s。

（2）不要使 SRS 的任一零件直接受热或遇火。

（3）由于 SRS 的故障症状很难确认，因此在故障排除时，故障代码是最重要的信息源。在对 SRS 进行故障排除时，必须在断开蓄电池之前检查故障代码。

（4）即使在轻微碰撞未导致 SRS 展开的情况下，也应该检查 SRS 零件。

（5）如果操作时可能会对气囊传感器产生冲击，则应在开始维修前拆下气囊传感器。

（6）不能够使用其他车辆上的 SRS 零件，要用全新零件更换旧零件。

（7）不可以拆解或维修 SRS 的任何零件并将其投入重复使用。如果这些零件曾经跌落或在壳体、支架或连接器中发现任何缺陷（例如，裂纹、凹痕或其他缺陷），则需换新件。

（8）对 SRS 的工作结束后，要执行 SRS 警告灯检查。

任务实施

（一）实施方案

1. 质量要求

参照厂家的质量标准要求。

2. 组织方式

每四位同学一组，结合维修手册，对 2007 款丰田卡罗拉 1.6 AT 轿车 SRS 警告灯长亮故障进行检修。

每组作业时间为 40 分钟。

3. 作业准备

（1）技术要求与标准。

① 进入实训场地前，根据工作安全操作手册的要求穿戴好防护用品。

② 工具及拆下的零部件等都应整齐地放置在工具车及零件盘中。

（2）设备器材：常用工具（一套）、万用表、故障诊断仪 IT－Ⅱ，如图 6－141 所示。

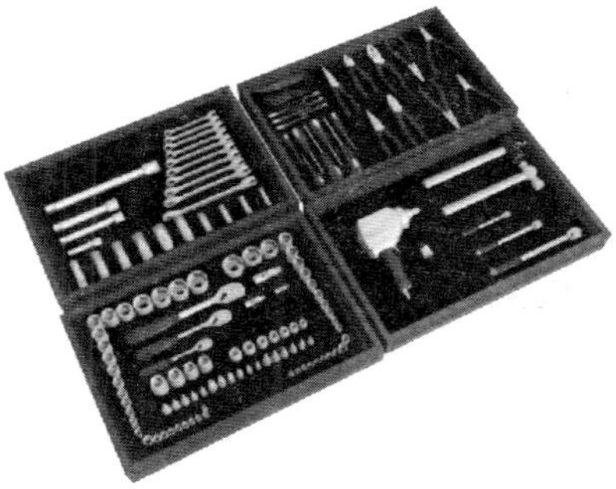

(a)

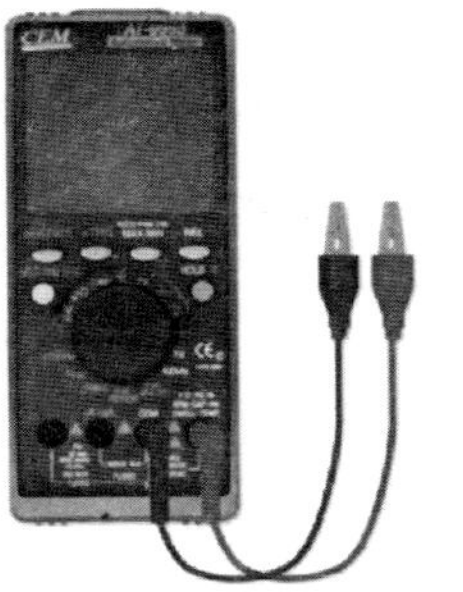

(b)

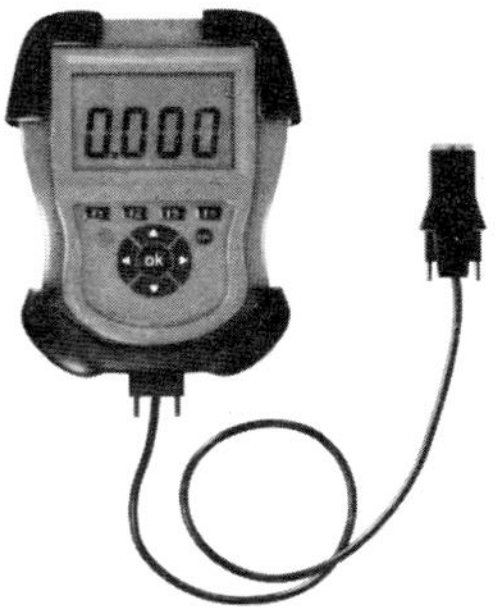

(c)

图 6－141　设备器材

(a) 常用工具（一套）；(b) 万用表；(c) 故障诊断仪 IT－Ⅱ

（3）场地设施：带消防设施的场地。

（4）设备设施：2007 款卡罗拉 1.6 L/AT 轿车、工具车、零件车、垃圾桶。

（5）耗材：干净抹布。

（二）操作步骤

1．SRS 警告灯检查

将点火开关置于“ON”（IG）位置后约 6 s，检查 SRS 警告灯工作情况。

系统正常：将点火开关置于“ON”（IG）位置，SRS 警告灯亮起约 6 s 后，初步检查完成后熄灭。

如果 SRS 警告灯熄灭，然后又亮起，则需要使用智能检测仪检查 CAN 通信系统是否工作正常；如果 SRS 警告灯一直亮，则进行下一步检查。

2．读取故障码

使用故障诊断仪 IT－Ⅱ对车辆进行故障检查，读取故障码。

如果读取到故障码，则按故障码显示检修相应故障部位，然后进行维修检查，无故障码输出且故障指示灯在规定时间内熄灭，说明故障排除。

如果故障诊断仪读取不到故障码，则根据故障诊断的一般原则，对车辆进行下一步检查。

3．检查蓄电池电压

用万用表测量蓄电池电压。标准电压：11～14 V。

如果蓄电池电压不在规定范围内，则检修蓄电池，待电压正常后检验故障是否排除。

4．检查连接器

（1）将点火开关置于“OFF”位置。

（2）断开蓄电池负极（－）电缆，等待至少 90 s。

（3）检查并确认连接器正确连接至中央气囊传感器总成，如果连接器没有连接牢固，则重新连接连接器并进行下一步检查。

（4）将连接器从中央气囊传感器总成上断开，检查并确认连接器端子没有损坏。

5. 检查线束（中央气囊传感器总成－车身搭铁，见图6－142）

（1）连接蓄电池负极电缆。

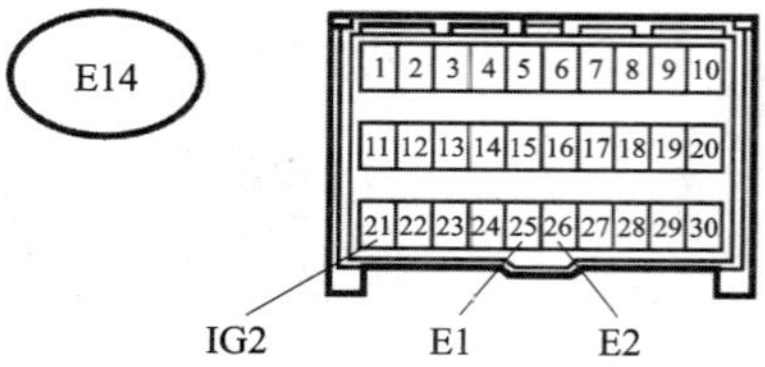

图6－142 线束连接器

（2）将点火开关置于“ON”（IG）位置。

（3）操作电气系统的所有部件（除雾器。刮水器、前大灯、加热器鼓风机等）。

（4）根据表6－23中的值测量电压。

表6－23 标准电压

检测仪连接	开关状态	规定状态
E14－21（IG2）－车身搭铁	点火开关置于“ON”（IG）位置	8～16 V

（5）将点火开关置于“OFF”位置。

（6）根据表6－24中的值测量电阻。

表6－24 标准电阻

检测仪连接	开关状态	规定状态
E14－25（E1）－车身搭铁	始终	小于1 Ω
E14－26（E2）－车身搭铁	始终	小于1 Ω

6. 检查SRS警告灯

（1）将点火开关置于“ON”（IG）位置。

（2）检查SRS警告灯状况。

正常：点火开关置于“ON”（IG）位置约6 s后，SRS警告灯熄灭约10 s，然后亮起。

如果正常，则更换中央气囊传感器总成；如果异常，则更换组合仪表总成。

7. 任务检查

作业结束后，将点火开关置于“ON”位置，检查确定仪表板上的SRS警告灯亮起约6 s后自动熄灭；读取故障码检查，确认无故障码输出，说明故障排除。

任务小结

1. 汽车安全气囊的功用

减少汽车发生碰撞时由于巨大惯性力对驾驶员和乘客所造成的伤害。

2. 汽车安全气囊系统的组成

1）传感器

碰撞信号传感器：感测汽车碰撞所受到的冲击信号。

防护碰撞传感器：防止非碰撞状况引起安全气囊误动作。

安全气囊的触发条件：某个防护碰撞传感器与任意一个碰撞信号传感器同时接通时，点火引爆电路才能接通。

2）安全气囊 ECU

安全气囊 ECU 的作用是根据各个传感器的信号来控制气囊的触发，并对系统故障进行自我诊断。

电子控制装置（SRS ECU）中设有紧急辅助电源，能够在切断汽车电源的一定时间内维持安全气囊系统的供电，保持其正常功能。

3）SRS 警告灯

SRS 警告灯受控于安全气囊控制单元，通过是否点亮指示系统的工作状态。

4）安全气囊组件

安全气囊总成由点火器、气体发生剂、过滤器和气囊充气设备等组成。

3. 汽车安全气囊系统的基本原理

（1）碰撞信号传感器和与防护碰撞传感器检测信号，传输给安全气囊 ECU。

（2）安全气囊 ECU 对信号计算判定，确定是否点火。

（3）安全气囊 ECU 发出点火指令，引爆点火器。

（4）点火剂受热释放大量氮气充入气囊。

（5）气囊冲破装饰盖板，缓冲人体的碰撞。

4. 汽车安全气囊系统维修的注意事项

SRS 系统出现故障时，如果不按照正确顺序进行维修，可能会使 SRS 在维修过程中意外展开，造成严重事故。另外，如果维修 SRS 时出现错误，在需要时，SRS 可能无法工作。所以安全气囊系统的维修必须注意按照规范流程进行。

任务评价

（一）课堂练习

1. 判断题

（1）汽车安全气囊是车辆上的被动安全装置，当汽车发生碰撞时，只有强度达到一定值才会触发安全气囊。（　　）

（2）当车辆发生碰撞时，任意一个碰撞信号传感器接通，点火引爆电路就会引爆点火器。（　　）

（3）安全气囊系统需要汽车电源维持供电才能保持其正常功能，一旦断开蓄电池，安全气囊系统将无法工作。（　　）

（4）SRS 警告灯受控于安全气囊控制单元，通过是否点亮指示系统的工作状态，打开点火开关，如果系统没有故障，则警告灯不亮。（　　）

（5）SRS 系统组件一旦损坏，就必须更换新的零件，不可以拆解或维修并将其投入重复使用。（　　）

2. 单选题

（1）下列不是安全气囊系统组成部分的是（　　）。

A. 碰撞传感器　　B. 点火线圈　　C. 气体发生剂　　D. SRS 警告灯

（2）下列关于安全气囊系统维修的注意事项，不正确的是（　　）。

A. 开始维修前，将点火开关置于“OFF”位置，并将负极（－）电缆从蓄电池上断开后，等待至少 90 s

B. 汽车发生碰撞后，SRS 没有展开，说明碰撞强度不够，就不需要对 SRS 进行检查

C. SRS 的任一零件都不可以直接受热或遇火

D. 不同车型的 SRS 零件不能混用

（二）技能评价

技能评价见表 6－25。

表 6－25　技能评价

序号	内容	分值	得分
1	初始时对 SRS 警告灯情况进行检查	10	
2	使用故障诊断仪读取故障码	20	
3	检查蓄电池电压	10	
4	检查中央气囊传感器总成连接器	20	
5	检查线束（中央气囊传感器总成－车身搭铁）	20	
6	检查 SRS 警告灯状况	10	
7	任务检查，确定故障排除	10	
总分		100	

（注：操作规范即得分，操作错误或未进行操作即 0 分）